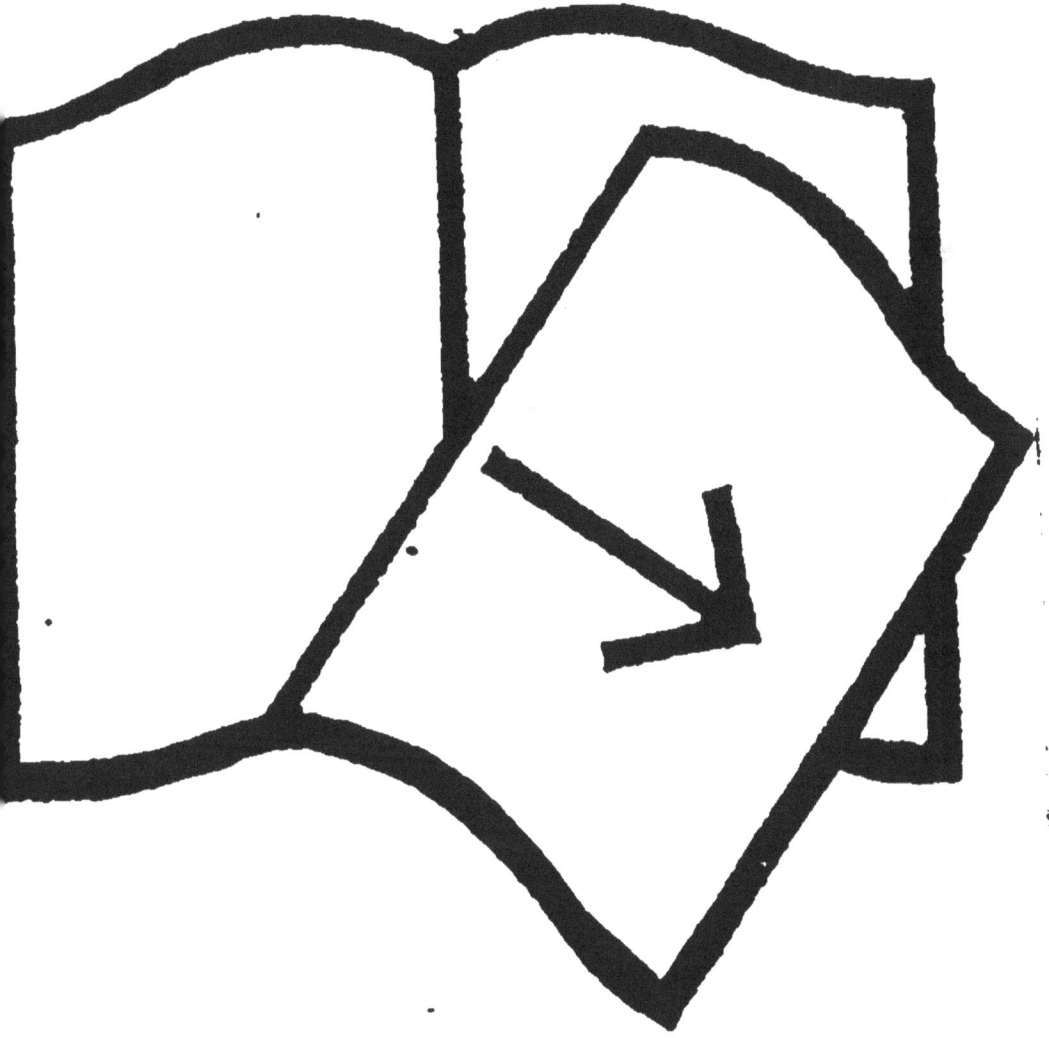

Couvertures supérieure et inférieure
manquantes

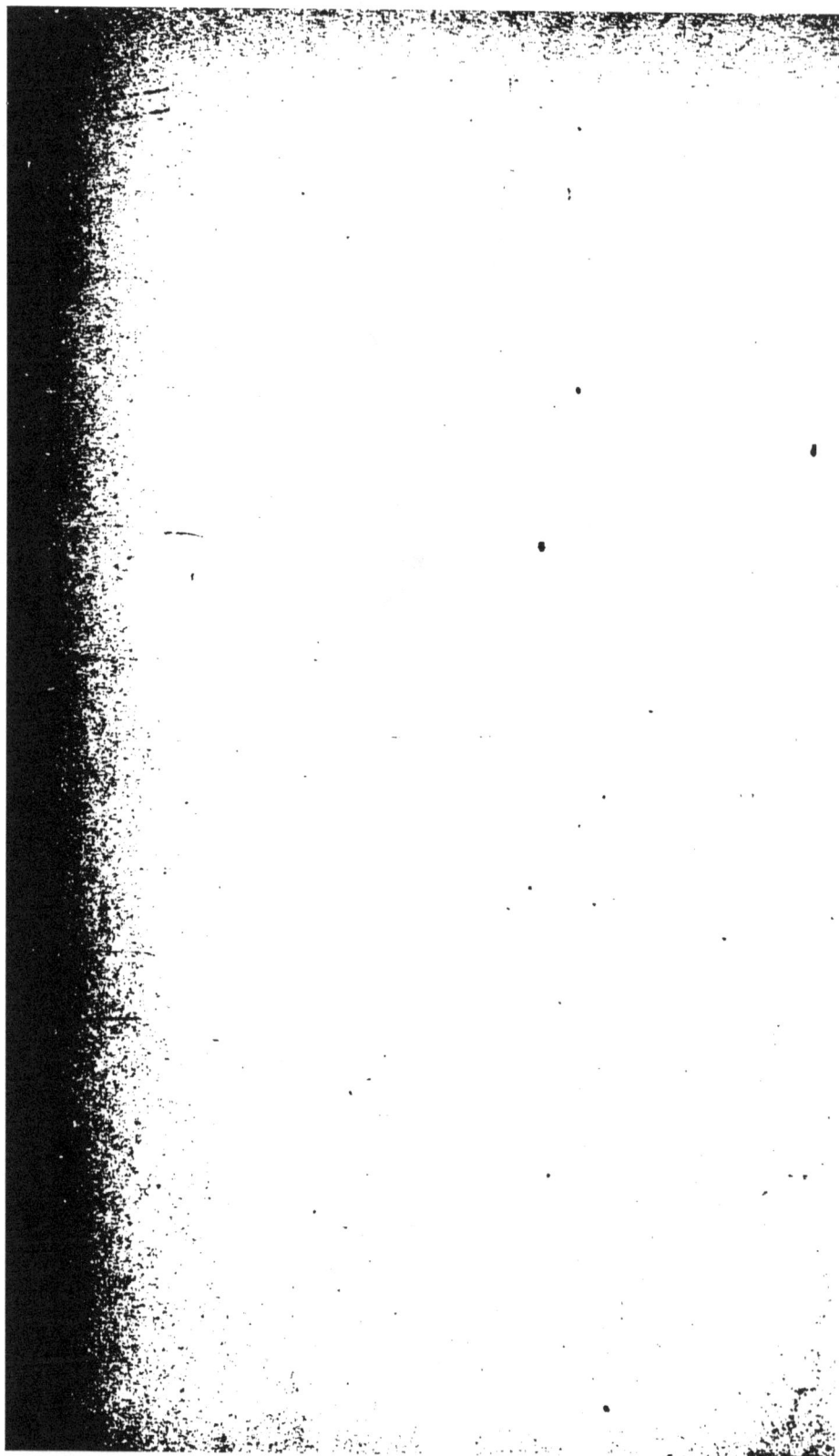

ÉDUCATION ET HÉRÉDITÉ

ŒUVRES DE M. GUYAU

Paris. — Imp. E. Capiomont et Cie, rue des Poitevins, 6

ÉDUCATION ET HÉRÉDITÉ

ÉTUDE SOCIOLOGIQUE

PAR

M. GUYAU

PARIS

ANCIENNE LIBRAIRIE GERMER BAILLIÈRE ET Cie

FÉLIX ALCAN, ÉDITEUR

108, BOULEVARD SAINT-GERMAIN, 108

—

1889

Nous publions le second des ouvrages posthumes de Guyau. Comme ses deux précédents livres, sur l'IRRÉLIGION DE L'AVENIR et sur l'ART, ce travail est une « Étude sociologique. » On se souvient que Guyau considérait la sociologie comme étant par excellence la science de l'avenir, et comme destinée à renouveler la plupart des questions en les présentant sous un aspect tout différent du point de vue individuel.

ALFRED FOUILLÉE.

PRÉFACE

C'est dans la paternité seule, mais dans la paternité complète, consciente, c'est-à-dire dans l'éducation de l'enfant, que l'homme en vient « à sentir
tout son cœur. » Oh! le bruit des petits pieds de
l'enfant! ce bruit léger et doux des générations
qui arrivent, indécis, incertain comme l'avenir.
L'avenir, c'est nous qui le déciderons peut-être,
par la manière dont nous aurons élevé les générations nouvelles.

Flaubert a dit que la vie doit être une éducation
incessante, qu'il faut tout apprendre, « depuis parler
jusqu'à mourir. » Livrée au hasard, cette longue
éducation dévie à chaque instant. Les parents mêmes
n'ont point, le plus souvent, une idée exacte du but
de l'éducation, surtout quand les enfants sont encore
très jeunes. Quel est l'idéal moral proposé à la plupart des enfants dans la famille? Ne pas être
trop bruyant, ne pas se mettre les doigts dans le

nez ni dans la bouche, ne pas se servir à table avec les mains, ne pas mettre, quand il pleut, les pieds dans l'eau, etc.[1]. Être raisonnable! Pour bien des parents l'enfant raisonnable est une petite marionnette qui ne doit bouger que si on en tire les fils; il doit avoir des mains pour ne toucher à rien, des yeux pour ne pas pétiller de désir à tout ce qu'il voit, des petits pieds pour ne point trotter bruyamment sur le plancher, une langue pour se taire.

Beaucoup de gens élèvent leurs enfants non pour les enfants mêmes, mais pour eux. J'ai connu des parents qui ne voulaient pas marier leur fille, afin de ne pas se séparer d'elle; d'autres qui ne voulaient pas que leur fils prît tel ou tel métier (par exemple celui de vétérinaire) parce que ce métier leur déplaisait à eux, etc. Les mêmes règles dominaient toute leur conduite envers leurs enfants. C'est l'éducation égoïste. Il est une autre sorte d'éducation qui prend pour but non plus le *plaisir* du père, mais le *plaisir* du fils apprécié par le père. Ainsi un paysan, qui a passé toute sa vie au soleil, considérera comme un devoir d'épargner à son fils le travail de la terre; il l'élèvera pour en faire un petit bureaucrate, un pauvre fonctionnaire étouffant dans son bureau, qui s'en ira mourir phtisique dans quelque ville. La vraie éducation est désintéressée : elle élève l'enfant pour lui-même, elle l'élève aussi et surtout pour la patrie, pour l'humanité entière.

1. A un point de vue supérieur, l'idéal de beaucoup d'hommes est-il en son genre bien plus élevé?

Dans les divers ouvrages que nous avons publiés, nous avons toujours poursuivi un but unique : relier la morale, l'esthétique, la religion à l'idée de la *vie*, de la vie la plus intense et la plus extensive, par conséquent la plus féconde ; c'est cette idée qui nous fournira aussi l'objet de l'éducation, la formule fondamentale de la pédagogie. Nous pourrions définir la pédagogie l'art d'adapter les générations nouvelles aux conditions de la vie la plus intense et la plus féconde pour l'individu et pour l'espèce. On s'est demandé si l'éducation a un but individuel ou un but social ; elle a ces deux buts à la fois : elle est précisément la recherche des moyens de mettre d'accord la vie individuelle la plus intense avec la vie sociale la plus extensive. D'ailleurs, il existe une profonde harmonie, selon nous, sous les antinomies de l'existence individuelle et de l'existence collective : ce qui est vraiment conforme au *summum* de vie individuelle (physique et morale), est par cela même utile à l'espèce entière. L'éducation doit donc avoir un triple but : 1° développer harmonieusement chez l'individu humain *toutes* les capacités propres à l'espèce humaine et *utiles à l'espèce*, selon leur importance relative ; 2° développer plus particulièrement chez l'individu les capacités qui semblent lui être spéciales, *dans la mesure où elles ne peuvent nuire à l'équilibre général de l'organisme ;* 3° arrêter et enrayer les instincts et tendances susceptibles de troubler cet équilibre. En d'autres termes, aider l'hérédité dans la mesure où elle tend à créer au sein d'une race des supériorités durables, et la combattre lorsqu'elle tend à accumuler des causes destructives de la race même. L'éducation devient ainsi la recherche des moyens d'élever le plus grand nombre possible d'individus en pleine santé, doués de facultés physiques ou morales aussi développées que possible, capables par cela même de contribuer au progrès de l'humanité.

En conséquence, le système entier de l'éducation devrait être orienté vers le maintien et le progrès de la race. C'est par l'éducation que les religions agissaient autrefois et conservaient soit le peuple *élu*, soit le patrimoine national; c'est aussi en ce sens qu'il faut agir aujourd'hui. A notre avis, on a trop considéré jusqu'à présent l'éducation comme l'art d'élever un individu isolé, pris à part de sa famille et de sa race. On cherche à obtenir de cet individu le plus grand *rendement ;* mais c'est un peu comme si un cultivateur s'efforçait de faire donner à un champ la plus luxuriante récolte possible pendant l'espace d'une ou deux années sans lui restituer rien de ce qu'il lui prend : le champ serait ensuite épuisé. C'est ce qui arrive pour les races qu'on surmène, avec cette différence que la terre d'un champ subsiste toujours, reprend à la longue sa fécondité par le repos et la jachère, tandis que la race surmenée peut s'affaiblir et disparaître pour toujours. Les études récentes sur l'hérédité (Dr Jacoby, de Candolle, Ribot), les statistiques sur les professions, sur les habitants des grandes villes, etc., ont montré d'une manière frappante que certains milieux, certaines *professions* ou situations sociales sont mortels pour la race en général. Tout le monde parle de « l'existence dévorante » des grandes villes sans se douter que ce n'est pas là une figure, mais proprement une vérité. Les villes, disait Jean-Jacques Rousseau, sont les « gouffres » de l'espèce humaine. Il faut en dire autant, non seulement des villes, mais de la plupart des lieux où l'on brille, des théâtres, des assemblées politiques, des salons; toute surexcitation nerveuse trop continue chez un individu introduira dans sa race, en vertu de la loi du balancement des organes, soit l'affaiblissement cérébral, soit les maladies du système nerveux, soit telle ou telle autre forme de la misère physiologique, qui aboutira un jour à la stérilité. Comme il y a, suivant les statisticiens, des provinces dévoratrices, des villes dévoratrices, des lieux qui ne se peuplent qu'aux dépens des endroits voisins et font le vide tout alentour, il y a aussi des professions dévoratrices ; et ce sont souvent les plus utiles aux progrès du corps social, les plus tentantes en même temps pour l'individu même. Enfin, on est allé jusqu'à soutenir que toute supériorité intellectuelle dans la lutte pour la vie était un arrêt de mort pour la race, que le progrès se faisait par une véritable consommation des individus ou des peuples mêmes qui y travaillaient le plus, que la meilleure condition pour durer était de vivre le moins possible intellectuellement, et que toute éducation qui travaille à surexciter les facultés d'un enfant, à en faire un être rare et exceptionnel, travaille par cela même à le tuer dans son sang et sa race. Nous croyons que cette assertion est vraie en partie pour l'éducation telle qu'elle est organisée, mais nous montrerons qu'une éducation plus prévoyante et mieux entendue pourrait remédier à cet épuisement de la race comme le cultivateur remédie par la variété des cultures à l'épuisement du sol.

De nos jours seulement la *science* s'est formée; une foule de connaissances sont nées, qui ne se sont point encore adaptées à l'esprit humain. Cette adaptation ne pourra se produire que par la division et la classification rationnelle des connaissances ainsi que des divers genres d'études ; et c'est parce que cette division n'est pas encore bien opérée que, de nos jours, il y a pour l'esprit souffrance et surcharge. Il en résulte que la science de l'éducation a besoin d'être mise en harmonie avec une situation nouvelle. Il faut *organiser* l'éducation, c'est-à-dire établir la *subordination* des connaissances et des études, leur *hiérarchie* dans l'unité sociale. Comme le remarque avec justesse Spencer, plus un organisme est parfait et conséquemment complexe, plus son développement harmonieux rencontre de difficultés. Dans les espèces animales inférieures, l'éducation du nouveau venu n'est pas longue à faire; ce qui ne lui est pas enseigné, d'ailleurs, la vie le lui apprendra, et sans grand danger ; ses instincts étant parfaitement simples, un petit nombre d'expériences suffiront à les guider. Mais, plus on s'élève dans l'échelle des êtres, plus longue est l'évolution ; la nécessité d'une éducation véritable commence alors à se faire sentir ; il faut que les adultes aident les jeunes, les soutiennent et les secourent longtemps,

comme, chez les mammifères supérieurs, il faut que
la femelle porte le petit dans ses bras et l'allaite.
Une sorte de pédagogie primitive est ainsi en germe
même chez les animaux ; l'éducation est une prolongation de l'allaitement et sa nécessité dérive des
lois mêmes de l'évolution.

Ici, pourtant, se présente une objection grave, à
laquelle les idées mêmes de Spencer ont donné lieu.
Faut-il soutenir, comme on l'a fait, que l'éducation
est inutile ou presque impuissante, parce que l'évolution humaine est nécessaire et que cette évolution est toujours régie par l'hérédité ? Au siècle
dernier on avait exagéré l'importance de l'éducation au point de se demander naïvement, avec
Helvétius, si toute la différence entre les divers
hommes ne provient pas de la seule différence dans
l'instruction reçue et dans le milieu ; si le talent,
comme la vertu, ne peut pas s'enseigner. De nos
jours, après les recherches faites sur l'hérédité, on
s'est jeté dans des affirmations bien contraires. Beaucoup de savants et de philosophes sont maintenant
persuadés que l'éducation est radicalement impuissante quand il s'agit de modifier profondément, chez
l'individu, le tempérament et le caractère de la race :
d'après eux, on naît criminel comme on naît poète ;
toute la destinée morale de l'enfant est contenue dans
le sein maternel, puis se déroule implacablement dans
la vie. Pas de remède possible, notamment, pour ce
mal commun à tous les déséquilibrés, fous, criminels,
poètes, visionnaires, femmes hystériques, que l'on a
nommé *neurasthénie ;* les races descendent l'échelle

de la vie et de la moralité tout ensemble, mais ne la remontent pas. Les déséquilibrés sont à jamais perdus pour l'humanité ; s'ils se perpétuent plus ou moins longtemps, c'est un malheur pour elle. La famille Yuke, ayant pour ancêtre un ivrogne, produisit en soixante-quinze ans deux cents voleurs et assassins, deux cent quatre-vingt-huit infirmes et quatre-vingt-dix prostituées. Dans l'antiquité, des familles entières étaient déclarées impures et proscrites : c'est l'antiquité, prétend-on, qui avait raison. Les malédictions bibliques s'étendaient jusqu'à la cinquième génération; la science moderne a des malédictions du même genre et semble justifier les Juifs par cette remarque que tout caractère moral, bon ou mauvais, tend en effet à persister environ jusqu'à la cinquième génération, pour s'effacer ensuite s'il est anormal. Aussi, malheur aux faibles; il faut les éliminer et leur appliquer sans pitié cette parole de Jésus à la Chananéenne, — du Jésus irrité et inclément —: « Il ne convient pas de prendre le pain des enfants pour le jeter aux chiens[1]. »

En somme, entre le pouvoir attribué par certains penseurs à l'éducation et par d'autres à l'hérédité, il existe une antinomie qui domine toute la science morale et même politique, car la politique est frappée d'impuissance si les effets de l'hérédité sont sans remède. Il y a donc là un problème à double face, qui mérite un sérieux examen. Nous chercherons à

---

1. Voir Féré, *Sensation et mouvement*; Dr Jacoby, *la Sélection*; Dr Déjerine, *l'Hérédité dans les maladies du système nerveux*; les criminalistes italiens Lombroso, Ferri, Garofalo, etc.

faire la part exacte des deux termes en présence,
qui ne sont autres que l'habitude héréditaire ou
ancestrale et l'habitude individuelle, l'une déjà incarnée dans les organes et l'autre acquise. Nous exa-
minerons si les lois de la *suggestion,* récemment
constatées par nos psycho-physiologistes, et dont
tous les effets sont encore si imparfaitement connus, ne constituent pas un élément nouveau et
ne doivent pas modifier les données du problème.
Les découvertes modernes sur la suggestion nous
semblent en effet capitales au point de vue de l'éducation, parce qu'elles permettent de constater *de
facto* la possibilité de créer toujours dans un esprit,
à tout moment de son évolution, un instinct artificiel capable de faire équilibre plus ou moins longtemps aux tendances préexistantes. Si cette introduction de sentiments nouveaux est possible par un
moyen tout physiologique, elle doit être possible
également par les moyens psychologiques et moraux.
Ainsi les études récentes sur le système nerveux
seront propres à corriger les préjugés nés de la science
par une science plus complète. La suggestion, qui
crée des instincts artificiels capables de faire équilibre aux instincts héréditaires, de les étouffer même,
constitue une puissance nouvelle, comparable à
l'hérédité; or l'éducation n'est autre chose, selon
nous, qu'un ensemble de suggestions coordonnées
et raisonnées : on pressent dès lors l'efficacité qu'elle
peut acquérir au point de vue à la fois psychologique
et physiologique.

ÉDUCATION ET HÉRÉDITÉ

PREMIÈRE PARTIE
L'ÉDUCATION MORALE
ROLE DE L'HÉRÉDITÉ ET DE LA SUGGESTION

CHAPITRE PREMIER
LA SUGGESTION ET L'ÉDUCATION
COMME MODIFICATEURS DE L'INSTINCT MORAL

I. — **Effets de la suggestion nerveuse.** — Suggestion : 1o des sensations et sentiments, 2o des idées, 3o des volitions et actions. — Possibilité de créer, par la suggestion, des instincts nouveaux, et des instincts d'ordre moral : obligations suggérées ; devoirs artificiels. Possibilité de démoraliser et de moraliser. La suggestion comme moyen de réformation morale.

II. — **Suggestion psychologique, morale et sociale.** Suggestion de l'exemple, du commandement, de l'autorité, de l'affirmation et du mot, du geste, etc. Croyances suggérées. La suggestion est l'introduction en nous d'une croyance pratique qui se réalise elle-même.

III. — **La Suggestion comme moyen d'éducation morale et modificateur de l'hérédité.** — Véritable autorité morale de l'éducateur. Des châtiments. De la confiance en soi à inspirer. Suggestions à produire et suggestions à éviter.

I. — LA SUGGESTION NERVEUSE ET SES EFFETS

Les effets bien connus de la suggestion nerveuse s'exercent sur la sensibilité, sur l'intelligence et sur la volonté : on peut suggérer des sensations et sentiments, des idées, des volitions. « Un homme, dit Shakespeare, pourrait tenir à la main un charbon ardent, et cependant s'imaginer que ce qu'il tient est froid, si en même temps il pensait au glacial Caucase ; il pourrait, sans être glacé de froid, se rouler dans la neige de décembre, en pensant à la chaleur d'un été imaginaire. »

> Wallow naked in December snow,
> By thinking on fantastic summer's heat.

La suggestion réalise ce que dit Shakespeare. Un sujet hypnotisé à qui l'on persuade qu'il est en danger de périr dans la neige, grelotte de froid. On lui fait trouver que la température de la chambre est excessivement chaude, et il transpire bientôt de chaleur. Pendant le sommeil hypnotique ou pendant la catalepsie, M. Féré a suggéré à des malades l'idée que, sur une table de couleur sombre, il y avait un portrait de profil; à leur réveil, les malades voyaient distinctement ce portrait à la même place, et si alors on leur mettait un prisme devant l'un des yeux, elles avaient la surprise extrême de voir deux profils. La compression latérale du globe oculaire suffit, chez l'hypnotisé, pour déranger l'axe optique et produire la diplopie. Cela tient, suivant la remarque du docteur Hack Tuke [1], à ce qu'une sensation centrale, d'origine subjective, peut supplanter la sensation née de l'impression périphérique. La sensation suggérée s'imprime sur la région de l'écorce cérébrale où s'imprime habituellement la sensation réelle, — région qui est devenue le siège d'une sorte d'hypnotisme local.

Le gardien du Palais de Cristal, chargé de manœuvrer une machine électrique, a souvent observé que les dames qui venaient prendre les poignées de la machine éprouvaient des sensations particulières et croyaient sincèrement être électrisées, alors que la machine ne fonctionnait pas encore. « En 1862, je fus appelé, dit M. Woodhouse Braine, à administrer le chloroforme à une jeune fille très nerveuse, profondément hystérique, à qui l'on devait enlever deux tumeurs. J'envoyai chercher du chloroforme, et en attendant, pour habituer la jeune fille au masque de l'appareil, je le lui appliquai sur le visage ; immédiatement elle se mit à respirer au travers. Au bout d'une demi-minute elle dit : Oh! je sens, je sens que je m'en vais ! Le flacon de chloroforme n'était pas encore arrivé. Un pincement faible la laissa indifférente ; je pinçai rudement : à ma grande surprise elle ne sentit rien. L'occasion me parut favorable, et je priai le chirurgien de commencer. Je demandai plus tard à la jeune fille si elle avait senti quelque chose.— Non, dit-elle, je ne sais pas ce qui s'est passé.— A sa sortie de l'hôpital, elle croyait fermement à la puissance de l'anesthésique qu'on lui avait administré. »

---

1. *Le Corps et l'Esprit*, trad. française.

Les stigmates sont, comme on sait, un phénomène d'auto-suggestion. On connaît l'histoire de Louise Lateau, la stigmatisée de Belgique. La périodicité des stigmates s'explique par ce fait qu'il y a, entre certains jours de la semaine et les pensées déterminantes, une association établie.

On suggère des idées actives, des volitions, comme on suggère des sensations. Voici un hypnotisé : on peut, pendant son sommeil, lui suggérer telle ou telle idée d'acte, par exemple l'idée d'aller rendre visite à quelqu'un tel jour et à telle heure, de se tromper sur l'orthographe de son propre nom en signant une lettre, d'ouvrir un livre et d'y lire les vingt premiers mots de la page 100, de dire une prière, de prendre dans la poche de telle personne présente son mouchoir et de le jeter au feu, etc.. Cette idée d'agir, inculquée pendant le sommeil hypnotique, hante l'esprit du patient à son réveil, devient une idée fixe, le poursuit le plus souvent jusqu'à ce qu'il l'ait réalisée d'une manière ou d'une autre. En la réalisant, d'ailleurs, il croit agir tout spontanément, obéir à une fantaisie personnelle, il s'attribue à lui-même la volonté d'autrui implantée en lui, et il trouve souvent des raisons presque plausibles pour justifier les actions déraisonnables qu'on lui a fait accomplir.

Outre les idées et les croyances qu'on peut suggérer ainsi à un hypnotisé, outre les volitions, les sensations et les hallucinations, on peut lui inculquer des *sentiments*, l'admiration ou le mépris, l'antipathie ou la sympathie, des passions et émotions, comme la peur durable. Et toutes ces suggestions, d'un effet parfois si sûr, on peut les donner instantanément ; dans l'espace de 15 secondes, entre deux portes, on peut, d'un geste brusque, arrêter au passage un sujet, l'immobiliser en catalepsie, produire le somnambulisme, lui donner une suggestion d'actes, puis le réveiller. L'hypnotique saura à peine s'il a été endormi, il n'aura ressenti qu'un frisson léger et fugitif ; mais une idée nouvelle se trouve désormais inculquée en lui ; une impulsion qui, si elle ne rencontre pas d'obstacle, s'achèvera bientôt en un acte : quinze secondes ont suffi pour mettre la main sur le levier de la machine humaine. S'il en est ainsi, ne pourrait-on aller plus loin encore, créer de vrais instincts, et des instincts moraux ?
Tandis que l'habitude ou l'instinct sont d'abord organiques pour se réfléchir ensuite sous la forme d'une

idée dans le domaine de la conscience, la suggestion nous montre une idée pénétrant du dehors dans le cerveau d'un individu, s'y enfonçant pour ainsi dire et se transformant ensuite en habitude. La marche est inverse, le résultat pratique est le même.

Nous avons été, croyons-nous, le premier à signaler l'analogie profonde de la *suggestion* et de l'*instinct*, ainsi que l'application possible de la suggestion normale et naturelle à l'*éducation*, de la suggestion artificielle à la *thérapeutique*, comme correctif d'instincts anormaux ou stimulant d'instincts normaux trop faibles[1]. Toute suggestion est en effet un *instinct à l'état naissant*, créé par l'hypnotiseur, de même que le chimiste produit aujourd'hui par synthèse des substances organiques. Et comme tout instinct est le germe d'un sentiment de nécessité et parfois même d'obligation, il s'ensuit que toute suggestion est une impulsion qui commence à s'imposer à l'esprit, c'est une volonté élémentaire qui s'installe au sein de la personnalité. Cette volonté, le plus souvent, se croit autonome et libre, et elle ne tarderait pas à dominer l'être, avec tous les caractères du vouloir le plus énergique et le plus conscient, — si elle ne rencontrait pas la résistance d'autres penchants préexistants et vivaces.

Au cas où on pourrait créer ainsi un instinct artificiel durable, il est probable qu'un sentiment mystique et comme religieux s'attacherait bientôt à cet instinct. Suggérer, dans certaines conditions, c'est contraindre physiquement ; avec des conditions beaucoup plus complexes, on pourrait presque *obliger moralement*. En somme, tout instinct naturel ou moral dérive, selon la remarque de Cuvier, d'une sorte de somnambulisme, puisqu'il nous donne un ordre dont nous ignorons la raison : nous entendons la « voix de la conscience », et nous localisons cette voix en nous, alors qu'elle vient de bien plus loin et qu'elle est un écho lointain renvoyé de génération en génération. Notre conscience instinctive est une sorte de suggestion héréditaire.

M. Delbœuf suggéra un jour à sa domestique M... l'idée d'embrasser un invité, un jeune homme, M. A. Elle s'approcha de lui, hésita, recula, rougit terriblement et cacha sa figure dans ses mains. Le lendemain elle confiait à la femme de M. Delbœuf qu'elle avait eu une singulière

---

1. Voir la *Revue philosophique*, 1883.

envie d'embrasser M. A.; de plus, cette envie n'était pas encore passée, et le surlendemain elle durait encore. Huit jours après, M. Delbœuf répète l'ordre déjà donné. et cette fois, le soir, l'ordre est exécuté. M. Delbœuf, qui a appris à ses sujets à se souvenir de leurs actes quand ils sont sous l'influence de la suggestion, demandait à la jeune fille ce qu'elle avait éprouvé la veille en allant embrasser M. A. « Je ne pensais à rien, dit-elle ; quand j'ai ouvert la porte, l'idée m'est venue d'embrasser M. A., il me sembla que c'était une chose que je *devais faire absolument*, et je l'ai faite[1] ». — « Le 5 avril, 5 h. 15 minutes après midi, dit M. Delbœuf, je suggère à M. que, sur le coup de la demie après cinq heures, elle ira consoler une statuette en bois placée sur la cheminée et représentant un moine qui pleure. Je la réveille. La pendule sonne ; M. se lève, va réconforter le moine avec force gestes de commisération, puis vient se rasseoir... Souvenir intégral. — Comment vous décidez-vous à faire une action si peu raisonnable ? — *Elle m'apparaît comme un devoir.* »

Les effets de la suggestion ont été très bien analysés par M. Beaunis. Rien de plus curieux, au point de vue psychologique, que de suivre sur la physionomie d'un sujet l'éclosion et le développement de l'idée qui lui a été suggérée. Ce sera, par exemple, au milieu d'une conversation banale qui n'a aucun rapport avec la suggestion. Tout à coup l'hypnotiseur, qui est averti et qui surveille son sujet sans en avoir l'air, constate à un moment donné comme une sorte d'arrêt dans la pensée, de choc intérieur qui se traduit par un signe imperceptible, un regard, un geste, un repli de la face ; puis la conversation reprend, mais l'idée revient à la charge encore faible et indécise ; il y a un peu d'étonnement dans le regard : on sent que quelque chose d'inattendu traverse par moments l'esprit comme un éclair. Bientôt l'idée grandit peu à peu ; elle s'empare de plus en plus de l'intelligence, la lutte est commencée, les yeux, les gestes, tout parle, tout révèle le combat intérieur ; on suit les fluctuations de la pensée ; le sujet écoute encore la conversation, mais vaguement, machinalement, il est ailleurs : « tout son être est en proie à l'idée fixe qui s'implante de plus en plus dans son cerveau. Le moment venu, toute hésitation disparaît, la figure prend un caractère remarquable de résolution.» Cette lutte

[1]. *Revue philosophique*, fév. 1887, p. 123, les italiques sont de M. Delbœuf.

intérieure, terminée par l'action, n'est pas sans analogie
avec les autres luttes où sont aux prises des instincts
moraux. Et la lutte, on le sait, est accompagnée de conscience et de raisonnement, car les hypnotisés trouvent
toujours des raisons quelconques de leur conduite. Le
mécanisme, comme tel, est donc comparable, et les sujets
de M. Beaunis semblent obéir aux mêmes lois naturelles
que tel héros de Corneille se sacrifiant au devoir. Toutefois il y a une grande différence de complexité et de
valeur entre ces phénomènes mécaniquement analogues :
la formule d'action que nous appelons devoir est en effet
la résultante morale et réfléchie de forces très complexes,
coordonnées, de penchants supérieurs et naturels mis en
harmonie par cette formule ; au contraire le commandement de la suggestion est l'effet brusque et passager d'un
penchant unique et perturbateur, artificiellement introduit
dans l'esprit. Celui qui sent alors la pression intérieure de
la suggestion doit nécessairement avoir conscience de ne
pas être dans l'état *normal*, d'être troublé, d'être enfin
dominé par une force unique, et non porté en avant par
l'ensemble des tendances les plus enracinées, les plus
normales et les meilleures de son être.

Néanmoins il est probable qu'en procédant pour l'être
humain comme pour une plante de terre ôtée au milieu
normal, et en systématisant les suggestions, on pourrait
arriver, — nous l'avons dit dans notre *Esquisse d'une
morale*, — à créer de toutes pièces de véritables *devoirs
artificiels* [1]. Ce serait la synthèse prouvant l'exactitude de
l'analyse. On pourrait aussi, par une expérience inverse,
annuler plus ou mois provisoirement tel ou tel instinct
naturel. On peut faire perdre à une somnambule la
mémoire, par exemple la mémoire des noms ; on peut
même, selon M. Richet, faire perdre *toute* la mémoire
(*Revue philos.*, 8 octobre 1880). Il ajoute : « Cette expérience ne doit être tentée qu'avec une grande prudence ;
j'ai vu survenir dans ce cas une telle terreur et un tel
désordre dans l'intelligence, désordre qui a persisté pendant un quart d'heure environ, que je ne voudrais pas
recommencer souvent cette tentative dangereuse. » Si
l'on identifie la mémoire, comme la plupart des psychologues, avec l'habitude et l'instinct, on pensera qu'il
serait possible aussi d'anéantir provisoirement, ou tout

1. Voir notre *Esquisse d'une morale*, p. 45, 46.

au moins d'affaiblir chez une somnambule tel instinct, même des plus fondamentaux et des plus obligatoires pour la réflexion, comme l'instinct maternel, la pudeur, etc. Si cette suppression de l'instinct ne laissait quelques traces après le réveil, on pourrait alors éprouver la force de résistance des divers instincts, par exemple des instincts moraux, et constater lesquels sont les plus profonds et les plus tenaces, des penchants égoïstes ou altruistes. On pourrait, dans cette sorte de mémoire héréditaire et sociale qu'on appelle la moralité, distinguer les parties solides et les autres plus fragiles, plus récemment surajoutées.

Mais évidemment l'expérimentateur honnête ne se servira jamais de la force de la suggestion pour démoraliser ; il en fera usage pour moraliser. Sur ce point, les indications sommaires que nous avions données jadis se sont trouvées réalisées avec succès par un nombre déjà notable d'expérimentateurs. Il est démontré aujourd'hui qu'on peut souvent contrebalancer une manie ou une habitude dépravée par une habitude artificielle, créée au moyen de la suggestion pendant le sommeil hypnotique. La suggestion aura donc des conséquences dont on ne peut bien déterminer encore la portée au double point de vue de la thérapeutique mentale et même de l'éducation chez les jeunes malades nerveux.

En premier lieu, les résultats thérapeutiques de la suggestion sont déjà nombreux. Le D' Voisin affirme avoir guéri par suggestion le délire mélancolique et la dipsomanie. En tous cas, la morphinomanie est guérissable par ce moyen, et la guérison peut même se faire brusquement, sans provoquer ces accès de manie furieuse qui suivent ordinairement la suppression de la morphine. L'ivrognerie alcoolique et la manie de fumer ont été guéries de la même manière par MM. Voisin et Liégeois.

La suggestion pourrait aussi devenir en certains cas, un moyen correcteur. A la suite des troubles civils de Belgique, M. avait une peur effroyable de sortir à la nuit tombante ; même un coup de sonnette à cette heure la faisait trembler. M. Delbœuf l'hypnotise, la rassure et lui ordonne d'être courageuse à l'avenir ; ses terreurs disparurent comme par enchantement et « *sa conduite* se modifia en conséquence[1] ». On peut donc agir sur la

---

1. *Revue philosophique*, août 1886. M. Delbœuf.

conduite. Jeanne Sch..., âgée de vingt-deux ans, voleuse, prostituée, ordurière, paresseuse et malpropre, est transformée par M. Voisin de la Salpêtrière — grâce à la suggestion hypnotique — en une personne obéissante, soumise, honnête, laborieuse et propre. Elle qui n'avait pas voulu lire une ligne depuis plusieurs années, elle apprend par cœur des pages d'un livre de morale ; tous ses sentiments affectifs sont réveillés ; elle est finalement admise comme employée dans un établissement hospitalier, où « sa conduite est irréprochable. » Il est vrai que c'est simplement la substitution d'un nervosisme doux à un nervosisme déplaisant. Nombre de cas de guérison morale du même genre se sont produits à la Salpêtrière. Même parmi sa clientèle de la ville, M. Voisin prétend, par la suggestion hypnotique, avoir transformé une femme dont le caractère était insupportable, la rendre douce, affectueuse avec son mari et désormais inaccessible à la colère ! Voilà une belle métamorphose ! De même, le Dr Liébault, de Nancy, aurait réussi, au moyen d'une seule suggestion, à rendre laborieux pendant six semaines un enfant d'une paresse obstinée. C'est un commencement. On peut seulement se demander s'il ne vaut pas mieux laisser un enfant dans la paresse que de le rendre névropathe. M. Delbœuf a proposé récemment l'emploi de la suggestion dans les maisons de correction ou de réforme pour les jeunes malfaiteurs. Déjà plusieurs médecins ont demandé l'autorisation de procéder à des essais. Tout en faisant la part de l'enthousiasme médical, il reste vrai que la suggestion a une influence considérable, et le psychologue peut, nous le verrons, tirer des conséquences importantes de ce fait.

II. — SUGGESTION PSYCHOLOGIQUE, MORALE
ET SOCIALE

La suggestion physiologique et névropathique n'est que l'exagération de faits qui se passent à l'état normal. L'expérimentation sur le système nerveux est une sorte d'analyse qui isole les faits et qui, en les isolant, les met en relief. On peut donc et on doit admettre une suggestion psychologique, morale, sociale, qui se produit même chez les plus sains, sans acquérir cette sorte de grossissement artificiel que lui donnent les troubles nerveux. Cette sug gestion normale, bien organisée et bien réglée, peut évidemment ou favoriser, ou réprimer les effets de l'hérédité. Étudions-la donc dans son origine et dans ses diverses formes.

On peut, avons-nous dit, considérer comme prouvé aujourd'hui que, si la suggestion mentale existe à un degré exceptionnel chez quelques sujets particulièrement bien doués, elle doit, en vertu de l'analogie de constitution dans la race humaine, exister aussi à un degré imperceptible chez tout le monde ; comment donc n'est-elle pas plus facile à constater ? C'est que 1° elle est très faible chez la plupart des hommes, ne produit qu'un effet insaisissable à tel ou tel moment, dans tel ou tel cas isolé, tout en pouvant fort bien avoir une influence massive considérable ; 2° les suggestions mentales doivent, chez les sujets normaux, se croiser plus ou moins, leur venir à la fois des individus les plus divers. Nous ne sommes pas, à l'état normal, sous la puissance d'un *magnétiseur déterminé*, d'une seule personne au monde faisant de nous sa chose. Mais il ne s'ensuit pas que nous ne soyons point accessibles à une infinité de petites suggestions, tantôt se contrariant, tantôt s'accumulant et produisant un effet moyen très sensible ; ce sont alors des suggestions venues, non pas d'un individu isolé, mais de la société tout entière, de tout le milieu qui nous enveloppe : ce sont, à proprement parler, des suggestions *sociales*.

Rien ne se passe donc dans le sommeil provoqué qui ne puisse se produire, à un degré plus ou moins rudimentaire, chez beaucoup de gens à l'état de veille ; nous sommes tous susceptibles de suggestions, et même la vie sociale n'est pour ainsi dire qu'une balance de suggestions réciproques. Mais la possibilité de la résistance personnelle à la suggestion varie considérablement suivant les personnes. Il en est qui sont presque incapables de résister, dont la personnalité ne compte en quelque sorte pour rien dans la somme des motifs qui déterminent l'action. Elles sont frappées d'une sorte de paralysie morale. Dostoiewsky, ce remarquable observateur, mentionne entre autres traits chez les criminels l'impossibilité de réprimer un désir : « Le raisonnement n'a de pouvoir sur ces gens qu'autant qu'ils ne veulent rien. Quand ils désirent quelque chose, il n'existe pas d'obstacles à leur volonté... Ces gens-là naissent avec une idée qui, toute leur vie, les roule inconsciemment à droite et à gauche ; ils errent

ainsi jusqu'à ce qu'ils aient rencontré un objet qui éveille
violemment leur désir ; alors ils ne marchandent pas
leur tête... Quand Pétrof désirait quelque chose, il fallait
que cela se fît. Un individu comme Pétrof assassinera un
homme pour vingt-cinq kopecks, uniquement pour avoir
de quoi boire un demi-litre ; en toute autre occasion, il
dédaignera des centaines de mille roubles[1]. »

L'exemple doit avoir par lui-même une force, qu'il
emprunte à la solidarité des consciences. Chez les névro-
pathes, la seule vue d'un mouvement rythmique provoque l'exécution de ce mouvement : c'est un phénomène de suggestion psycho-motrice dont MM. Richet et
Féré ont donné des exemples. De là les épidémies spas-
modiques. Si nous prions un névropathe de regarder avec
attention les mouvements de flexion que nous faisons avec
notre main, au bout de quelques minutes il déclare qu'il
a la sensation que le même mouvement se fait dans sa
propre main, bien qu'elle soit complètement immobile.
Cette immobilité ne dure pas en effet, et bientôt sa main
se met à exécuter irrésistiblement des mouvements ryth-
miques de flexion. Toute perception se ramène plus ou
moins à une imitation, à la création en nous d'un état
correspondant à celui que nous percevons chez autrui ;
toute perception est une sorte de suggestion qui commence et qui, chez certains individus, n'étant pas neutra-
lisée par d'autres, s'achève en actions. L'élément suggestif inhérent à toute perception est d'autant plus fort,
nous l'avons vu, que la perception est celle d'un acte ou
d'un état voisin de l'acte[2]. Enfin la suggestion devient
irrésistible lorsque la perception, au lieu de se produire au
milieu d'états de conscience complexes qui la limitent,
occupe toute la conscience et constitue à un moment
donné le tout intérieur. C'est ce qu'on a appelé l'état mo-
noïdéique, propre aux somnambules, à tous ceux chez
lesquels l'équilibre mental est rendu plus ou moins
instable par une sorte d'abstraction qui supprime dans
l'esprit un côté de la réalité.

Le même névropathe qui tend à reproduire machinalement un mouvement musculaire exécuté devant lui,
tendra également à reproduire un état de la sensibilité ou
de la volonté qu'il perçoit chez un autre individu, et qui
lui est révélé soit directement par l'expression du visage,

1. Cité par M. Garofalo, *Revue philosophique* de mars 1887, p. 236.
2. C'est alors surtout que se manifeste ce qui a été appelé l'*idée-force*.

soit indirectement par le langage et le ton de la voix.
La suggestion est ainsi la transformation par laquelle un
organisme plus passif tend à se mettre à l'unisson avec
un organisme plus actif; celui-ci domine l'autre et en
vient à régler ses mouvements extérieurs, ses volontés,
ses croyances intérieures. Le commerce de parents respec-
tés, d'un maître, d'un supérieur quelconque, doit produire
des suggestions qui s'étendent ensuite à toute la vie.
L'éducation a de ces enchantements, de ces » charmes »
dont parle Calliclès dans le *Gorgias*, et qui lui servent à
dompter au besoin les jeunes lions. Il est chez l'homme,
comme on l'a dit, des « pensées par imitation » qui se
transmettent d'individu en individu et de race en race
avec la même force que de véritables instincts. Une
enfant de ma connaissance avait lu à l'âge de treize
ans dans un roman de Jules Verne, *Martin Paz*, la
description d'une héroïne très gracieuse qui marchait à
tout petits pas ; l'enfant s'étudia désormais à ne faire que
des pas extrêmement petits. Cette habitude est maintenant chez elle si invétérée qu'elle ne s'en défera
vraisemblablement jamais. Si l'on tient compte de la
solidarité de tous les mouvements du corps, on com-
prendra quelle importante modification cette impression
artistique a apporté dans la manière d'être de la jeune
fille : petitesse des pas, petitesse des gestes, de la voix,
peut-être expression enfantine de la physionomie.

On sait la rapidité avec laquelle les crimes se propagent
par suggestion sous la forme même où un premier a été
accompli : les femmes coupées en morceaux, les suicides
étranges, le clou de la guérite où sept soldats se pen-
dirent successivement, etc. De là le danger de la presse.
Le directeur du *Morning-Herald* a déclaré qu'il ne mettrait
plus jamais dans son journal les comptes rendus de meur-
tres, ni de suicides, ni de folies pouvant être contagieux,
et il a tenu parole.

L'*autorité* que possèdent certaines personnes s'explique
aussi par la contagion d'un état de conscience, et cet
état n'est autre chose que l'état de croyance et de
foi, l'intensité de l'affirmation. L'obéissance est l'effet
d'une suggestion victorieuse, et le pouvoir de suggérer se résout dans le pouvoir d'affirmer. Aussi les tem-
péraments les plus capables d'acquérir de l'autorité sur les
hommes sont-ils ceux qui affirment le plus, ou tout au
moins qui paraissent le plus affirmer par le geste et le ton.

Ceux auxquels on croit le plus et qui sont les plus obéis sont les plus croyants, ou ceux qui semblent tels. Le pouvoir d'affirmation se résolvant lui-même dans une énergie de la volonté, la parole *cela est* se ramène à cette autre : *je veux que cela soit, j'agis comme si cela était, je m'adapte tout entier à ce phénomène supposé.*— De là, cette loi : toute volonté forte tend à créer une volonté de même direction chez les autres individus; toute adaptation de la conscience à un phénomène supposé, par exemple à un événement futur ou à un idéal lointain, tend à se propager dans les autres consciences, et les conditions sociales favorables à l'apparition du phénomène, tendent ainsi d'elles-mêmes à se réunir, par le seul fait qu'une seule conscience les a *perçues* en elle-même *comme réunies*[1]. Ce que je crois et vois assez énergiquement, je le fais croire et voir à tous, et si tous le voient, cela est, — du moins dans la proportion où la conscience et la croyance collective peuvent équivaloir à une réalisation.

Une seconde loi, c'est que la puissance de contagion d'une croyance, et conséquemment d'une volonté, est *en raison directe de sa force de tension* et, pour ainsi dire, de sa première *réalisation intérieure*. Plus on croit et agit soi-même, plus on agit sur autrui et plus on fait croire. La volition énergique se transforme aussitôt en une sorte de commandement : l'autorité est le rayonnement de l'action. Les charlatans et tous les orateurs en général connaissent bien cette puissance contagieuse de l'affirmation; il faut entendre de quelle voix assurée et avec quel accent de foi ils affirment ce dont ils veulent convaincre; leur ton est leur premier argument et parfois le plus solide.

Chez des sujets hypnotisables, — il ne faut pas oublier qu'on en trouve environ trente sur cent parmi les individus normaux — une simple affirmation à l'état de veille, faite d'un ton d'autorité par une personne en qui ils ont confiance, suffit à produire des illusions ou des hallucinations véritables. Sur une simple affirmation de M. Bernheim, un de ses sujets, parfaitement éveillé, croit avoir vu dans une chapelle une batterie entre des ouvriers dont il donne le signalement à un commissaire de police; il se déclare prêt à témoigner en justice et à prêter serment. L'hallucination suggérée devient ainsi le principe d'une ligne de conduite, et pourrait donner lieu aux conséquences

---

1. Encore un exemple frappant d'idée-force.

sociales les plus graves. Il y a une autorité et une puissance naturelle dans le *ton*, puissance que rend ainsi sensible l'observation des hypnotisables, auxquels les enfants
ressemblent sous tant de rapports. M. Delbœuf, s'adressant à une personne hypnotisable pendant qu'elle n'est
pas hypnotisée, peut, nous dit-il, selon le ton de sa voix,
ou bien lui faire voir noire la barbe qu'il a blanche, ou
bien ne lui faire accepter la chose qu'à moitié : — « Pas
tout à fait noire, monsieur, il y a bien des poils blancs », —
ou bien ne lui rien persuader du tout. Il y a des nuances
infinies dans le ton de la voix : les hypnotisables, étant
particulièrement sensibles, les interprètent plus rapidement que les autres, mais leurs actes ne sont que la
traduction et le grossissement d'impressions réelles res-
senties par tous. La suggestion par imitation et par sympathie nerveuse augmente lorsqu'au ton de la voix on peut
ajouter le geste et enfin l'action même. MM. Binet et Féré
remarquent qu'on obtient d'un sujet une contraction
dynamométrique beaucoup moins intense si on lui dit
simplement : « Serre de toutes tes forces », que si on
lui dit : « Fais comme moi », et qu'on se mette à serrer
soi-même. Les commandements de Dieu sont de véritables suggestions faites à l'oreille de tout un peuple,
d'autant plus puissantes qu'elles s'appuyaient sur l'autorité
d'un être surhumain, et que ces paroles semblaient réson-
ner dans les voix mêmes du ciel. Toute impulsion forte,
chez un être conscient, devient une sorte de parole intérieure, disant au dedans : fais, ne fais pas ; avance, recule.
Elle prend donc la forme d'une suggestion précise, qui
emprunte à sa précision même son autorité et devient,
si elle est assez énergique, ce commandement : il *faut*
faire ceci, il ne faut pas faire cela.

Le *mot* est, chez l'homme, le produit naturel et nécessaire de l'évolution intellectuelle, marquée par une certaine netteté dans les états de conscience : le mot est
un *degré* de l'idée et du sentiment, il n'en est pas
séparé. Aussi tout mot (surtout dans les langues concrètes
et bornées des peuples primitifs) éveille-t-il aussitôt avec
force l'idée ou le sentiment correspondant. D'autre part,
comme c'est une loi psychologique que toute image occupant vivement la conscience tend à s'achever par l'action, le mot est une action qui commence. Tous les
mots d'une langue, surtout d'une langue primitive,
sont des possibles luttant entre eux pour leur réalisa-

tion, des *suggestions* se neutralisant. Lorsqu'une personne munie à nos yeux d'une autorité quelconque prononce un mot à nos oreilles, nous formule un précepte, elle complète et fait aboutir une suggestion latente que nous portions en nous-mêmes, elle donne une force nouvelle à une impulsion préexistante. L'impulsion interne du pouvoir cherchant à se manifester et l'impulsion externe de la parole sont deux forces de même nature, qui ne font que s'ajouter dans la suggestion morale, dans le commandement, hypnotique ou non. Le *mot* n'agit d'ailleurs que comme symbole de l'acte de la volonté ou de la réaction de la sensibilité qu'il exprime et commande. Il n'a pas de valeur propre. Un hypnotisé à qui on avait suggéré de voler une cuiller avance la main vers une montre qu'il voit sur la table ; c'était l'idée morale du vol plutôt que le nom de l'objet à voler qui s'était imprimée dans son esprit. Un autre, à qui le docteur Bernheim avait suggéré qu'il sentirait à son réveil une très forte odeur d'eau de Cologne, crut sentir en effet une odeur forte, mais c'était une odeur de vinaigre brûlé. Les mots ne valent donc pour l'hypnotisé que comme définitions du caractère *moral* ou *sensitif* des actions ou réactions ; c'est ce caractère qui lui importe, et l'objet extérieur de ces actions ou réactions lui importe peu.

La croyance, avons-nous dit, joue un rôle capital dans toute suggestion ; les suggestions qui portent sur la sensibilité, et particulièrement sur les images visuelles, permettent d'apprécier la force de la croyance d'après l'intensité de l'image produite. Le simple fait de ne pas croire à une chose quelconque affaiblit la représentation qu'on en a. Le doute portant sur une image suggérée empêche l'hallucination complète de se produire. M. Binet dit un jour à un sujet endormi : regardez le chien qui est assis sur ce tapis. Le sujet vit aussitôt le chien ; seulement, comme il lui paraissait bien étrange qu'un chien fût entré si brusquement dans le laboratoire, l'image ne réussit pas à s'objectiver : « Vous voulez m'halluciner. — Vous ne le voyez donc pas, ce chien ? — Si, je le vois dans mon imagination, mais je sais bien qu'il n'y en a pas sur le tapis. » Un autre malade s'étant permis un jour de discuter une suggestion du docteur Binet, ce dernier lui imposa silence : le sujet répondit aussitôt :—Je sais bien pourquoi vous ne voulez pas que je discute, c'est que cela affaiblit la suggestion.—Une tournure dubitative, « si vous faisiez telle chose... » ne produit qu'une suggestion nulle ou très faible. Le *si* s'introduit alors dans l'esprit même du sujet et provoque des divergences à la direction unique dans laquelle on voulait lancer la volonté. La puissance que possède le sujet d'affaiblir l'image suggérée en doutant explique comment l'auto-suggestion réussit là où la suggestion simple vient d'échouer. On croit toujours plus fortement ce qu'on s'affirme à soi-même que ce que les autres vous affirment. — Si c'est le sujet lui-même. dit M. Binet, qui arrive par raisonnement à se suggérer une idée, il l'adoptera sans résistance. elle sera plus intense et partant plus efficace. Citons encore une remarquable expérience de M. Binet ; on sait que. dans la catalepsie, une attitude expressive donnée aux membres se réfléchit aussitôt sur la physionomie : c'est la suggestion musculaire. M. Binet se demanda si une suggestion morale donnée préalablement ne pouvait pas modifier et même suspendre les suggestions musculaires dans la catalepsie. G... étant en somnambulisme. il l'avertit donc qu'il va la mettre en catalepsie et que, dans cet état, sa physionomie restera impassible, quels que soient les mouvements communiqués à ses mains. La malade. au lieu de se soumettre à l'injonction. discute, fait observer qu'elle ne pourra pas obéir parce qu'elle perd conscience pendant la catalepsie. Malgré les doutes assez bien raisonnés du sujet, on passe à l'expérience, mais les suggestions musculaires s'exécutent comme d'habitude et l'échec est complet. M. Binet remet alors la malade dans l'état de somnambulisme et celle-ci lui demande spontanément si la suggestion a réussi. M. Binet répond avec un parfait naturel qu'elle a eu plein succès et. la malade étant étonnée. mais convaincue, il la remet sur-le-champ en catalepsie ; puis il refait l'expérience.Cette fois elle réussit tout à fait : la suggestion mentale préalable suspend entièrement les suggestions musculaires ; si on approche les mains du coin de la bouche dans l'acte d'envoyer un baiser, la ligne de la bouche reste immobile ;si on ferme les poings sous les yeux. le sourcil ne se fronce pas. Il fallut. pour que la suggestion musculaire se réveillât peu à peu. laisser la main pendant cinq minutes dans la même position (celle du baiser lancé) ; au bout de ce temps, en imprimant à la main un mouvement de va-et-vient, M. Binet parvint à faire sourire la bouche.

De même qu'une suggestion positive. c'est-à-dire, l'idée qu'on verra ou qu'on fera une chose. se ramène à une affir-

mation contagieuse, de même une suggestion négative, — l'idée qu'on ne verra pas telle ou telle personne
présente ou qu'on ne fera pas tel ou tel acte habituel, — se
ramène à une négation contagieuse, qui est une affirmation d'un autre genre. Comme le remarque M. Binet,
on suggère alors le scepticisme au lieu de suggérer la foi.
On peut ainsi affaiblir et même détruire entièrement des
perceptions réelles. Lorsqu'on dit à quelqu'un : vous ne
pouvez pas remuer votre bras, on paralyse l'afflux moteur
qui met le bras en mouvement. Nous croyons donc pouvoir
établir encore cette loi : — Toute manifestation de l'activité
musculaire ou sensorielle ne va pas sans une certaine
croyance en soi, sans l'attente d'un résultat déterminé, étant donné tel antécédent. La conscience d'agir
se ramène ainsi en partie à la croyance qu'on agit,
et si cette croyance est ébranlée, la conscience même
se désorganise. Toute la vie consciente repose sur une
certaine confiance en soi, qui se résout dans une habitude
de soi, et cette habitude de soi, cette croyance vague en
la conformité de ce qu'on a été, de ce qu'on est et de ce
qu'on sera, peut être troublée très facilement, comme les
actes qui sont du domaine des réflexes, par l'intervention
d'un doute réfléchi.

III. — LA SUGGESTION COMME MOYEN D'ÉDUCATION MORALE ET COMME MODIFICATEUR DE L'HÉRÉDITÉ

L'état de l'enfant au moment où il entre au monde est
plus ou moins comparable à celui d'un hypnotisé. Même
absence d'idées ou « aïdéisme », même domination d'une
seule idée ou « monoïdéisme » passif. De plus, *tous* les
enfants sont hypnotisables et facilement hypnotisables.
Enfin ils sont particulièrement ouverts à la suggestion et
à l'auto-suggestion [1].

1. M. Motet a fait à l'Académie de médecine dans la séance du 12 avril 1887,
une intéressante communication sur les faux témoignages des enfants
devant la justice. Rappelant d'abord combien est émouvant le récit d'un
enfant qui raconte les détails d'un crime, l'auteur a rapporté un certain
nombre de faits qui caractérisent nettement l'état mental des enfants accusateurs et montrent le mécanisme psychique de leurs faux témoignages.
Dans plusieurs de ces cas, les plus graves accusations n'ont pas d'autre
motif que le besoin d'expliquer une escapade insignifiante. Ici, l'enfant ne
sachant que répondre à sa mère qui l'interroge, celle-ci, par ses questions,
lui suggère toute une histoire d'attentat à la pudeur qu'il retient et répète
devant un magistrat ; là, c'est un autre enfant qui, faisant l'école buisson-

Tout ce que l'enfant va sentir sera donc une suggestion ; cette suggestion donnera lieu à une habitude, qui pourra parfois se propager pendant la vie entière, comme on voit se perpétuer certaines impressions de terreur inculquées aux enfants par les nourrices. La suggestion, nous l'avons dit, est l'introduction en nous d'une *croyance pratique* qui se réalise elle-même : l'art moral de la suggestion peut donc se définir : l'art de *modifier un individu en lui persuadant qu'il est ou peut être autre qu'il n'est*. Cet art est un des grands ressorts de l'éducation. Toute l'éducation même doit tendre à ce but : convaincre l'enfant qu'il est *capable du bien* et *incapable du mal*, afin de lui donner en fait cette puissance et cette impuissance ; lui persuader qu'il a une volonté forte, afin de lui communiquer la force de la volonté ; lui faire croire qu'il est moralement libre, maître de soi, afin que « l'idée de liberté morale » tende à se réaliser elle-même progressivement. La servitude morale, « l'aboulie » comme on l'appelle, se ramène, soit à une inconscience partielle, à une irréflexion qui fait que l'agent s'abandonne tour à tour sans lutte et sans comparaison à des impulsions opposées ; soit à la croyance qu'il ne pourra pas résister, qu'il est impuissant, qu'en d'autres termes sa conscience est sans action sur les idées et les penchants qui la traversent. Nier le pouvoir répresseur de sa propre

nière, tombe à l'eau, et sous l'influence de ce choc moral qui réveille chez lui une série de rêves et de craintes imaginaires antérieures, il organise tout un drame dans son esprit et accuse un individu de l'avoir jeté à l'eau. Dans un autre cas, ce sont de simples hallucinations hypnagogiques qui deviennent le point de départ d'une accusation d'attentat à la pudeur. Enfin un interrogatoire accusateur fait d'un ton énergique paraît suffisant, dans d'autres circonstances, pour déterminer chez un enfant un travail d'assimilation inconscient, en vertu duquel il va se déclarer lui-même coupable d'un crime qu'il n'a pas commis ou témoigner de faits qu'il n'a jamais vus. Dans tous ces cas, on reconnaît l'effet de la suggestion ou de l'auto-suggestion, qui, sur le cerveau malléable et en voie d'organisation de l'enfant, ont une influence exagérée. Tandis que, chez l'adulte, ce sont les détails contradictoires, les récits variés, qui prouvent qu'il y a faux témoignage voulu et que les magistrats attendent, dans leurs interrogatoires, le moment où le témoin se *coupera*, au contraire l'invariabilité automatique de la déposition d'un enfant devra en faire soupçonner la véracité. « Quand le médecin expert, conclut M. Motet, après plusieurs visites, retrouve les mêmes termes, les mêmes détails, lorsqu'il suffit de la *mise en train* pour entendre se dérouler dans leur immuable succession les faits les plus graves, il peut être sûr que l'enfant ne dit pas la vérité et qu'il substitue, à son insu, des données acquises à la manifestation sincère d'événements auxquels il aurait pu prendre part. »

conscience, c'est s'abandonner de gaieté de cœur à tous
les hasards des impulsions. Aussi l'hypnotiseur qui veut
produire à coup sûr un acte a-t-il soin de suggérer, en
même temps que l'idée de cet acte, l'idée qu'on ne pourra
pas ne pas le faire ; il crée à la fois une tendance à agir et
l'idée qu'on ne pourra pas résister à cette tendance ; il
excite ainsi le cerveau sur un point en le paralysant sur
tous les autres ; il abstrait une impulsion du milieu qui
pourrait lui résister, et fait pour ainsi dire le vide autour
d'elle. Il crée donc un état tout à fait artificiel et maladif
semblable à ces états d'aboulie observés chez de nombreux
malades. M. Bernheim, par exemple, avait suggéré à S...
l'idée d'un vol, sans l'idée qu'il ne pourrait pas résiter à
cette suggestion. A son réveil, S... voit une montre,
avance la main, puis s'arrête. « Non, ce serait un vol,
dit-il. » Le docteur Bernheim le rendort un autre jour.
« Vous mettrez cette cuiller dans votre poche ; *vous ne
pourrez pas faire autrement.* » S... à son réveil voit la
cuiller, hésite encore un instant (la persuasion de l'impuissance n'était pas encore assez forte) ; il s'écrie : « Ma
foi, tant pis », et met la cuiller dans sa poche.

Il suffit bien souvent de dire ou de laisser croire à des
enfants, à des jeunes gens, qu'on leur suppose telle ou
telle bonne qualité, pour qu'ils s'efforcent de justifier cette
opinion. Leur supposer des sentiments mauvais, leur faire
des reproches immérités, user à leur égard de mauvais
traitements, c'est produire le résultat contraire. On a dit
avec raison que l'art de conduire les jeunes gens consiste
avant tout à les supposer aussi bons qu'on souhaite-
rait qu'ils fussent. On persuade à un sujet hypnotisé
qu'il est un porc, aussitôt il se met à se rouler et à gro-
gner comme un porc. Ainsi en advient-il de ceux qui,
théoriquement, ne s'accordent pas plus de valeur qu'à un
pourceau ; leur pratique doit nécessairement offrir des
points de correspondance avec leur théorie. C'est une
auto-suggestion.

Les mêmes principes trouvent leur application dans
l'art de gouverner les hommes. Nombre de faits relevés
dans les prisons montrent que c'est pousser au crime un
demi-criminel que de le traiter en grand criminel. Relever
un homme dans l'estime publique et dans sa propre
estime est le meilleur moyen de le relever en réalité.
Une poignée de main offerte par un jeune avocat enthousiaste à un voleur dix fois récidiviste, suffit à produire

une impression morale qui dure encore aujourd'hui. Un
prisonnier voyant un de ses codétenus se précipiter pour
frapper le directeur de la prison. l'arrête d'un mouvement
presque instinctif. et cette action suffira à le sauvegarder
contre lui-même, à l'arracher à ses antecédents, à son
milieu moral ; désormais sa conduite sera irréprochable.
L'estime témoignée est une des formes les plus puissantes
de la suggestion [1]. En revanche. croire à la méchanceté
de quelqu'un, c'est le rendre en général plus méchant
qu'il n'est. Dans l'éducation. il faut donc toujours se
conformer à la règle que nous venons d'établir : présup-
poser la bonté et la bonne volonté. Toute constatation à
haute voix sur l'état mental d'un enfant joue immédiatement le rôle d'une suggestion : « Cet enfant est méchant... Il est paresseux... Il ne fera pas ceci ou cela... »
Que de vices sont ainsi développés. non par une fatalité
héréditaire. mais par une éducation maladroite [2]. Pour la
même raison. quand un enfant a commis quelque action
répréhensible. il ne faut pas. en le blâmant, interpréter l'action dans son sens le plus mauvais. L'enfant est
trop inconscient en général pour avoir eu une intention
tout à fait perverse ; en lui prêtant la délibération et l'intention arrêtée, la résolution virile. non seulement on se
trompe, mais on les développe chez lui : supposer le vice.
c'est souvent le produire. Il faut donc dire à l'enfant : « tu
n'as pas voulu faire cela. mais voici ce à quoi ton acte eût
pu aboutir ; voici comment, si on ne te connaissait pas,
on pourrait l'interpréter. » Quand un homme. poursuivi par

---

1. Les nombreuses récidives constatées après l'emprisonnement des délinquants tiennent-elles à l'incurabilité du crime, ou ne tiennent-elles pas plutôt
à la déplorable organisation de nos prisons où tout suggère et enseigne le
crime? Ce qui le prouverait, c'est la variabilité des récidives selon les pays
et l'organisation des prisons ; elles sont de 70 0/0 en Belgique. de 40 0/0 en
France. La prison cellulaire les fait tomber jusqu'à 10 0/0, enfin à Zwickau
(Irlande), par la pénalité « graduée et individualisante », on a réduit leur
proportion à 2,68 0/0. Il faut en conclure que, dans l'état actuel de la science,
c'est à peine s'il est certain que, sur le nombre des criminels. il en est 2 0/0
prédestinés au crime par d'autres causes que par leur milieu et les suggestions qu'ils y rencontrent. Et si, même chez ces 2 0/0, on admet l'action triom-
phante de l'atavisme, il faudrait savoir jusqu'à quel point cette action n'a
pas été aidée dans les premiers temps de leur existence par les suggestions
de leur première éducation, qui sont les plus puissantes de toutes.

2. Recette pour faire cesser les « accès de larmes » : une affusion d'eau
froide sur le visage. « Viens, mon enfant ; lavons ces yeux qui sont tout
rouges. Oh ! que cela fait de bien ! » — C'est la suggestion d'une idée con-
solante à la place d'une idée attristante.

une foule qui profère de vagues menaces, s'efforce de lui faire face en s'écriant tout à coup : — Vous voulez donc me pendre ! — il y a grande chance pour qu'on lui applique aussitôt la formule qu'il vient de trouver. Il en est ainsi pour la multitude des instincts plus ou moins mauvais qui s'éveillent nécessairement dans le cœur d'un enfant à tel ou tel moment de son existence ; il ne faut pas donner à l'enfant la *formule de ses instincts*, ou, par cela même, on les fortifie et on les pousse à passer dans les actes. Quelquefois même on les crée. De là cette règle importante que nous proposons aux éducateurs : — Autant il est utile de rendre conscients d'eux-mêmes les bons penchants, autant il est dangereux de rendre conscients les mauvais lorsqu'ils ne le sont pas encore.

Un sentiment est chose fort complexe, si complexe que les parents ne doivent pas se figurer pouvoir le faire naître par un reproche ; constater, par exemple, l'indifférence de l'enfant à leur égard, n'est point propre à faire naître l'affection chez l'enfant ; au contraire, on peut craindre que la constatation de son indifférence, en l'en persuadant lui-même, ne la produise, ou du moins ne l'augmente. Un sentiment n'est point aussi grossièrement imputable qu'une action. On peut reprocher à un enfant d'avoir *fait* telle ou telle action, d'en avoir omis telle ou telle autre ; mais c'est encore, selon nous une règle de l'éducation que, *en matière de sentiment, il faut suggérer plutôt que reprocher.*

La suggestion peut affaiblir ou augmenter momentanément l'intelligence même ; on peut suggérer à quelqu'un qu'il est un sot, qu'il est incapable de comprendre telle ou telle chose, qu'il ne pourra pas faire telle ou telle autre chose ; et on développe par là une inintelligence, une impuissance proportionnelles. L'éducateur doit au contraire toujours suivre cette règle : persuader à l'enfant qu'il pourra *comprendre* et qu'il pourra *faire*. « L'homme est ainsi fait, avait déjà dit Pascal, qu'à force de lui dire qu'il est un sot, il le croit ; et à force de se le dire à soi-même, on se le fait croire. Car l'homme fait lui seul une *conversation intérieure,* qu'il importe de bien régler ; *Corrumpunt mores bonos colloquia prava...* »

On doit accepter ce qu'un enfant fait ou dit de bonne volonté. Sa confiance en tous ceux qui l'entourent doit étouffer la timidité innée en lui. Quand on songe à la somme de courage nécessaire à l'enfant, lui qui se sent si neuf et si maladroit en toute chose, pour s'exprimer ou faire seulement le moindre geste en présence des grandes personnes, on comprend qu'il est de la plus haute importance de ne pas laisser la timidité l'emporter chez lui et finalement le paralyser. Ce sera donc d'un œil encourageant qu'on regardera l'enfant, sauf à lui faire observer doucement, s'il y a lieu, qu'en s'y prenant de telle ou telle façon il réussirait mieux. Il doit tout apprendre : il faut donc lui savoir gré du moindre effort, tout en lui montrant l'effort qui lui reste encore à faire.

Pourquoi est-il excellent de donner une *tâche* à l'enfant? c'est pour l'habituer d'abord à *vouloir*, puis à réussir dans ce qu'il a voulu, à *pouvoir*[1]. Un sentiment à développer chez l'enfant c'est donc celui de la vraie confiance en soi. Nous avons tous de l'orgueil, nous n'avons pas tous une confiance suffisante en nous-mêmes, ou du moins en notre persévérance dans l'effort. Chacun dit : j'en ferais bien autant ; mais il y en a peu qui se hasardent à essayer : ou alors ils renoncent vite, et l'orgueil se termine en une sorte d'aplatissement intérieur, d'annihilation de soi. « Ayez la foi », disent les religions. Il est essentiel aussi, pour la moralité, d'avoir la foi en soi, en sa propre puissance, et cela indépendamment de tout secours extérieur ; il est bon de s'attendre à ce que la source fécondante jaillisse du cœur à la première évocation, sans l'emploi d'aucune baguette magique comme celle dont se servit Moïse en un jour de doute : le moindre doute peut nous stériliser et nous dessécher, empêcher le jaillissement de la volonté vive. Il faut avoir confiance dans la puissance du seigneur maître, qui est nous-même. L'idée dominante de la morale religieuse, c'est l'impuissance de la volonté sans la grâce, en d'autres termes l'opposition du vouloir et du pouvoir, le péché originel installé au cœur de l'homme. Le péché originel est une sorte de suggestion inculquée ainsi dès l'enfance et produisant en effet un véritable péché héréditaire. Il y a en nous, disaient les Hindous mystiques, un *moi* qui est l'ennemi du *moi*; cet ennemi intérieur, les chrétiens l'ont personnifié en Satan, toujours présent au meilleur d'entre nous. L'obsession du péché deve-

---

1. Seulement, pour ne pas obtenir un résultat diamétralement contraire à celui qu'on désire, il faut que la tâche soit pendant longtemps minime et de beaucoup au-dessus des forces de l'enfant. La tâche ne doit s'accroître que proportionnellement aux forces de l'enfant et de manière à constituer toujours une gymnastique de l'attention et de la volonté, jamais une usure. Le père de Pascal, dit madame Périer, avait pour règle que son fils fût « toujours au-dessus de sa besogne. »

naît ainsi une véritable hallucination, elle donnait lieu
à un dédoublement de la personnalité comme celui qu'on
observe chez certains malades. Aujourd'hui, nous ne
sentons plus de démon en nous, nous ne devons plus
en sentir; nous devons dire hautement que les prétendus
« possédés du mal » sont des impuissants ou des malades,
les gens sains sont bons; l'homme ὑγιής est le véritable
ἅγιος. En morale comme en religion, l'idée de *salut* est
l'idée essentielle; elle n'a pas besoin, pour subsister, d'être
considérée comme le simple corollaire de l'idée de péché.
On peut concevoir le salut sans le péché, ce qui n'a rien de
contradictoire; et après tout c'est sur l'idée de salut qu'a
insisté Jésus, bien plus que sur celle de péché : ce qu'il y a
de plus imparfait et de moins humain dans l'Évangile,
c'est ce qui a rapport au péché même. Le sentiment
du péché renferme sans doute un élément très respectable : le *scrupule*, la conscience endolorie et troublée au
moindre écart de son idéal; mais il ne faut pas que cette
douleur intérieure grandisse au point d'emplir la vie entière
et de donner naissance à un vrai pessimisme moral. S'il
est bon de se défier de soi, il est bon aussi de croire en ses
propres forces; le sentiment trop intense du péché peut
arriver à une sorte de paralysie morale. On se lie soi-même
à ce dont on a peur, on est attiré par l'objet redoutable
qu'on fixe; la nature humaine se pervertit elle-même en
affirmant son irrémédiable perversion. Bien supérieure
sous ce rapport aux morales religieuses dérivées du christianisme ou du brahmanisme est la morale laïque de Con-
fucius, dont le caractère original est l'affirmation cent fois
répétée de la bonté de la nature humaine chez l'homme normal. Contestable physiologiquement, la doctrine est utile
pour la suggestion éducative : « Je dis que la nature humaine
est bonne, écrit Meng-Tseu ;... il n'est aucun homme qui
ne soit naturellement bon, comme il n'est aucune eau cou-
rante qui ne suive sa pente naturellement... Le cœur est le
même chez tous les hommes. Ce que le cœur de l'homme
a de commun et de propre à tous, qu'est-ce donc? C'est
ce qu'on appelle la raison naturelle, l'équité naturelle...
L'équité naturelle plaît à notre cœur comme ce qui est
succulent à notre bouche... Le genre humain créé par le
ciel a reçu à la fois en partage la *faculté* d'agir et la *règle*
de ses actions. » La philosophie moderne, tout en réta-
blissant la part de l'hérédité, doit revenir en une certaine
mesure à l'antique sagesse de la Chine ; débarrasser

l'homme du péché fatal, montrer non plus seulement que l'obligation morale suppose la faculté d'agir, mais qu'elle en provient, qu'elle en est l'exercice normal, que celui qui fait avec réflexion et raisonnement ce qu'il *peut*, fait aussi ce qu'il *doit*. « Avez-vous observé, dit naïvement Meng-Tseu, que, dans les années d'abondance, le peuple fait beaucoup de bonnes actions, que dans les années de stérilité il en fait beaucoup de mauvaises? » Meng-Tseu a raison : toutes les causes de discordes entre les hommes sont toujours une transformation plus ou moins complexe du morceau de pain primitif; le vrai péché de l'homme, c'est la faim sous toutes ses formes. Un organisme complètement *nourri,* non pas seulement dans sa chair et dans ses muscles, mais dans les ramifications les plus fines de son système nerveux, serait, à moins de prédispositions maladives héréditaires, un organisme bien équilibré. Tout vice, qui se ramène à une déséquilibration, se ramène ainsi scientifiquement à une nutrition plus ou moins mauvaise de quelque organe profond.

En somme, l'homme n'est pas foncièrement mauvais, par cette raison que c'est un être naturellement sociable. *Homo homini lupus*, c'est vrai, il est quelquefois un loup pour l'homme ; mais les loups mêmes ont du bon, puisqu'ils s'assemblent parfois en bandes et organisent des sociétés plus ou moins provisoires. D'ailleurs, ils ont pour cousin germain le chien, qui est le meilleur, des animaux. S'il y a parfois dans l'homme les instincts du loup, il y a aussi ceux du chien, il y a aussi ceux de la brebis ; tout cela fait un mélange qui n'est pas la vertu ni la sainteté idéales, mais que la sagesse chinoise avait raison de ne pas trop dédaigner. Tout être qui n'est pas monocellulaire est sûr de posséder quelque chose de bon, puisqu'il est une société embryonnaire, et qu'une société ne subsiste pas sans un certain équilibre, une balance mutuelle des activités. D'ailleurs, l'être monocellulaire lui-même redeviendrait plusieurs par une analyse plus complète : rien n'est *simple* dans l'univers; or tout ce qui est complexe est toujours plus ou moins solidaire d'autres êtres. L'homme, étant l'être le plus complexe que nous connaissions, est aussi le plus solidaire par rapport aux autres; il est en outre l'être qui a le plus conscience de cette solidarité. Or, *celui-là est le meilleur qui a le plus conscience de sa solidarité avec les autres êtres et avec le Tout.*

Le but essentiel de l'éducation, avons-nous dit, est de créer, soit par la *suggession directe*, soit par l'*action répétée*, une série d'habitudes, c'est-à-dire d'*impulsions réflexes* durables, capables de fortifier les autres impulsions d'origine héréditaire, ou au contraire de se substituer à elles et de les enrayer. Le remède le plus sûr à la *tentation* des instincts, c'est donc encore, comme tous les éducateurs l'ont plus ou moins senti, la suggestion du précepte et de l'exemple, de l'idée et de l'acte. Les enfants aiment la fermeté, même quand elle s'exerce à leur égard. Une volonté énergique employée pour le bien et le juste s'impose à eux ; de même qu'ils admirent la force physique, de même ils admirent la force morale, qui est la volonté : c'est un instinct héréditaire et salutaire à la race. Or, comme un enfant se modèle toujours sur les personnes qui l'entourent et imite surtout ce qui le frappe le plus en elles, avoir de la volonté, c'est faire que l'enfant en ait ; lui donner l'exemple de la fermeté dans la justice et dans la vérité, c'est le rendre ferme et juste à son tour. Mais l'éducateur doit procéder tout autrement que le dresseur, qui cherche tout d'abord à susciter chez l'animal le penchant à l'obéissance mécanique. Le but n'est pas de *briser* la volonté de l'enfant ; c'est seulement d'empêcher la lutte contre la volonté paternelle, c'est-à-dire de *diriger* la volonté en la *fortifiant*. Quelle est donc la véritable autorité et la manière dont elle doit s'exercer ? L'autorité se compose de trois éléments : 1° L'affection et le respect moral ; 2° l'habitude de la soumission, habitude née de l'exercice même ; 3° la crainte. Chacun de ces trois éléments entre dans le sentiment d'autorité, mais doit être subordonné à celui d'affection. L'affectuosité rend inutile l'autorité dure, le châtiment. L'enfant aimant obéit pour « ne pas faire de peine à ses parents. » Celui qui a besoin de châtiment est un enfant qui manque d'affection ; aimez-le assez, et vous n'aurez plus besoin de le frapper, car l'amour produit toujours un retour d'amour, qui est le ressort le plus puissant dans toute éducation. L'affection doit d'ailleurs être pour l'enfant une récompense, qu'il doit mériter par sa conduite. « Sois bon, et tu seras aimé. » Et il faut qu'il en vienne à attacher un tel prix à cette récompense que toutes les autres ne soient rien auprès d'elle. Avec le raisonnement, l'enfant doit en arriver à rejeter d'abord la crainte, puis à obéir non pas parce qu'il en a l'habitude, mais parce qu'il aime

et respecte, parce qu'il aime surtout : car le respect n'est
au fond que de l'affection. Mais le raisonnement ne doit
supprimer les deux derniers éléments — l'habitude de
la soumission et la crainte — qu'au moment où l'affection est assez forte pour les compenser. L'analyse appliquée à la soumission par habitude a pour résultat de la
détruire en la raisonnant. Pour le sentiment de crainte,
l'analyse est plus fâcheuse encore : la crainte n'est morale
qu'à la condition d'être spontanée, d'être produite plutôt
par le respect que par la peur. Si l'enfant en vient à
raisonner, il mettra dans la balance, d'une part, la satisfaction d'agir à sa guise, de l'autre, le châtiment, et
alors, ou il cédera par lâcheté ou il entrera dans un
esprit de rebellion. L'enfant n'est pas comme le criminel,
que la société frappe sans se préoccuper de l'impression
que les châtiments produiront sur son esprit. Il est donc
très important d'empêcher que cet esprit d'analyse ne
vienne trop tôt, chez l'enfant, désassocier les éléments
qui constituent pour lui le respect de ses parents [1].

Le châtiment corporel, chez les très jeunes enfants, peut
entrer comme élément constitutif dans le sentiment d'autorité morale, mais cet élément ne doit pas avoir trop
d'importance ni empiéter sur les autres, sans quoi il
altère le sentiment d'autorité morale pour le remplacer
par une crainte lâche ou un esprit de révolte. Pour décider en connaissance de cause si les corrections corporelles
appliquées aux petits enfants peuvent être utiles, il faut
poser en principe que les parents ne montreront aucune
colère brutale envers l'enfant : sans quoi ce dernier, les
prenant en exemple, se sentira autorisé à se montrer à son
tour colérique et brutal. Les parents peuvent s'*indigner*
contre une action méchante ou injuste dans la mesure
où un enfant peut agir méchamment ou injustement, mais
ils ne doivent montrer aucune *violence*. La justification
des corrections corporelles, pendant le premier âge, c'est
que, dans la vie, l'enfant subira les conséquences brutales de ses actions ; mais, comme ces conséquences ne
suivent pas toujours l'accomplissement immédiat de
l'action et que l'enfant a la vue trop courte pour prévoir

---

1. Conclusion pratique : le temps de la réflexion ne doit jamais être laissé
à l'enfant : il doit céder d'un mouvement spontané, emporté par le repentir
de sa faute. Il est important qu'il comprenne tout de suite que le châtiment
qui lui est infligé est juste, qu'il l'a mérité ; en un mot il faut qu'il soit
surtout puni moralement par le regret de la faute commise.

l'avenir, il s'ensuit qu'il ne sait point rapprocher l'effet
à la cause. Il faut qu'un châtiment corporel, infligé à la
suite d'une action qu'il sait mauvaise, lui paraisse la
conséquence logique de cette action, conséquence rap-
prochée seulement par la volonté des parents. Les petites
corrections infligées aux enfants ne doivent donc jamais
l'être à tort et à travers ; elles constituent une première
expérience de la sanction sociale, un premier châtiment après verdict. Nous ne pourrions qu'approuver, au
point de vue pédagogique, cet électeur influent du centre
de la France qui, lorsqu'il avait à châtier un peu rudement ses enfants, exigeait que le fouet leur fût donné par
les propres mains du député du département (l'histoire est
authentique). Par malheur, tout électeur n'a pas son man-
dataire sous la main. Il n'en est pas moins vrai que le
moindre « fouet » donné à un enfant dans les plus futiles
circonstances doit avoir le caractère grave de la justice,
jamais celui de la passion. L'enfant étant un être routinier
par excellence, c'est déjà une peine pour lui que de lui
imposer brusquement quelque chose d'anormal ; et d'autre
part tout châtiment, pour agir, doit être anormal, exceptionnel, réservé pour les occasions de désobéissance
ouverte. C'est ce caractère d'*exception* qui rend essentiellement le châtiment redoutable, et qui peut en faire un
moyen d'action puissant sur l'esprit de l'enfant. Rendez les
réprimandes et le fouet quotidiens, l'enfant s'y habituera
comme aux dragées, et cela aux dépens de son caractère.

Il faut de plus donner toujours une *couleur morale* au
châtiment. En tant qu'il provoque la crainte, le châtiment amène l'hypocrisie ; aussi, encore une fois, n'est-ce
pas la crainte seule qu'il faut développer chez l'enfant,
mais le regret moral d'avoir déplu à ses parents. Le
châtiment ne doit être qu'un *symbole ;* la peine morale
doit être fondue d'abord avec la peine physique, puis
substituée à elle. Il ne faut point non plus faire deux
réprimandes coup sur coup, imposer deux punitions à
trop courte distance, soit pour la même peccadille, soit
pour plusieurs fautes différentes : on use ainsi l'effet moral
de la réprimande et on produit chez l'enfant l'habitude
d'être puni, ce qui est déplorable. Lorsque, peu d'instants
après avoir été puni pour une petite faute, l'enfant
recommence à « pécher », mieux vaut fermer les yeux, ou
changer brusquement de ton. Surtout lorsqu'on devine
une intention mauvaise chez l'enfant, il importe de le

distraire et de faire avorter ainsi le méfait. Enfin il faut
ménager ses réprimandes comme le soldat doit ménager
ses ressources en temps de guerre. Réprimande ou punition ne peuvent jamais produire leurs effets moraux sur
l'instant même ; il faut leur laisser le temps d'agir, de
prendre leur place parmi les mobiles habituels de l'enfant.
*Ce n'est pas par lui-même que le châtiment agit, c'est en
tant que transfiguré par le souvenir;* le temps est un
facteur essentiel dans la formation de la moralité enfantine, et l'éducateur, pas plus que la nature, ne doit procéder par révolution, mais bien par évolution régulière.

Le but, sans doute, n'est pas de faire de petits raisonneurs, et nous avons même vu qu'il faut parfois se défier
du raisonnement et de l'esprit d'analyse ; mais il faut
faire comprendre aux enfants que les ordres donnés par
leurs parents sont raisonnables et ont toujours une explication, même quand cette explication dépasse la portée
d'un jeune esprit. A l'affection et au respect naturels de
l'enfant pour ses parents doit s'ajouter ainsi un perpétuel
vote de confiance; ils doivent savoir, une fois pour toutes,
que leurs parents ne veulent que leur bien, et, d'une
manière générale, le bien. Si donc l'art de l'éducation
consiste, avant tout, à donner de bonnes habitudes, il
consiste aussi, en second lieu, à fortifier *ces habitudes par
la conscience et la croyance qu'elles sont rationnelles* [1].

Toute profession acceptée, tout état social pourrait se

1. Aussi, de toutes les fautes qu'on peut commettre dans l'éducation, la
pire est l'inconséquence; de même que, dans une société, les crimes se multiplient quand il n'y a point de justice certaine, de même, dans la famille,
un nombre immense de transgressions résulte d'une application hésitante
des règles et des châtiments. Une mère faible qui menace sans cesse et qui
agit rarement, dit Spencer, qui « fait des lois précipitamment et qui s'en
repent ensuite », qui montre pour la même faute tantôt de la douceur et
tantôt de la sévérité, selon son humeur passagère, prépare mille peines à
elle-même et à son enfant. Elle se rend méprisable à ses yeux. « Mieux
vaudrait une forme barbare de gouvernement appliquée avec suite, qu'une
forme plus humaine appliquée avec tant d'indécision et de légèreté. »
Si les variations secrètes d'un grand nombre de pères étaient mises au
jour, dit Jean Paul, elles composeraient un ensemble dans le genre de
celui-ci : à la première heure : « C'est la morale pure qui doit être enseignée à l'enfant; » à la deuxième heure : « La morale de l'utilité; » à la
troisième heure : « Ne voyez-vous pas que votre père fait ainsi? » à la qua-
trième heure : « Vous êtes petit, et cela ne convient qu'aux grandes personnes ; »... à la septième heure : « Supportez l'injustice et ayez patience; »
à la huitième heure : « Mais défendez-vous bravement si l'on vous attaque; »
à la neuvième heure : « Cher enfant, ne faites pas de bruit; » à la dixième

définir psychologiquement un ensemble de suggestions constantes et coordonnées qui nous poussent à agir conformément à une idée ou type général présent à notre pensée. Cette suggestion de la profession peut être prise sur le fait dans ce que M. Richet a appelé l' « objectivation des types » au moyen du somnambulisme provoqué. Si un hypnotisé se croit devenu général, il agira en général, prendra un ton d'autorité, ne voudra plus reculer devant le danger ; il tirera son épée si on le traite de lâche ; transformé en bon bourgeois, il agira en bourgeois, etc. Étant donné un type quelconque qu'il s'agit de réaliser, toutes les marques secondaires de ce type seront poursuivies avec fidélité dans la reproduction que l'hypnotisé cherche à en faire : son ton de voix, ses gestes, son écriture même subiront des modifications très appréciables. Il en va exactement ainsi dans la vie ; notre état social nous suggère constamment, dans toutes les circonstances et en dépit même des tendances héréditaires, la conduite appropriée à cet état ; c'est pour cela, d'ailleurs, qu'une profession régulière est presque toujours moralisatrice, parce que ses suggestions sont toujours accommodées à la vie sociale ; l'absence de profession enlève du même coup à l'individu tout un ordre de suggestions sociales, le laisse ainsi plus abandonné à l'influence des passions individuelles ou des inclinations héréditaires. Non seulement la profession, mais l'uniforme même a une puissance suggestive incomparable, et ce n'est pas sans raison que les législateurs ont toujours attaché tant d'importance à l'uniforme. Il n'est pas un simple enfantillage : c'est pour ainsi dire la profession rendue visible pour celui qui l'exerce ; c'est toute une règle d'actions systématiques rendues palpables dans la coupe d'un vêtement. L'habit ne fait pas le moine, c'est vrai, mais le respect de l'habit est pour beaucoup dans la conduite du moine.

Il y a une profession universelle, la profession d'*homme*, un rôle commun à tous, le rôle d'*être sociable* : il faut donc que l'idée de la société et de la sociabilité soit, dès l'enfance, suggérée, rendue comme vivante, de manière à ce qu'elle s'adapte l'être entier ; il faut que l'idéal de l'humanité

---

heure : « Un petit garçon ne doit pas rester immobile comme cela. » Et Jean Paul rappelle à ce sujet cet arlequin qui paraissait sur la scène avec une liasse de papiers sous chaque bras, et qui répondait à ceux qui lui demandaient ce qu'il avait sous le bras droit : « Des ordres; et à ceux qui demandaient ce qu'il avait sous le bras gauche : « Des contre-ordres. »

actuelle se dresse devant les instincts héréditaires et les modifie peu à peu dans son propre sens. Que, de très bonne heure, l'enfant ait présente à l'esprit cette parole de Benjamin Constant qui résume toute vie non égoïste : « La grande chose à considérer c'est la douleur qu'on peut causer aux autres. » Il y a des sentiments de sociabilité et d'autres d'insociabilité ; il faut, avec soin, développer les uns, réprimer les autres. Et l'insociabilité est en germe dans certains états d'esprit en apparence peu graves. Ainsi, de très bonne heure, dès l'âge de dix-huit mois ou deux ans, il faut combattre chez l'enfant toute tendance à la bouderie. La bouderie n'est, en effet, qu'une première manifestation de l'insociabilité. La formule de la bouderie est : « aimer à déplaire à qui déplaît. » Il s'y joint parfois une paresse de la volonté qui, devant la volonté d'autrui, renonce, par crainte de subir un échec, et aime mieux s'avouer vaincue d'avance. Il faut aussi habituer les enfants à se réconcilier avec la personne qui leur a adressé une observation. Un enfant de trois à quatre ans, ayant commis une peccadille pour laquelle on l'avait grondé, demanda plusieurs fois à embrasser sa mère : la mère s'y refusa obstinément; l'enfant en garda une rancune si forte qu'il prit l'habitude de bouder à chaque réprimande qui lui fut adressée dans la suite. Encore une fois, on ne peut se faire obéir d'un enfant qu'en se faisant aimer, et, d'autre part, on ne s'en fait aimer qu'en le faisant obéir chaque fois qu'on lui donne un ordre rationnel. En laissant l'enfant prendre l'habitude de la bouderie, on l'habitue à rester sur une faute commise sans faire aucun effort pour la réparer. Il éprouve, il est vrai, un sentiment vague de malaise, mais qui, joint à une satisfaction d'amour propre, lui enlève tout *remords actif*. Au contraire, si on ne laisse jamais passer une gronderie sans réconciliation rapide et baiser final, l'enfant arrive à ne pas pouvoir supporter l'idée d'être *fâché* avec qui que ce soit ; il lui faut réparer sa faute, rentrer en grâce, recevoir le baiser de réconciliation. Ainsi l'éducateur peut lui-même constituer dans l'esprit de l'enfant ce sentiment complexe qui est le *remords actif*, le besoin de réparer la faute, de rétablir en son équilibre la bonne amitié troublée, la société compromise.

Une autre tendance insociable et en même temps dépressive pour l'individu, c'est la mauvaise humeur.

La mauvaise humeur est un état d'esprit très complexe, qu'il importe d'apprendre à vaincre de bonne heure. Il est relativement aisé de réprimer tel mouvement de colère, d'impatience, de jalousie, mais tout cela peut se fondre en un sentiment général de mauvaise humeur, qui, ensuite, prendra toutes les formes, se traduira de cent façons : ce sera une atmosphère morale enveloppant l'esprit tout entier, et dont il sera très difficile de sortir. L'enfant contrarié maladroitement et à tout propos prend en quelque sorte l'habitude de la tristesse ; il s'accoutume à se replier sur lui-même, le cœur gros de ses petits chagrins, à les ressasser en son esprit ; et il est à craindre que, plus tard, le découragement n'ait sur lui plus de prise que sur un autre. La mauvaise humeur contient en germe toutes les peines des déséquilibrés qu'exprime avec acuité notre littérature moderne. Aussi est-il bon d'accoutumer l'enfant même à la gaieté, à la bonne humeur solide de celui qui n'a rien à se reprocher et qui ne reproche rien aux autres, qui « n'a rien sur le cœur », suivant la parole populaire. Pour l'enfant élevé ainsi avec l'affection indulgente et souriante, il se fait un fond de gaieté qui le suit dans la vie, qu'il retrouve partout quand même. L'enfant heureux est plus beau, plus aimant et plus aimable, plus spontané, plus ouvert, plus sincère. La vue de son sourire illumine et donne une joie profonde, sereine, comme une vérité qu'on découvre.

Puisque la société est une suggestion réciproque, le but qu'on doit poursuivre dans la société, c'est d'agrandir ses sentiments, non de les rapetisser. Ce second résultat est malheureusement ce qui se produit toutes les fois qu'on se trouve en contact prolongé avec des hommes médiocres. La société des hommes moyens est précieuse pour tous ceux dont le niveau intellectuel, et surtout moral, est au-dessous de la moyenne ; mais elle n'est pas sans inconvénient pour tous ceux qui sont plutôt au-dessus. Aussi le principe dominant de l'éducation doit-il être de choisir pour compagnon des hommes qui vous soient supérieurs moralement. On développe alors, dans le bon sens, ce sentiment de solidarité qui est si nécessaire à l'homme. Avec une certaine délicatesse morale, on peut arriver à se sentir solidaire même du mérite ou du démérite des autres : « La bonté d'autrui, disait Joubert, me fait autant de plaisir que la mienne ». Il faut que la bonté d'autrui devienne la nôtre par le sentiment même que nous avons de son prix.

Le principe de toute déséquilibration est peut-être moral et social. La plupart des esprits déséquilibrés manquent de sentiments altruistes ; l'éducation et la suggestion auraient pu, en développant chez eux ces sentimen s. rétablir l'équilibre intérieur. L'un des traits caractér - ques du criminel. c'est l'absence totale du sentiment de .a pitié ; or. il est inadmissible de supposer qu'une éducation appropriée ne puisse pas développer ce sentiment, même chez l'être le plus mal doué. à un degré plus ou moins rudimentaire peut-être , assez cependant pour modifier sa conduite. On peut même. au fond de toute folie, découvrir une certaine part à l'insociabilité. car la folie a pour symptôme constant un grossissement exagéré et une préoccupation exclusive du moi. De la vanité extrême à la folie il n'y a souvent qu'un degré ; or la vanité, l'orgueil, le premier des péchés capitaux. est une forme d'égoïsme insociable ; celui chez qui les sentiments altruistes sont suffisamment développés apprécie à leur juste valeur les mérites d'autrui, et trouve ainsi un contrepoids au sentiment de ses mérites personnels. Par la suggestion morale et sociale, on peut même empêcher la formation de l'*idée fixe* chez les monomanes du crime et de la folie. —idée fixe dont les éléments se rassemblent le plus souvent dès le jeune âge. Savoir moraliser les gens. ce serait donc pouvoir introduire l'équilibre non seulement dans leur conduite, mais encore dans leur intelligence et jusqu'au plus profond d'eux-mêmes : et cet équilibre est en même temps harmonie avec autrui, sociabilité.

En somme, les suggestions, dont nos psycho-physiologistes observent aujourd'hui le mécanisme, ne sont que des cas isolés et curieux de l'action du milieu sur l'individu, des perceptions sur l'être qui perçoit. Ces suggestions peuvent, nous l'avons vu, déséquilibrer l'organisme, mais elles peuvent aussi, quoique plus difficilement, y ramener l'équilibre. L'influence du milieu social est une puissance désormais trop manifeste pour que les partisans les plus exclusifs de l'hérédité. du crime et du vice héréditaires, de la déchéance invincible de certaines races. ne doivent pas compter avec cette influence. Les penchants héréditaires ne sont autre chose que des habitudes acquises, c'est-à-dire de l'action accumulée ; c'est l'action de nos ancêtres qui nous pousse encore aujourd'hui à agir et qui, en certains cas, rompt notre équilibre intérieur. Le remède contre cette action ainsi capitalisée, c'est encore l'action, mais sous sa forme *vive,* telle que nous la percevons autour de nous dans le milieu normal qui nous enveloppe ; le remède aux conséquences nuisibles de l'hérédité, c'est-à-dire de la solidarité avec la race particulière dont nous provenons, c'est notre solidarité avec l'espèce humaine actuelle. Le mécanisme héréditaire et l'intelligence réagissent sans cesse l'un sur l'autre : ce sont deux forces dont aucune ne doit être méconnue. *Chaque individu, par la série d'actes qui constitue la trame de sa vie et qui finissent par se coordonner pour ses descendants en habitudes héréditaires, déprave ou moralise sa postérité, de même qu'il a été moralisé ou dépravé par ses ancêtres.*

CHAPITRE II

GENÈSE DE L'INSTINCT MORAL

PART DE L'HÉRÉDITÉ, DES IDÉES ET DE L'ÉDUCATION

I. — POUVOIR DES HABITUDES, DONNANT LIEU A UNE IMPULSION MOMENTANÉE OU A UNE OBSESSION DURABLE.

Nous avons vu, dans le chapitre précédent, comment l'éducation et la suggestion peuvent modifier l'instinct moral, devenu héréditaire dans notre race. Nous nous proposerons maintenant un problème plus fondamental et plus théorique : nous nous demanderons si l'éducation et la suggestion, si les idées transformées en sentiments ne peuvent pas, aidées de l'hérédité, produire le sentiment moral lui-même. En un mot, quelle est la part de l'hérédité, quelle est la part des idées et de l'éducation

3

dans la genèse de la moralité ? Aucune étude n'est plus propre à nous faire approfondir, dans leur union et dans leur antagonisme. les deux termes essentiels de la question qui fait l'objet de cet ouvrage.

I. L'hérédité et l'éducation créent également en nous des *pouvoirs*, qui tendent à s'exercer et s'exercent en effet dès que l'occasion leur est fournie. Qu'est-ce donc qu'il faut entendre par le mot *pouvoir?* — C'est un principe d'activité intérieur à l'individu et qui n'est plus une réaction pure et simple contre un choc venu du dehors. Se sentir le pouvoir d'agir dans telle ou telle direction. c'est se sentir d'avance adapté organiquement à tel milieu. au lieu d'avoir à s'y adapter par une série d'expériences exigeant effort. Qui dit pouvoir dit donc adaptation préalable. constitutionnelle. aptitude prête à s'éveiller et à se traduire en actes. Or toute adaptation se ramène à une *habitude* de l'individu ou de la race. Il n'est donc pas de puissance entrant en jeu dans l'individu qui ne s'explique par cette propriété de s'*habituer* que possède toute matière vivante et toute espèce, et qui est le fondement même de l'*éducabilité*. On sait que l'habitude, d'autre part. se ramène à des séries d'actions et de réactions accumulées. emmagasinées pour ainsi dire, et facilitant à l'avenir toute action dans le même sens. Le pouvoir n'est donc autre chose qu'une sorte de résidu laissé par les actions et réactions passées; c'est de l'action capitalisée et vivante. Le possible se ramène pour nous en grande partie à une habitude : c'est une détermination de l'avenir par un passé plus ou moins analogue. c'est une adaptation commencée. Le possible est une *réalisation* restreinte, qui, sous certaines conditions tendra à s'achever.

A l'origine. chez l'être le plus rudimentaire, toute action est provoquée directement par un *stimulus* ou choc extérieur. Le ressort de l'action est placé en dehors de l'être, comme dans ces jouets d'enfants qui ne meuvent bras et jambes que si on tire derrière eux une ficelle pendante. Mais, toute action accomplie ayant ouvert dans les organes une voie pour l'accomplissement d'une autre action semblable, l'action devient par elle-même féconde et tend à se reproduire ; elle est un principe d'activité nouvelle. Ce principe interne d'activité, l'habitude, engendre des actions qui ne sont plus la simple réponse à un choc immédiat venu du dehors. La ficelle primitive

qui tirait les bras du pantin est devenue un mécanisme
d'horlogerie très compliqué, placé au dedans de lui, et qui
n'a plus besoin d'être remonté du dehors que de temps en
temps, par le choc de nécessités périodiques. L'habitude,
devenue instinct dans la race par l'effet de l'hérédité,
modifie l'être de manière à l'accommoder non plus seulement au *présent* brutal, mais à de simples *possibles*. C'est
une sorte de prévision inconsciente fondée sur l'analogie
de l'avenir avec le passé. De là une modification profonde
dans les phénomènes psychologiques les plus rudimen-
taires vers lesquels nous nous reportons : à la secousse
du choc ou de la sensation se substituent des pressions
venues du fond même de l'être, le poussant à l'action sans
l'y précipiter pour ainsi dire. Les secousses des sensations
sont ainsi préparées, adoucies, évitées souvent par l'organisation des habitudes, par des ressorts intérieurs beaucoup plus savants, plus doux, d'une action moins sou-
dainement nécessitante.

Il importe maintenant de distinguer deux sortes d'habitude ou d'adaptation au milieu : 1° adaptation d'un
être passif à un milieu toujours le même, par exemple
d'un rocher à l'air ambiant, d'une plante à un climat
donné ; 2° adaptation d'un être actif et mouvant à un
milieu toujours variable lui-même, par exemple celle de
l'homme au milieu social, qui est une véritable *éducation*. La première adaptation se fait une fois pour toutes ;
elle est passive et peut donner lieu chez l'être à des
propriétés nouvelles, non à des *puissances*, à des activités nouvelles. La seconde est toujours inachevée ; elle
comprend un système de réactions qui est toujours
incomplet sans être pourtant entièrement en défaut ; elle
pousse donc à une action qui n'est automatique que dans
sa direction la plus générale, mais qui, dans le détail,
donne lieu à une foule d'actes spontanés et même réflé-
chis. Toute habitude d'agir, tout instinct actif tend ainsi
à éveiller l'intelligence et l'activité au lieu de les dépri-
mer entièrement par l'automatisme : l'histoire naturelle
pourrait nous en fournir des exemples à l'infini.

A l'origine, donc, le *nisus* informe et obscur de la vie,
doué sans doute déjà d'une conscience sourde, et en tous
cas de la faculté de *s'habituer*, qui ne fait qu'un avec ce
qu'on a appelé la mémoire organique. La première manifestation de cette mémoire plus ou moins inconsciente de
la molécule vivante, c'est l'*action réflexe*. L'action réflexe

constitue une première formule fixe dans les échanges
hésitants de la vie, un tracé élémentaire, mais déterminé,
dans l'adaptation si complexe au milieu et dans l'éducation de l'être. Quand l'action réflexe est entravée, arrêtée, elle tend à produire non seulement la conscience,
mais à la fois (on n'a pas assez remarqué cette simulta-
néité) la *souffrance* et la *conscience*. La conscience, à
l'origine, n'a dû être que la formule vague d'une souffrance dans une sorte de *cri* intérieur ; c'est la solidarité
de tous les atomes vivants en présence de quelque danger, une sorte de résonance du péril dans l'être même.
La douleur met en mouvement toute l'activité dont l'organisation dispose afin de repousser les causes de trouble.
De même, quand la patrie est en danger, il est évident
que chez tous ses membres il existe un déploiement d'activité vers un seul but beaucoup plus grand que quand il
s'agit d'une fête nationale. L'organisation est plus solidaire dans la douleur que dans le plaisir. De là l'utilité
de la conscience pour la conservation de l'individu, et de
là aussi son extension croissante. La conscience totale
n'est sans doute, à l'origine, qu'une propagation et une
multiplication des diverses consciences cellulaires dans
un frémissement d'alarme : ce n'est pas le regard tranquille sur soi que les psychologues sont portés à se figurer. Peu à peu, à la suite d'une série d'actions réflexes
entravées, c'est-à-dire d'adaptations brisées, se forme le
pouvoir de se réadapter constamment, de se ployer sans
cesse au milieu. C'est cette faculté de réadaptation continue, cette habitude de se réhabituer constamment, qui
est à la fois le principe de l'intelligence et de la volonté
proprement dite, conséquemment le grand ressort de
toute éducation. L'activité intellectuelle ou morale est
une adaptation *large* pour ainsi dire et infiniment *flexible*,
qui permet une foule de réadaptations de détail, de corrections de toute sorte. La puissance intellectuelle et
volontaire, en d'autres termes, se ramène à une habitude d'agir dans une certaine direction *générale*, — habitude qui se transforme sans cesse suivant les transformations particulières du milieu mouvant où elle s'exerce.

Ces faits établis, quelles conséquences peut-on en
déduire touchant la genèse de la moralité, et quelle part y a
l'éducation sous toutes ses formes? — Déjà, remarquons-le
d'abord, dans la conscience même que l'habitude prend
de soi, il existe quelque chose de moral ou au moins

d'esthétique. En effet, au fond de tout concept moral ou esthétique se retrouve comme élément essentiel l'idée d'ordre, d'arrangement, de symétrie. Le plaisir esthétique que nous cause l'ordre s'explique par le plaisir de la répétition (répétition de certains mouvements de la rétine, etc.); la répétition d'un acte, à son tour, ne nous est agréable que par la facilité qu'elle nous cause et qui naît de l'habitude. L'*ordre* se ramène donc subjectivement, en grande partie, à l'*habitude*. De même l'ordre moral, en ce qu'il a de plus élémentaire, est régularité et, devant les autres hommes, réciprocité, c'est-à-dire répétition des mêmes actes dans les mêmes circonstances par un individu ou par plusieurs. C'est déjà presque trouver une chose belle ou bonne que de s'y *habituer pleinement*, c'est-à-dire de la percevoir sans éprouver aucune résistance dans aucun de nos sens et dans aucune de nos activités intellectuelles ou motrices. Toute habitude engendre une certaine règle personnelle : l'acte accompli sans résistance dans le passé devient un type pour l'acte à venir. L'habitude, en effet, est une force ayant une certaine direction donnée d'avance ; elle est donc le centre d'un système d'actions et de sensations, et il lui suffit de prendre conscience de soi pour devenir un sentiment actif et déterminant ; c'est un *sentiment-force*. L'*idée-force*, dont nous parlerons plus loin, marque un degré encore supérieur de l'évolution. L'habitude, en un mot, a une vertu canonique et éducatrice ; c'est la règle primitive de la vie. Le *convenable* est en grande partie l'*habituel*. Toute habitude tend à devenir une forme s'imposant aux choses et aux êtres, une formule d'action et d'éducation personnelle, une loi immanente, *lex insita*. On peut même se demander si toute loi, y compris les lois de la nature, ne se ramène pas à une habitude.

Le *rite*, qui est un développement supérieur de l'habitude, n'a pas seulement une valeur religieuse ; il a aussi une valeur morale. Or le rite, avons-nous dit ailleurs, naît du besoin de reproduire le même acte dans les mêmes circonstances, besoin qui est le fond de l'habitude et sans lequel toute vie serait impossible. Aussi y a-t-il quelque chose de sacré, pour l'homme primitif, comme pour l'enfant, dans toute habitude, quelle qu'elle soit ; d'autre part tout acte, quel qu'il soit, tend à devenir une habitude, et par là à prendre ce caractère respectable, à se consacrer en quelque sorte lui-même. Le rite tient donc, par

ses origines, au fond même de la vie. Le besoin du rite
se manifeste de très bonne heure chez l'enfant : non
seulement il imite et s'imite, répète et se répète lui-
même, mais il exige une scrupuleuse exactitude dans
ces répétitions. L'enfant est naturellement curieux, mais
il n'aime pas à pousser la curiosité jusqu'au point où
elle pourrait violemment contredire ce qu'il sait déjà ou
croit savoir. Et il a raison dans une certaine mesure, il
ne fait qu'obéir à un instinct puissant de conservation
intellectuelle : son intelligence n'est pas assez souple
pour défaire et refaire constamment les nœuds ou associations qu'elle établit entre ses idées. C'est donc par
une sorte d'instinct de protection intellectuelle que les
peuples primitifs tiennent tant à leurs coutumes et à
leurs rites. De même tous les actes de la vie, les plus
importants comme les plus insignifiants, sont classés
dans la petite tête de l'enfant, définis rigoureusement
d'après une formule unique et représentés sur le type
du premier acte de ce genre qu'il a vu accomplir, sans
qu'il distingue nettement la *raison* d'un acte et sa *forme*.
Cette confusion de la raison et de la forme existe à un
degré non moins frappant chez les sauvages et les peuples
primitifs. Et c'est sur cette confusion même que s'appuie
le caractère sacré des rites religieux[1].

Une fois incarnée dans l'être, comment va se manifester
cette loi intérieure de l'habitude ? — Nous avons montré,
dans notre *Esquisse d'une morale*, que le pouvoir des habitudes peut donner lieu soit à une *impulsion* momentanée,
soit à une *obsession* durable.

La puissance accumulée par les habitudes, par les instincts, par les associations mécaniques, n'apparaît souvent
au seuil de la conscience que pour se traduire précipitamment en actions. Dans ces cas, il y a *impulsion* soudaine
et momentanée. L'impulsion qui ne rencontre aucun
obstacle, pas même celui de la durée, n'est plus qu'une
sorte de *réflexe* passant comme l'éclair à travers la conscience pour rentrer ensuite dans l'ombre. Toute impulsion qui reste ainsi isolée par la rapidité même de
son effet ne peut susciter les phénomènes complexes qui
constituent la vie morale. C'est une force qui ne donne
lieu à une idée consciente que momentanément, et qui
ne laisse pas de trace profonde dans l'esprit. L'ins-

1. Voir notre *Irréligion de l'avenir*, p. 92.

tinct moral et social, sous sa forme primitive et tout à fait élémentaire, est une expansion qui a presque la soudaineté d'un réflexe. C'est une impulsion spontanée, un déploiement soudain de la vie intérieure vers autrui, plutôt qu'un respect réfléchi pour « la loi morale » et aussi une recherche du «plaisir» ou de « l'utilité ». Remarquons d'ailleurs qu'avec le développement actuel de l'intelligence et de la sensibilité humaines il est impossible d'y découvrir l'*impulsion* morale à cet état presque réflexe, sans qu'il s'y mêle des idées générales et généreuses, voire même métaphysiques. Aussi est-ce chez les animaux surtout qu'il faut, avec Darwin, prendre sur le fait l'impulsion morale et sociale. On se rappelle l'exemple de ce babouin qui, voyant un jeune singe de six mois environné par les chiens et dans une situation désespérée, redescend la montagne, se jette au milieu de la meute par un véritable coup de folie, lui arrache le jeune singe et réussit à l'emporter en triomphe[1].

La force impulsive des penchants sociaux est assez puissante pour précipiter à agir ceux-mêmes qui en sont d'habitude le plus incapables et que le sentiment réfléchi d'un devoir trouverait irrésolus et impuissants. M. Ribot cite le cas d'un malade atteint d'*aboulie* qui retrouve toute son énergie pour sauver une femme écrasée[2]. D'autres fois, le sentiment spontané du devoir, au lieu de pousser à l'action, la suspend brusquement ; il peut développer alors ce que MM. Maudsley et Ribot, avec les physiologistes, appelleraient un pouvoir d'arrêt ou « d'inhibition », non moins brusque, non moins violent que l'est le pouvoir d'impulsion[3]. Et l'instinct montre encore mieux sa puissance en suspendant ainsi l'action qu'en la provoquant. Dans le second cas il n'a à vaincre que la force d'inertie propre à un organisme en repos ; dans le premier cas, il doit lutter contre la force acquise en un certain sens. C'est ce que confirment facilement les expériences sur la suggestion. Il est très difficile, à l'état de veille, de persuader à une personne qu'elle ne pourra pas ouvrir la main ; mais, si on lui a précédemment recommandé de

---

1. Voir notre *Esquisse d'une morale.*
2. Ajoutons que ce malade fut guéri définitivement par l'émotion que lui causèrent les journées de juin 1848. — encore une émotion d'un caractère social ou tout au moins ego-altruiste, qui montre la puissance de l'élément social dans l'individu.
3. Voir notre *Esquisse d'une morale.*

tenir avec force un objet dans son poing fermé et que,
profitant de cette tension préalable des muscles, on lui
suggère l'impuissance à rouvrir sa main, elle se trouvera souvent en fait impuissante. M. Bernheim, ayant
rencontré un sujet qui se croyait capable de faire une
certaine résistance à ses ordres, même à l'état d'hypnotisme, lui commanda de tourner ses deux bras l'un
autour de l'autre en lui affirmant qu'il ne pourrait s'arrèter;
il ne le put pas en effet, et continua le mouvement
giratoire de ses bras, semblable à celui des ailes d'un
moulin.

Nous avions, dans notre *Esquisse d'une morale*, cité
un cas de suspension brusque produite par le sentiment de devoir mêlé à la sympathie et à la reconnaissance : « Un homme, avec la ferme intention de se
noyer, se jette dans la Seine, près du pont d'Arcole;
pour le sauver, un ouvrier saute dans une barque,
manœuvre maladroitement ; la barque, heurtée contre un
pilier du pont, chavire, et le sauveteur disparaît sous
l'eau au moment où l'autre remonte à la surface. Ce
dernier, abandonnant aussitôt son projet de suicide, nage
vers son sauveteur et le ramène sain et sauf sur la berge ».
Un fait très analogue s'est passé plus tard entre deux
chiens, un terre-neuve et un mâtin, qui tombèrent ensemble à la mer juste au moment où ils se livraient un
furieux combat sur la jetée de Douaghadee. L'instinct du
sauveteur s'éveilla aussitôt chez le terre-neuve : oubliant
vite sa colère, il ramena au rivage son adversaire, qui,
médiocre nageur, eût sans doute été noyé.

Rappelons que certains instincts chez les animaux
possèdent le même pouvoir de suspendre l'action commencée. Le *chien d'arrêt* se sent, pour ainsi dire, cloué à
sa place comme par un ordre mystérieux, au moment où
tous ses autres instincts le portent à s'élancer en avant.
Romanes nous parle d'un chien qui n'a jamais volé qu'une
fois dans sa vie : — « Un jour qu'il avait grand'faim, il
saisit une côtelette sur la table et l'emporta sous un
canapé. J'avais été témoin de ce fait, mais je fis semblant
de n'avoir rien vu et le coupable resta plusieurs minutes
sous le canapé, partagé entre le désir d'assouvir sa faim
et le sentiment du devoir ; ce dernier finit par triompher,
et le chien vint déposer à mes pieds la côtelette qu'il
avait dérobée. Cela fait, il retourna se cacher sous le
canapé, d'où aucun appel ne put le faire sortir. En vain je

lui passai doucement la main sur la tête ; cette caresse
n'eut pour effet que de lui faire détourner le visage d'un
air de contrition vraiment comique. Ce qui donne une
valeur toute particulière à cet exemple, c'est que le chien
en question n'avait jamais été battu, de sorte que ce ne
peut être la crainte du châtiment corporel qui l'a fait agir.
Je suis donc forcé de voir dans ces actions des exemples
d'un développement de la conscience aussi élevé que peut
le donner la logique du sentiment sans le secours de la
logique des signes, c'est-à-dire à un degré presque aussi
élevé que celui que nous trouvons chez les sauvages inférieurs, les petits enfants et un grand nombre d'idiots ou
de sourds-muets sans éducation ».

L'instinct social, par la force de la sélection naturelle,
en vient à imprégner si bien l'être tout entier jusque dans
ses membres que, si on coupe une fourmi par le milieu du
corps, la tête et le corselet, qui peuvent marcher encore,
continuent de défendre la fourmilière et de porter les
nymphes dans leur asile. C'est là un degré d'impulsion
spontanée que n'a pas atteint la moralité humaine : il
faudrait que chaque fragment de nous-même vécût et
mourût pour autrui, que notre vie fût mêlée jusque dans
ses sources profondes à la vie sociale tout entière.

L'action impulsive d'une habitude héréditaire ou acquise
revêt un caractère de plus en plus remarquable lorsqu'elle
prend la forme non plus d'une impulsion ou d'une répres-
sion subite, mais d'une pression intérieure ou *tension*
constante. Il y a alors *obsession*. L'obsession est la
conscience de l'effort avec lequel une impulsion entre
dans le champ de la conscience, s'y maintient en tâchant
de se subordonner les autres tendances qu'elle y rencontre, et cherche à se prolonger dans l'action.
Il y a deux grands principes d'obsession mentale :
l'*habitude* (ou l'instinct, qui est une habitude héréditaire)
et la *suggestion* (consciente dans l'imitation volontaire et
l'obéissance, inconsciente dans les phénomènes d'hypnotisme). L'obsession, c'est-à-dire l'impulsion persistant
au milieu des obstacles intérieurs, est un élément important qui entrera plus tard dans le phénomène très complexe
de l'obligation. Ce qui distingue profondément l'une de
l'autre, c'est que l'obsession peut n'avoir rien de rationnel,
nous pousser à des actes qui répugnent à la fois à toute
notre logique et à tous nos sentiments. L'obsession peut

être parfaitement irrationnelle, comme chez les maniaques et les fous. Remarquons toutefois que, partout où elle se produit, elle cherche à devenir rationnelle, à s'expliquer pour elle-même, à s'introduire subrepticement dans le grand courant des *idées,* qui traverse continuellement l'esprit. C'est ainsi que les fous ont toujours en réserve des explications plus ou moins plausibles de leurs actions les plus extraordinaires, même de leurs gestes désordonnés, comme ce fou qui expliquait l'agitation nerveuse de ses bras en affirmant qu'il tissait les rayons du soleil pour se faire un vêtement de lumière. C'est surtout les cas de suggestion chez les hypnotiques qui nous fournissent les exemples les plus frappants de la fécondité de l'intelligence quand il s'agit de justifier rationnellement un acte où la raison de l'individu n'est pour rien. On connaît l'exemple de cette somnambule à qui il avait été commandé pendant son sommeil de venir chez le magnétiseur tel jour, à telle heure : le jour dit, elle arrive par un temps abominable d'orage, et cependant, comme elle ne se rappelle plus de qui lui vient l'impératif auquel elle a obéi inconsciemment, elle trouve toute une série de raisons plausibles pour expliquer sa venue. On peut dire qu'il n'y a rien de *suggestif* pour l'intelligence comme un instinct qui n'a pas en elle son origine : se manifestant sous forme d'idée fixe, il ne tarde pas à constituer un centre intellectuel autour duquel viennent graviter et se grouper, avec les rapports les plus inattendus, toutes les idées de l'esprit.

On nomme à mademoiselle X. en état somnambulique, une personne qu'elle hait profondément ; cela la met dans une grande colère et elle dit qu'elle ne lui pardonnera jamais. On la soumet à l'action de l'aimant, et quelques instants après son visage exprime la compassion ; l'action de l'aimant, en modifiant le fonctionnement du système nerveux, a modifié le cours des émotions concomitantes, et les émotions nouvelles se formulent aussitôt en cette théorie morale : « pauvre malheureux, s'écrie-t-elle, il ne m'a fait du mal que parce qu'il m'aimait trop, je ne puis réellement le haïr [1]. » L'impressionnabilité à la suggestion n'est autre chose, comme le remarque le docteur Bernheim, qu'une *aptitude à transformer l'idée reçue en acte.* Plusieurs expérimentateurs font mention d'un état d'angoisse

1. *Revue philosophique,* février 1887, Bianchi et Sommer.

dans lequel tomberaient les sujets hypnotisés lorsque arrive pour eux l'heure d'accomplir une suggestion. Deux causes peuvent expliquer cette angoisse. La première, c'est la recherche même de l'objet suggéré ; ils savent qu'ils ont quelque chose à faire, mais quoi ? Il leur faut faire effort pour tirer du fond de l'inconscient la formule de l'obligation qu'ils sentent en eux. La seconde cause, c'est que, même alors que l'obligation est nettement formulée, ils se trouvent en présence d'une action qui ne leur est pas habituelle ou qui contrarie les idées établies, qui présente enfin quelque chose de singulier ; et les suggestions ont toujours ce caractère, puisque c'est à leur bizarrerie même que l'expérimentateur reconnaît sa puissance.

De ce qui précède, nous pouvons conclure que toute formule d'action obsédante, conséquemment occupant à elle seule la conscience, *tend* à devenir, *sous ce rapport*, une formule d'action obligatoire ; toute obsession cherche à s'achever dans la conscience en obligation ; le mécanisme brut des impulsions tend à s'organiser en un ordre mental et, jusqu'à un certain point, moral.

II. — POUVOIR DE LA CONSCIENCE ET DES IDÉES-FORCES, L'AGENT MORAL.

La force de l'idée explique à la fois les deux termes du problème moral : la volonté et l'objet du vouloir. La volonté est essentiellement la puissance de se représenter à la fois avant l'action tous les motifs contraires d'agir ou de ne pas agir, en puisant dans cette complexité de motifs non l'irrésolution, mais la résolution parfaitement consciente d'elle-même : la force impulsive des motifs apparaît alors comme proportionnelle à leur rationalité, et la volonté est ainsi le germe de la moralité même. Chez l'être bien organisé il se crée, suivant une expression heureuse de M. Ribot, une série d'états de conscience *correctifs*, à caractère *déprimant*, qui s'associent d'une manière indissoluble à l'état de conscience dont les conséquences seraient nuisibles : c'est ainsi qu'au désir de toucher, éveillé chez l'enfant par l'éclat de la flamme, s'associe par l'habitude la peur de la brûlure, état dépressif qui vient annihiler l'impulsion du désir. Les moines boud-

dhiques ou chrétiens répétaient que, si un beau corps
excitait en eux quelque désir malsain, il leur suffisait
pour se guérir de se le représenter à l'état de cadavre, tel
qu'il sera demain : voilà un exemple de l'état de conscience
dépressif associé à l'état impulsif. Un être est capable
d'éducation et de moralité dans la proportion où il est
capable de volonté, où fonctionnent chez lui, en se com-
pliquant à l'infini, ces associations qui amènent presque à
la fois dans la conscience la vision de tous les effets possibles d'un acte. Si, avec M. Ribot, on définit la volonté
la réaction du caractère individuel tout entier dans un
cas donné, on arrivera à cette conclusion : un acte n'est
vraiment volontaire que si, avec la tendance la plus forte
qui l'a produite, coexistent des tendances plus faibles et
plus sourdes qui, en d'autres circonstances, eussent pu
produire un acte contraire. La pleine volonté, c'est-à-dire
le déploiement total des énergies intérieures, suppose
qu'à la représentation de l'acte même qu'on va accomplir
s'associe la représentation affaiblie de l'acte contraire. Et
ainsi, nous arrivons à cette conclusion : il n'y a pas
d'acte pleinement volontaire ou, ce qui revient au même,
pleinement conscient, qui ne soit accompagné du sentiment de la victoire de certaines tendances intérieures sur
d'autres, conséquemment d'une lutte possible *entre* ces
tendances, conséquemment enfin d'une lutte possible
contre ces tendances.

La liberté consiste surtout dans la délibération. Le
choix n'est *libre* qu'à condition d'avoir été *délibéré* ;
le vrai principe de la liberté doit donc être cherché plus
haut que la décision, dans cette période d'examen qui la
précède et où s'exerce la pleine intelligence. Or, la délibération, loin d'être incompatible avec le déterminisme, ne
pourrait pas se comprendre sans lui ; car une action déli-
bérée est celle dont on peut entièrement rendre raison et
qui se trouve ainsi entièrement déterminée. Il n'y a donc
pas de liberté en dehors de la délibération, et d'autre
part la délibération consiste simplement dans la détermination du motif le meilleur par voie scientifique. Etre
libre, c'est avoir délibéré ; avoir délibéré, c'est s'être soumis, avoir été déterminé par des motifs rationnels ou parais-
sant tels. Il semble donc que la délibération est le point
où se confondent la liberté et le déterminisme. Pourquoi délibérons-nous ? pour être libres. Comment délibérons-nous ? Suivant une balance de motifs et de mobiles

dont le mécanisme est nécessaire. Mais pourquoi voulons-nous être libres ? Je réponds : parce que nous avons reconnu par l'expérience que la liberté est une chose pratiquement avantageuse pour nous et pour autrui. La liberté, comme toute puissance accumulée, vaut par ses conséquences possibles.

Remarquons que, dans certaines conditions, la fatalité, l'esclavage le plus grossier, ne peuvent pas ne pas prendre l'apparence de la liberté. Un chien tenu en laisse par son maître, mais dont le maître désirerait précisément aller partout où veut aller le chien et aussi vite que lui, se croirait parfaitement libre. Un poisson enfermé dans un bocal de verre, mais qui serait perpétuellement attiré au centre du bocal par quelque friandise ou toute autre raison, ne se ferait nullement l'idée qu'il est sous verre. Comment donc ne nous croirions-nous pas libres, nous qui sommes dans une position infiniment supérieure à celle du chien ou du poisson ? En effet, personne ne nous tient en laisse ou en prison ; notre esclavage ne consiste qu'à faire précisément tout ce qui nous semble préférable : nous n'obéissons qu'à nos préférences, ce qui est vraiment la plus agréable des choses. Ajoutons que personne ne peut jamais prévoir d'une manière absolue ce que nous préférerons demain : ce qui s'explique très bien par la variation perpétuelle de nos motifs. Chacun d'eux, étant une pensée, est un véritable être vivant qui naît, grandit, décline en quelques instants ; tout cela s'agite en nous. Nous croyons alors notre liberté absolue, indéterminée, à cause de l'infinité des motifs qui nous déterminent. Et nous sommes satisfaits dans les limites où nous nous trouvons. Quand Christophe Colomb débarqua en Amérique, il crut avoir trouvé un continent : ce n'était qu'une île, mais les indigènes n'avaient jamais éprouvé le désir de la parcourir tout entière : ils la croyaient donc sans fin. Cette infinité des motifs empêche entre eux tout équilibre fixe et interdit toute prévision du dehors ; quant à nous, pour faire cesser cette lutte des motifs, il ne nous faut qu'un simple désir ; bien plus, il nous suffit de la pensée même de ce désir. Une action conçue comme possible suffit par cela seul à nous donner la puissance de la réaliser. Nous ne pouvons donc jamais concevoir une action comme impossible, puisque la simple conception de cette action la rend possible ; nous sommes donc nécessairement libres à nos propres yeux. Nous pouvons toujours vouloir ce qui nous apparaît comme plus désirable que le reste, précisément parce que cela nous apparaît tel ; et de cette façon jamais nous ne sentirons de chaînes. Ainsi se produit l'illusion du libre arbitre. Mais c'est là une liberté inférieure. Certains désirs, certaines passions, même quand nous les suivons de bon gré, nous font trop voir qu'il nous serait difficile de faire autrement : tels l'amour, la colère. On s'abandonne à ces passions-là, on se sent devant des maîtres. Quand on descend une pente raide en courant, et qu'on veut la descendre, on ne peut pas dire qu'on aille où on ne veut pas aller, et cependant on se sent entraîné, maîtrisé par une force supérieure. Ainsi agit la passion. C'est pour cela qu'une liberté plus complète apparaît comme la délivrance des passions violentes et grossières. Au-dessus de la liberté du désir, la liberté de l'action. Le raisonnement seul peut s'arrêter à temps, ignore l'habitude, la force acquise. C'est pour cela que liberté et raison ne font qu'un.

Si maintenant nous remarquons, avec M. Ribot, que le propre de l'acte volontaire, c'est de ne pas être la simple transformation d'un état de conscience détaché, de supposer au contraire la participation de tout ce groupe d'états conscients ou subconscients qui constituent l'individu à un moment donné, nous en conclurons que l'idée même d'un tel acte, d'un acte auquel notre être tout entier participe, — est l'idée qui hantera la conscience avec le plus de force, puisqu'elle est mêlée pour ainsi dire à la conscience tout entière. L'idée d'un acte volontaire est donc, par sa définition même, l'idée-force qui possède le plus de puissance pratique dans notre conscience[1].

Toute idée étant la représentation d'une possibilité d'action ou de sensation (la sensation même peut se résoudre d'ailleurs dans une action), il s'ensuit que le groupe d'états conscients ou subconscients qui constitue le moi n'est autre chose que l'équilibre mouvant de *représentations d'action*, auxquelles correspond une force impulsive, proportionnelle en moyenne à la force de la représentation même. Notre *moi* n'est qu'une approximation, une sorte de suggestion permanente; il n'existe pas, il se fait, et il ne sera jamais achevé. Nous ne réussirons jamais à ramener à une unité complète, à subordonner à une pensée ou volonté centrale tous les systèmes d'idées et de tendances

---

i. Voir A. Fouillée, la *Liberté et le déterminisme*, 2ᵉ édition.

qui luttent en nous pour l'existence. Toute vie est une déformation, une déséquilibration, poursuivant, il est vrai, une forme nouvelle et un nouvel équilibre. Les malades chez lesquels la personnalité se dédouble, devient même triple, nous offrent, avec un grossissement, le phénomène qui se passe constamment en nous-mêmes : la coexistence de plusieurs centres d'attraction dans notre conscience, de plusieurs courants qui nous traversent et dont chacun, s'il n'était limité par un autre courant, nous submergerait et nous emporterait. Notre *moi* n'est qu'une ligne de partage entre ces courants divers de pensée et d'action qui nous traversent. Au fond de chacun de nous il y a plusieurs *moi* dont l'équilibre mouvant constitue ce que nous croyons être notre vrai *moi*, et qui n'est en somme que notre moi *passé*, la figure dessinée par la moyenne de nos actions et pensées antécédentes, l'ombre que nous laissons derrière nous dans la vie. Ce moi-là n'est le nôtre que selon la mesure où notre passé détermine notre avenir; et rien de plus variable que cette détermination de l'avenir d'un être par *son* passé. Notre corps, il est vrai, nous sert de point de repère, c'est la base de notre personnalité. Mais le corps n'est lui-même pour nous qu'un système de perceptions, conséquemment de sensations, qui, à un point de vue plus profond, se réduisent à un système de tendances favorisées ou contrariées : notre corps est constitué par une coordination d'appétits de toute sorte dans un équilibre instable ; il n'est que le rythme suivant lequel ces appétits se balancent. Sans la loi de l'habitude et de l'économie de la force, par laquelle un être tend toujours à se répéter lui-même, à projeter en avant sa propre image, à reproduire son passé dans son avenir, nous perdrions notre moi à chacun de nos mouvements, nous serions sans cesse à la recherche de nous-même. Notre moi est donc une *idée*, et une « idée-force » qui maintient notre identité sans cesse menacée de disparaître dans les phénomènes particuliers et présents ; c'est un groupement régulier de possibles conscients ou subconscients. Ce que nous désignons sous le nom d'état de repos, ce sont les moments où ces possibles se font équilibre. L'action est la rupture de cet équilibre, et comme toute rupture d'équilibre exige un effort, il faut toujours que le possible qui l'emporte triomphe d'une certaine résistance pour mettre la machine en mouvement : nous sentons cette résistance, et c'est pourquoi le début

de toute action volontaire a toujours quelque chose de
pénible. En même temps, tout effort volontaire est un
germe d'énergie morale, une éducation, un commencement de constitution morale dans le sujet, abstraction
faite de l'objet auquel il s'applique.

Pour bien se représenter l'énergie morale en ce qu'elle
a de plus élémentaire, il faut se reporter à l'homme primitif, incapable de tout travail, de toute tension de la
volonté qui n'est pas la détente mécanique produite par
un besoin momentané, incapable enfin de toute attention
de l'intelligence. Pour un tel homme, l'action qui n'est
pas commandée sur l'heure même par un besoin, l'action
qui implique une certaine part de réflexion, de calcul,
une suite dans les idées, devient en quelque sorte méri-
toire. Tout acte qui a commencé par être une pensée
ou un sentiment au lieu d'être la simple réponse à une
sensation brute, tout ce qui s'élève au-dessus du simple
acte réflexe, prend déjà par ce fait un caractère moral. Le
Turc, avec son inertie orientale, aura déjà, aux yeux du
moraliste, quelque mérite à réparer sa maison qui tombe
en ruines, à combler une ornière devant sa porte, à presser
sa marche grave pour secourir quelqu'un ou même dans
une considération de simple intérêt. A plus forte raison
l'homme primitif aura-t-il déployé une énergie morale
rudimentaire en construisant sa première hutte, en
fabriquant son premier outil. Dès que commence l'action
préméditée, organisée, voulue dans ses parties successives, se montre déjà quelque élément d'art et de moralité, d'éducation personnelle. C'est que, avec la volonté
poursuivant un but, naît aussitôt le sentiment de la peine,
de la résistance à vaincre, et que le premier acte de
moralité fut la peine supportée avec intention, la réalisation active et pénible d'une idée quelconque, si naïve
et élémentaire qu'elle fût. La fonction la plus profonde
et la plus simple en même temps de la vie morale, c'est
de *réaliser* ainsi une idée ou un sentiment par un effort
réfléchi.

Si toute action réfléchie exige un certain effort pour
rompre l'équilibre intérieur, une certaine tension de la
volonté, et si elle offre par cela même un caractère moral,
il n'en est plus ainsi lorsque nous agissons en vertu
d'un besoin immédiat, et d'autant moins que ce besoin
est plus défini, plus présent et plus pressant, par exemple
la soif ou la faim. L'équilibre intérieur s'est trouvé

déjà rompu par la souffrance, par un malaise auquel l'action ne fait que porter remède : agir n'est plus alors le résultat d'une tension intérieure et réfléchie, mais plutôt celui d'une détente spontanée ; l'action éclate d'elle-même, comme éclatent le rire ou les larmes. De là vient que, dans ces cas, nous agissons sans le sentiment de l'effort. Au contraire, le sentiment de l'effort nécessaire pour commencer l'action, s'accroît en raison du caractère mal défini et indistinct du besoin qui commande l'action. C'est ainsi que, dans les premiers temps du sevrage, il faut souvent un véritable effort et une première éducation à l'enfant pour commencer à manger les aliments qu'on lui offre. Il éprouve un besoin très réel, mais qui n'est pas encore associé d'une manière définie à tel ou tel mets, précisé par les sensations du goût : ce besoin reste comme une souffrance indéterminée dont l'enfant est porté à attendre passivement la cessation ; il crie et ne sait pas qu'il a faim, parfois même se révolte contre l'effort de la mastication et de la déglutition. C'est seulement par une série d'expériences, d'adaptations et d'associations, c'est par une éducation plus ou moins lente que toute souffrance physique chez l'être vivant, s'attachant aussitôt à la représentation de son remède, devient le ressort immédiat de telle action déterminée. Toute douleur en vient alors à n'être que la traduction en langage sensible d'une possibilité et d'une nécessité d'action : la faim est la possibilité et la nécessité de manger ; la soif, la possibilité et la nécessité de boire ; l'animal, dès qu'il a ressenti le besoin, se met en quête du remède. La rupture d'équi-libre dans l'énergie intérieure commence avec la sensation même, et le sentiment du besoin d'agir supprime celui de l'effort pour agir.

Aussi le désir ne peut-il se confondre avec le devoir. Il y a deux sortes de désirs, désir de jouir et désir d'agir. Le premier aboutit à la représentation nette d'un objet extérieur par rapport auquel l'agent moral se trouve dans un état de passivité ; l'autre aboutit à la représentation d'un état de tension intérieure, d'une action ou d'un groupe d'actions dépendant du sujet moral. Quoique, au fond, il y ait toujours une part de passivité en nous, cette part augmente quand nous sommes en proie à un désir quelconque ; elle diminue, au contraire, quand nous nous sentons poussés en avant par la conscience d'un devoir, c'est-à-dire par une idée active, de nature supérieure,

4

qui s'ouvre un chemin au milieu des résistances internes ou externes. La jouissance même du devoir est esthétiquement bien différente de toutes les autres ; ce qui la distingue pour un observateur impartial, c'est son caractère sérieux, qui peut certainement la mettre, pour beaucoup de gens, hors de la portée de la vie moyenne. Tel grand morceau de musique classique, par exemple, ne produira aucun attrait sur les hommes d'un goût musical peu développé : la moralité, pourrait-on dire, est la musique sérieuse de l'existence ; il faut une certaine éducation pour arriver à en faire exclusivement ses délices, pour préférer le rythme sublime du beau moral aux petits airs de danse que nous pouvons entendre sur notre chemin.

Toutes les fois qu'une tendance intérieure se trouve réveillée et révélée à elle-même par la présence d'un objet extérieur, elle semble perdre en force de *tension interne* tout ce qu'elle gagne en force de représentation extérieure et de *sollicitation*. Le bien moral lui-même semble changer de nature lorsque nous nous représentons ce qu'il y a d'agréable à bien faire : il semble que nous soyons alors moins *obligés* que sollicités à bien agir. C'est dans la lenteur et l'effort avec lesquels se rompt l'équilibre intérieur que nous prenons vraiment conscience de l'obligation.

Il y a entre le désir d'agir et le désir de jouir la même différence qu'entre la tendance qui pousse le véritable artiste à *produire* une œuvre personnelle et le désir que peut éprouver un amateur d'aller *entendre* l'œuvre d'autrui. Le désir d'agir est un des éléments du devoir, et le devoir exclut généralement, au contraire, le désir de jouir. On a dit que la volonté morale est le pouvoir d'agir selon la ligne de la plus forte résistance. Cela est vrai, pourvu qu'on ajoute que la puissance qui se déploie ainsi est encore supérieure à la résistance même. En d'autres termes, le sujet moral est constitué par une volonté capable d'agir avec effort pour réaliser un idéal. Aussi, dans l'état normal, le sentiment de l'obligation doit être proportionnel à la capacité que possède un homme de faire un effort intérieur, ou, si l'on veut, de suivre une idée-force, car vouloir ou penser avec une certaine suite dans les idées reviennent au même. Le sentiment d'obligation diminue au contraire en raison directe de l'affaiblissement de la volonté : les caractères faibles, incapables

de cette tension et de cette fatigue que nécessite toute
résistance à la première impulsion, sont aussi ceux qui
éprouveront le moins de remords, ou chez lesquels le
remords sera le moins susceptible de produire ses effets
correctifs et éducateurs. En somme, pour se sentir obligé,
il faut se sentir capable de soutenir une lutte intime :
c'est le sentiment d'une force qui est aussi une pensée,
d'une logique vivante et d'un ordre intérieur. Toute idée
qui arrive au seuil de la conscience n'y pénètre et ne s'y
maintient que par une sorte de contrainte exercée sur les
autres idées. La conscience même est ainsi le résultat
d'une lutte ; elle correspond, comme l'ont montré les
physiologistes, à un mouvement qui se maintient et se
propage à travers les obstacles. Toute conscience est un
choix spontané, une sélection naturelle, et c'est précisément ce que sera aussi l'idée morale qui aura réussi à
primer un jour toutes les autres. De l'action qui va s'accumulant par l'habitude et devient réflexe, sort une nouvelle
puissance d'agir ; de la puissance sortent à la fois la
conscience et la moralité, la pensée du pouvoir et du
devoir : toute idée enveloppe un devoir en germe. Tout
être pensant et voulant a déjà en lui, par le fait même
qu'il pense et veut, un premier élément de moralité qui se
fixera et s'organisera par l'évolution et par l'éducation : il
constitue un *sujet* moral.

Il en résulte que, dans l'éducation, la base est le
développement de la volonté, par cela même la constitution du *sujet* de la moralité. Nous sommes trop portés
à juger *objectivement* les actions des enfants, à les mesurer sur nos règles, sur nos préceptes, sur notre idéal
propre. L'idéal enfantin ne peut pas, ne doit pas être si
développé ; il faut donc considérer surtout la force de
vouloir dont l'enfant fait preuve, l'empire sur soi, le pouvoir de résistance intérieure. Telle marque de volonté qui
nous contrarie, nous choque, nous blesse, peut être en
réalité la marque d'un progrès intérieur et subjectif. Il
faut emmagasiner la force avant de savoir la déployer
dans la direction convenable. La genèse de la moralité est
avant tout la genèse du vouloir ; son éducation doit être
le renforcement du vouloir : la volonté se meut elle-même
en concevant sa propre puissance.

III. — POUVOIR ENGENDRANT DEVOIR.

Passons maintenant du sujet moral à l'objet. Selon nous, c'est le sujet même, ici, qui se crée en quelque sorte son objet, en ce sens que la conscience d'un pouvoir supérieur produit déjà par elle-même la conscience d'un devoir. Pour le montrer, plaçons-nous successivement, comme nous l'avons déjà fait dans notre *Esquisse d'une morale*, aux trois points de vue de la volonté, de l'intelligence et de la sensibilité.

1° Le *devoir* est la conscience d'une certaine *puissance* interne, de nature supérieure à toutes les autres puissances. Sentir intérieurement ce qu'on est *capable* de faire de plus grand, c'est par là même prendre la première conscience de ce qu'on a le *devoir* de faire. Le devoir, au point de vue des faits, et abstraction faite des notions métaphysiques, est une surabondance de vie qui demande à s'exercer, à se donner; on l'a trop interprété jusqu'ici comme le sentiment d'une *nécessité* ou d'une *contrainte*; nous croyons avoir montré, dans notre *Esquisse d'une morale*, qu'il est avant tout le sentiment d'une *puissance*. « Toute force qui s'accumule crée une pression sur les obstacles placés devant elle; tout pouvoir, considéré isolément, produit une sorte d'obligation qui lui est proportionnée : pouvoir agir, c'est devoir agir. Chez les êtres inférieurs, où la vie intellectuelle est entravée et étouffée, il y a peu de devoirs; mais c'est qu'il y a peu de pouvoirs. L'homme civilisé a des devoirs innombrables : c'est qu'il a une activité très riche à dépenser de mille manières [1] ». Et non seulement le devoir, mais le vouloir même se résout en grande partie dans une possibilité consciente de soi. Si vouloir est pouvoir, c'est que le vouloir se ramène à la croyance qu'on peut, et que la croyance est un commencement d'action. Le vouloir même est ainsi une action commencée.

A ce point de vue, qui n'a rien de mystique, nous avons

---

1. Voir notre *Esquisse d'une morale*.

ramené l'obligation morale à cette grande loi de la nature :
la vie ne peut se maintenir qu'à condition de se répandre.
On nous a objecté que la fécondité de nos diverses puissances intérieures pouvait aussi bien se satisfaire dans
la lutte que dans l'accord avec autrui, dans l'écrasement
des autres personnalités que dans leur relèvement. Mais,
en premier lieu, on oublie que les autres ne se laissent
pas écraser si facilement : la volonté qui cherche à s'imposer rencontre nécessairement la résistance d'autrui.
Même si elle triomphe de cette résistance, elle ne peut en
triompher toute seule, il lui faut s'appuyer sur des alliés,
reconstituer ainsi un groupe social et s'imposer vis-à-vis
de ce groupe ami les servitudes mêmes dont elle a voulu
s'affranchir à l'égard des autres hommes, ses alliés naturels. Toute lutte aboutit donc toujours à limiter extérieu-
rement la volonté ; en second lieu, elle l'altère intérieurement. Le violent étouffe toute la partie sympathique et
intellectuelle de son être, c'est-à-dire ce qu'il y a en lui
de plus complexe et de plus élevé au point de vue de
l'évolution. En brutalisant autrui, il s'abrutit plus ou
moins lui-même. La violence, qui semblait ainsi une
expansion victorieuse de la puissance intérieure, finit
donc par en être une restriction ; donner pour but à sa
volonté l'abaissement d'autrui, c'est lui donner un but
insuffisant et s'appauvrir soi-même. Enfin, par une dernière désorganisation plus profonde, la volonté en vient
à se déséquilibrer complètement elle-même par l'emploi
de la violence ; lorsqu'elle s'est habituée à ne rencontrer
au dehors aucun obstacle, comme il arrive pour les des-
potes, toute impulsion devient en elle irrésistible ; les
penchants les plus contradictoires se succèdent alors, c'est
une ataxie complète ; le despote redevient enfant, il est
voué aux caprices contradictoires et sa toute-puissance
objective finit par amener une réelle impuissance subjective.

S'il en est ainsi, la fécondité intérieure, la fertilité intérieure, doit être le premier but de l'éducation morale,
de ce que les allemands appellent la *culture*. C'est ce qui
rend l'éducation si supérieure à l'instruction. L'éducation
crée les forces vives, l'instruction ne peut servir qu'à
les diriger.

2° De même que la puissance de l'activité entraîne une
sorte d'obligation naturelle ou d'impulsion impérative, de

même l'intelligence a par elle-même un pouvoir moteur.
Quand on s'élève assez haut, on peut trouver des motifs
d'action qui n'agissent plus seulement comme mobiles,
mais qui, en eux-mêmes et par eux-mêmes, sans intervention directe de la sensibilité, sont des moteurs de l'activité
et de la vie. Toute volonté n'est au fond qu'une puissance en travail, une action germant. La volonté du
bien, si elle est assez consciente de sa force, n'a donc pas
besoin d'attendre du dehors la grâce : elle est à elle-même
sa propre grâce ; en naissant, elle était déjà efficace ; la
nature, en voulant crée.

Ici s'applique de nouveau l'importante théorie des
idées forces. Tout pouvoir que nous sentons en nous a un
point d'application : je puis quelque chose de *possible*,
et, parmi les possibles, ceux qui m'apparaissent comme
plus rationnels et plus désirables sont des *idéaux*, des
idées-forces[1], notre idéal n'est que la projection, l'objectivation de notre pouvoir intérieur, la forme qu'il prend
pour l'intelligence réfléchie.

Parmi les idées-forces les plus puissantes, nous trouvons d'abord celle du *type humain normal*, idée esthétique et morale qui n'est pas plus difficile à acquérir que
celle de l'arbre ou de l'animal par exemple, et qui, une
fois acquise, tend à se réaliser en nous. De plus, comme
nous vivons en société, nous concevons plus ou moins
distinctement un *type social normal*. Du fonctionnement même de toute société, comme de tout organisme,
se dégage en effet l'idée vague de ce qui est normal,
sain, conforme à la direction générale des mouvements
sociaux.

Notre tempérament, à travers les oscillations sans
nombre de l'évolution, tend cependant à s'accommoder
toujours davantage au milieu où nous vivons, aux idées
de sociabilité et de moralité. Le voleur de Maudsley,
qui trouve si « bon » de voler, même s'il avait eu des
millions, est une sorte de monstre social, et il doit en
avoir une vague conscience en se comparant à la
presque totalité des autres hommes : il aurait besoin,
pour être pleinement heureux, de rencontrer une société
de monstres semblables à lui et lui renvoyant sa propre
image. Quoique le remords ait une origine tout empi-

---

1. Voir A. Fouillée, *Critique des systèmes de morale contemporaine ;*
2ᵉ édition.

rique, le mécanisme même de la nature qui le produit est rationnel : il tend à favoriser les êtres *normaux*, c'est-à-dire les êtres *sociables* et en définitive *moraux*.

L'être antisocial s'écarte autant du type de l'homme moral que le bossu du type de l'homme physique ; de là une honte inévitable quand nous sentons en nous quelque chose d'antisocial ; de là aussi un désir d'effacer cette monstruosité. On voit l'importance de l'idée de *normalité* dans l'idée de *moralité*. Il y a quelque chose de choquant pour la pensée comme pour la sensibilité à être une monstruosité, à ne pas se sentir en harmonie avec tous les autres êtres, à ne pouvoir se mirer en eux ou les retrouver en soi-même. L'idée de responsabilité absolue n'étant plus compatible avec l'état actuel de la science, le remords se ramène à un regret, — le regret d'être inférieur à son propre idéal, d'être anormal et plus ou moins monstrueux. On ne peut pas sentir quelque imperfection intérieure sans éprouver quelque honte ; cette honte est indépendante du sentiment de la liberté, et cependant elle est déjà le germe du remords. Je réponds devant ma pensée, en une certaine mesure, de tout ce qu'il y a de mauvais en moi, même quand ce n'est pas moi qui l'y ai mis, parce que ma pensée me juge. La monstruosité produit en outre le sentiment de la *solitude* absolue et définitive, qui est le plus douloureux pour un être essentiellement social, parce que la solitude est une stérilité morale, une impuissance sans remède.

Aujourd'hui le remords peut parfois tourmenter les cœurs en raison même de leur élévation et des scrupules d'une conscience supérieure ; mais c'est là une exception et non la règle. Les exceptions s'expliquent par ce fait que le progrès moral, comme tout progrès, tend à déranger l'équilibre entre l'être et son milieu, il fait donc de toute supériorité prématurée une cause de souffrance ; mais ce dérangement provisoire de l'équilibre primitif aboutira un jour à un équilibre plus parfait. Les êtres qui servent ainsi de transition à la nature souffrent pour diminuer les souffrances totales de leur race : ils sont les boucs émissaires de l'espèce. Ils nous rapprochent de ce moment encore lointain, de cet idéal-limite, impossible à atteindre complètement, où les sentiments de sociabilité, devenus le fond même de tout être, seraient assez puissants pour proportionner la quantité et la qualité de ses joies intérieures à sa moralité, c'est-à-dire à sa sociabilité même.

La conscience individuelle reproduirait si exactement la conscience sociale que toute action capable de troubler celle-ci troublerait l'autre dans la même mesure ; toute ombre portée au dehors viendrait se projeter sur nous : l'individu sentirait dans son cœur la société vivante tout entière.

En un mot, nous pensons l'*espèce*, nous pensons les *conditions* sous lesquelles la vie est possible dans l'espèce, nous concevons l'existence d'un certain *type normal d'homme* adapté à ces conditions, nous concevons même la vie de l'*espèce entière* comme adaptée au *monde*, et enfin les conditions sous lesquelles cette adaptation se maintient. D'autre part, notre intelligence individuelle n'étant autre chose que l'espèce humaine et même le monde devenus en nous conscients, c'est l'espèce et le monde qui tendent à agir par nous. Dans le miroir de la pensée chaque rayon envoyé par les choses se transforme en un mouvement. On sait le perfectionnement récent apporté au pendule, par lequel il peut graver lui-même chacune de ses oscillations légères et insaisissables : un rayon de lumière le traverse à chaque battement ; ce rayon se transforme en une force, pousse un ressort ; le mouvement du pendule, sans avoir perdu de force par aucun frottement, vient alors se traduire aux yeux par d'autres mouvements, se fixer dans des signes visibles et durables. C'est le symbole de ce qui se passe dans l'être vivant et pensant, où les rayons envoyés par l'universalité des objets traversent la pensée pour s'inscrire dans les actions, et où chacune des oscillations de la vie individuelle laisse derrière elle un reflet de l'universel : la vie, en gravant dans le temps et dans l'espace sa propre histoire intérieure, y grave l'histoire du monde, qui se fait visible au travers.

Une fois conçu, le type de l'homme normal *possible* se *réalise* plus ou moins en nous. Au point de vue purement mécanique, nous avons vu que le *possible* n'est qu'une première adaptation à un milieu, qui permet, moyennant un certain nombre de modifications, de se réadapter à d'autres milieux peu différents. Au point de vue de la conscience, le possible est le sentiment d'une *analogie dans les circonstances* qui appelle des actes analogues ; c'est ainsi que l'homme intelligent conçoit la conduite qu'il *peut* tenir à l'égard d'autrui *ex analogia* avec sa propre conduite envers lui-même ; il juge qu'il peut soulager la faim d'autrui comme la sienne propre, etc. L'altruisme, en plus d'un point, est ainsi conçu par le moyen même de l'égoïsme. Toute conscience d'une analogie qui satisfait la pensée ouvre une voie nouvelle pour l'activité et l'activité tend à s'y précipiter. Il n'y a donc pas besoin de chercher de *règle* en dehors de la nature humaine devenue consciente de soi et de son type. La conscience et la science jouent nécessairement un rôle directeur et régulateur. Comprendre, c'est mesurer. Tout ce qui est vraiment conscient tend à devenir *normal*. L'obligation morale est la force inhérente à l'idée la plus voisine de l'universel, à l'idée du *normal pour nous et pour tous les êtres*. Puisque l'idée consciente, en effet, tire la plus grande partie de sa force de sa généralité même, l'idée-force par excellence serait celle de l'*universel*, si elle était conçue d'une manière concrète, comme la représentation d'une société d'êtres réels et vivants. C'est cette idée que nous nommons le bien, et qui, en dernière analyse, forme l'objet le plus élevé de la moralité. Elle nous apparaît donc comme obligatoire.

L'obligation morale n'a rien qui ressemble à la contrainte extérieure, et en effet, ce n'est pas un déploiement de force mécanique, ce n'est pas une poussée violente dans tel ou tel sens. Lorsque je dis : je suis nécessité *moralement* à tel ou tel acte, cela signifie tout autre chose que : je ne puis pas ne pas le faire. Il semblerait donc que le sentiment d'obligation échappât au domaine de la dynamique mentale ; c'est cependant, nous venons de le voir, celui où entrent en jeu le plus de ressorts de toute sorte, celui où la dynamique intérieure des idées-forces se montre la plus complexe et la plus savante, quoique, pour un spectateur du dehors, l'acte volontaire soit précisément le plus contingent. Et ainsi nous en venons à comprendre ce phénomène, tant de fois admiré des psychologues, que les idées qui nous apparaissent comme les plus obligatoires soient précisément celles qui nous sont le moins brutalement imposées par les nécessités physiques [1].

---

1. On remarquera que l'intelligence et l'activité, dans cette théorie, n'apparaissent plus comme séparées par un abîme. Voir notre *Esquisse d'une morale*, où nous croyons avoir montré qu'il n'est nul besoin d'invoquer l'intermédiaire d'un plaisir extérieur, nul besoin de moyen terme ni de pont pour passer de l'une à l'autre de ces deux choses : pensée, action. Elles sont au fond identiques. Et ce qu'on appelle obligation ou contrainte

Il résulte des considérations précédentes que l'éducation doit avant tout établir entre les idées une classification, une hiérarchie donnant le premier rang aux idées les plus universelles, les plus typiques, plaçant sans cesse sous les yeux de l'enfant, comme un modèle, l'idéal de l'espèce et de l'homme normal. Toutefois, nous avons vu qu'il faut proportionner l'idéal à l'âge de l'enfant : l'individu, au point du vue moral comme au point de vue physique, repasse par les divers stades de l'évolution ; il ne faut donc pas arriver tout d'un coup au degré de civilisation mûre. Il y a même un danger, selon Spencer, à l'excès de précocité morale comme à l'excès de précocité intellectuelle. Vouloir trop exiger de l'enfant, c'est s'exposer à épuiser prématurément sa volonté comme son intelligence. « Il n'est pas admissible qu'un enfant soit tout de suite un sage ». Les parents doivent être d'autant plus portés à l'indulgence pour les défauts des enfants, que ces défauts sont ordinairement attribuables par hérédité aux parents eux-mêmes, quand ils ne sont pas attribuables à leur maladresse d'éducateurs.

3° Nous avons jusqu'à présent considéré la formation de l'obligation morale comme le résultat de l'évolution individuelle. Nous croyons que, dans la genèse de l'obligation morale, c'est une bonne méthode de considérer d'abord par abstraction, comme nous l'avons fait, l'évolution de la conscience chez l'individu, c'est-à-dire dans une société restreinte et plus ou moins fermée, car, encore une fois, l'individu lui-même, pour la science moderne, se résout dans une société. Nous évitons ainsi une exagération dans laquelle on est tombé fréquemment : c'est d'absorber la conscience individuelle dans la conscience sociale, de ramener exclusivement les penchants moraux aux penchants sociaux, de croire que la collection a réussi à faire éclore des sentiments et des idées qui n'étaient pas déjà en germe chez l'individu. La sélection, qui est, suivant Darwin, la loi dominante des groupements sociaux, n'est autre chose, en somme, que le développement et le triomphe de quelque capacité interne

morale est, dans la sphère de l'intelligence, le sentiment de cette radicale identité : l'obligation est une expansion intérieure, un besoin de parfaire nos idées en les faisant passer dans l'action. La moralité est l'*unité* de l'être.

née de l'évolution même de l'individu ; cette capacité est prolongée dans l'espèce plutôt que créée par la sélection naturelle ou sexuelle. Les Anglais ont donc eu tort de confondre trop absolument la moralité avec l'instinct social : elle vient s'y fondre sans doute dans la réalité pratique, mais la réalité n'épuise pas tout le possible. D'ailleurs, même en fait, la moralité ne consiste pas toujours à poursuivre un but directement sociable ; le progrès semble multiplier parmi nous la recherche de fins qui ne satisfont que très indirectement nos instincts affectifs : on se dévoue à la science pour la science même, à une entreprise périlleuse, à une œuvre d'art. Partout où il y a ainsi dévouement, poursuite exclusive d'une fin quelconque, fût-elle illusoire, on ne peut nier qu'il n'y ait déploiement d'un effort moral, quoique cet effort s'exerce indépendamment des instincts sociaux de la race. La fécondité morale déborde en quelque sorte la société humaine. Enfin, il ne faut pas croire que le sentiment instinctif, héréditaire, fixé par la sélection naturelle, crée et explique de toutes pièces l'action de l'individu ; c'est souvent, au contraire, l'action accumulée qui a créé un sentiment correspondant. Le sentiment social est né de la nature même de nos organes, qui ont été façonnés par nos actions antécédentes : le pouvoir a précédé le sentiment du devoir. Nous n'avons pas des mains parce que nous sommes charitables ; nous sommes charitables et nous tendons les mains à autrui parce que nous en avons. Mais, s'il est vrai que l'individu eût pu par lui-même arriver à se constituer une obligation morale embryonnaire, il est également vrai que l'obligation morale prend un aspect tout à fait nouveau quand on la considère du point de vue social, quand on tient compte des vues nouvelles de la physiologie actuelle au sujet de l'action et de la réaction constante des systèmes nerveux les uns sur les autres. On comprend alors beaucoup mieux, non seulement la direction vers laquelle nous pousse aujourd'hui le sentiment moral, mais aussi sa nature intime, le secret de son énergie ; enfin et surtout on comprend la part croissante qu'il pourra prendre en nous par l'éducation.

A ce point de vue nouveau, l'obligation morale nous apparaît comme une action directe, consciente ou inconsciente, des systèmes nerveux les uns sur les autres et, en général, de la vie sur la vie ; elle se résout dans le sentiment profond de la *solidarité*. Se sentir obligé moralement, c'est le plus souvent, en fait, se sentir obligé envers autrui, lié à autrui, solidaire d'autrui. Si on ne peut attribuer exclusivement, avec Darwin, l'origine de l'obligation morale à tels ou tels penchants sociaux déterminés, on peut reconnaître dans l'homme, comme dans tout organisme, un *fond social*, identique en somme au *fond moral*. Pour l'analyse scientifique, en effet, l'individu se résout en pluralité, c'est-à-dire en société ; l'individu physiologique est une société de cellules, l'individu psychologique est une conscience collective. L'obligation morale se résout donc dans une solidarité, — soit solidarité intraorganique de plusieurs cellules, soit solidarité extraorganique d'individus sociaux. La moralité, étant une harmonie et un déterminisme intrinsèque, est en ce sens, dans les limites de l'individu, un phénomène social ; car toute détermination venue du fond de nous est le résultat de l'action réciproque des cellules et des consciences élémentaires qui nous constituent. Ces principes posés, on peut comprendre comment un certain devoir est créé par la fusion croissante des sensibilités et par le caractère de plus en plus sociable des plaisirs élevés, qui prennent une part chaque jour plus grande dans la vie humaine, — plaisirs esthétiques, plaisir de raisonner, d'apprendre et de comprendre, de chercher, etc. Ces plaisirs requièrent beaucoup moins de conditions extérieures et sont beaucoup plus accessibles à tous que les plaisirs proprement égoïstes. Ils sont à la fois plus intimes, plus profonds et plus gratuits (sans l'être toujours entièrement). Ils tendent beaucoup moins à diviser les êtres que les plaisirs inférieurs [1]. La solidarité consciente des sensibilités tend donc à établir une solidarité morale entre les hommes. Il y a chez l'être sociable des souffrances normales, des joies normales, qui sont multipliées par des phénomènes d'induction entre les individus. Ce sont, pour ainsi dire, des jouissances symphoniques, des chœurs chantant en nous-mêmes.

Quelque développement qu'acquière ainsi la fusion des sensibilités par la sympathie et par l'altruisme, on peut, il est vrai, soutenir toujours que ce n'est pas là un désintéressement véritable, mais une transformation du primitif

---

1. C'est un point que nous avons développé dans notre livre sur la *Morale d'Épicure et ses rapports avec les doctrines contemporaines*, puis dans notre *Esquisse d'une morale sans obligation ni sanction*.

instinct de la vie, qui est la « pente vers soi ». Et il ne suffirait même pas de montrer qu'une action n'a aucun motif
intéressé pour démontrer qu'elle est désintéressée. La
Rochefoucauld a ramené par des analyses subtiles, mais
nécessairement inexactes, toute action à des *motifs* inté-
ressés ; il a essayé d'expliquer les actes les plus spontanés
de la sensibilité par le calcul de l'*intelligence*. C'était là
une grave erreur, — qui tenait à l'imperfection des
sciences physiologiques et naturelles à cette époque. Les
motifs, en effet, ne sont pas tout dans une action : il y a
les *mobiles*. Or, si on introduit cette nouvelle donnée des
mobiles parmi les causes productrices des actes, on change
tout. Les dévouements les plus beaux, dont on ne peut
trouver aucun motif intéressé, peuvent s'expliquer par les
mobiles ; la sympathie vient s'ajouter à ce que Pascal
appelait « la pente vers soi » ; l'altruisme complète
l'égoïsme sans le transformer radicalement, selon les utilitaires. — L'homme est un animal intelligent et sociable ;
voilà sa définition la plus exacte, dans laquelle il est inutile, disent les utilitaires, d'introduire l'élément de la
liberté désintéressée : la nature suffit, l'instinct fatal remplace le libre élan. Si parfois vous vous croyez librement
désintéressé, c'est que vous ne vous considérez vous-
mêmes qu'à un point de vue extérieur ; là où vous ne
voyez plus le calcul conscient et raffiné de La Rochefoucauld, vous croyez avoir découvert quelque chose
d'extraordinaire et de suprasensible : liberté, désintéressement ! Mais, au lieu de chercher une explication
au-dessus de l'intelligence, dans l'incompréhensible libre-
arbitre, cherchez-la au-dessous, et vous la trouverez dans
la sensibilité. En vous laissant aller à la sympathie, vous
ne calculez plus, mais c'est la nature qui a calculé pour
vous ; c'est elle qui vous pousse tout doucement vers autrui,
si doucement que vous croyez marcher seul, comme l'enfant que sa mère soutient pendant ses premiers pas, et
qui, ne voyant point la main qui le tient, mais sentant la
force qui le soulève, pense déjà que ses jambes se remuent
avec agilité.

Ainsi raisonnent les partisans de l'égoïsme fondamental. Dans ce problème, l'auteur des *Systèmes de morale
contemporaine* a introduit un élément nouveau, de capitale
importance : l'influence de l'idée. Quand même notre nature
ignorerait la vraie et libre affection, ignorerions-nous ce
qu'on pourrait appeler l'*apparence* de l'affection ? Non,

sans doute. Dès lors, raisonnons dans l'hypothèse même de l'égoïsme radical. Il existe, dans tous les êtres, un certain nombre de penchants ni plus ni moins fatals que les autres, mais qui se portent vers autrui et qu'on nomme altruistes. Ces penchants existeront naturellement dans chacun de nous, et ils tendront à nous rapprocher ; nous irons alors au-devant l'un de l'autre, poussés en dedans par un ressort passionnel, mais ayant au dehors l'apparence d'êtres mus par une idée morale. Eh bien, n'est-ce pas beaucoup ? Si je vois un de mes semblables me tendre la main et faire, suivant l'expression de Kant, comme s'il m'aimait, il est évident que je deviendrai le jouet d'une illusion inévitable et bienfaisante : je le verrai, sans aucun motif d'intérêt apparent, graviter autour de moi avec tous les signes et les dehors de l'amour ; je concevrai donc ses actes comme désintéressés de toute fin égoïste et, en même temps, comme m'ayant moi-même pour fin : voilà l'*idée* de l'amour. Je me croirai aimé ; et quand même l'être qui paraît m'aimer agirait, dans le fond, sous l'influence d'un instinct fatal, je m'imaginerai que son action est libre. Comment pourrait-il en être autrement ? Je ne suis point, par hypothèse, assez savant en physiologie pour distinguer, dans l'amour tout spontané et tout pur en apparence qu'un autre être a l'air d'éprouver pour moi, ce qui est la part des instincts égoïstes, inhérents à son organisme. Lorsque je ne puis attribuer à un de mes semblables aucun motif intéressé, il ne me viendra point à l'esprit de chercher dans son organisme même la cause cachée de son action. Soit donc que je me trompe, soit, au contraire, que je voie plus loin que les savants eux-mêmes, je croirai sentir un cœur et une volonté là où il y a peut-être un rouage et une machine ; j'acquerrai la pure idée de l'amour. Maintenant, une fois acquise, que ne produira pas cette idée ? Lorsque je vois un de mes semblables venir à moi sans que j'aie fait le premier pas, je me révolte à la pensée de rester froid et insensible à cet amour, de rester aimable seulement au-dehors, aimable par ce qui n'est pas moi, aimable par une sorte de tromperie. Je veux être vraiment digne d'être aimé ; je veux mériter l'affection qu'on me montre ; je veux que l'apparence qu'on aime en moi devienne une réalité, et, suivant la parole de Socrate, je veux être ce que je parais. Mais comment devenir aimable, si ce n'est en aimant ? Comment répondre à l'affection, si ce n'est par l'affection ? Ma personnalité s'ouvre donc et tend à s'achever dans un amour de plus en plus voisin du véritable amour.

Ainsi ces deux facultés qu'on a seules consenti à nous laisser,—l'intelligence et la sensibilité,—font tout naturellement sortir d'elles-mêmes l'*idée* de la volonté aimante. Nous avons obtenu cette idée d'une manière qui semble détournée, mais qui n'en est pas moins naturelle : car, en définitive, comment l'enfant apprend-il à aimer ? N'est-ce pas en voyant aimer ? Peut-on dire que, chez l'enfant, l'amour soit naturel et inné, au lieu d'être une œuvre d'éducation ? Les premiers mouvements de l'enfant n'expriment guère que le *moi*, les sensations et passions du moi : ce sont des cris de joie ou des cris de douleur ; plus tard, avec le sentiment de la personnalité, des cris de colère. Mais, en voyant autour de lui se manifester par les signes les plus apparents l'amour le plus tendre, en se sentant ou en se croyant aimé, l'enfant veut enfin mériter en quelque chose cet amour : il cherche à balbutier une réponse à tant d'appels réitérés. C'est à force de voir sourire que l'enfant sourit. Combien a été longue à se produire cette première manifestation de l'amour. On la croit naturelle encore, spontanée ; qui sait tout ce qu'il a fallu d'efforts accumulés, de persévérance. de volonté à l'enfant pour mettre au jour cette merveille du sourire, qui est déjà l'ébauche du désintéressement ? Suivez de l'œil la vie morale de l'enfant reflétée sur son visage : vous verrez peu à peu cette première ébauche se revêtir de mille nuances, de mille couleurs nouvelles ; mais combien lentement ! Nul tableau de Raphaël n'a coûté plus d'efforts. L'enfant est naturellement égoïste : tout pour lui, le moins possible pour les autres. Ce n'est qu'à force de recevoir qu'il finit par donner : l'amour, qui semble sa nature, est au contraire un élan par-dessus sa nature, un élargissement de sa personnalité. Dans ce sens, on peut dire, ce semble, avec la plus grande vérité, que l'amour est d'abord de la reconnaissance ; c'est le sentiment du retour en face du bienfait, et comme de la dignité en face de la « grâce ». Le premier acte de reconnaissance est, semble-t-il, un acte de foi : je crois au bienfait, je crois à la bonne intention du bienfaiteur. Des signes de l'amour, l'enfant conclut à la réalité de l'amour chez ses parents ; l'homme, en présence de ses semblables, fait la même induction. De même que l'idée de liberté nous détermine à agir comme si nous étions libres, l'idée de l'amour nous invite à agir comme si les autres nous aimaient et comme si nous les aimions réellement. Cette idée par laquelle l'égoïsme se transforme en altruisme, est semblable à la force qui, dans une locomotive, renverse la vapeur et fait aller la machine dans une direction opposée.

L'éducation consiste à favoriser cette expansion vers autrui, au lieu des forces de gravitation sur soi. Elle apprend à trouver sa joie dans celle des autres, à faire ainsi un choix entre ses plaisirs ; à préférer les jouissances, les plus élevées et les plus impersonnelles, par cela même celles qui enveloppent le plus de durée et comme d'éternité.

Les analyses précédentes aboutissent à cette conclusion, qu'être moral c'est, en premier lieu, sentir la force de sa volonté et la multiplicité des puissances qu'on porte en soi ; en second lieu, concevoir la supériorité des possibles ayant pour objet l'universel sur ceux qui n'ont que des objets particuliers. La révélation du devoir est à la fois la révélation d'un pouvoir qui est en nous et d'une possibilité qui s'étend au plus grand groupe d'êtres sur lesquels nous ayons action. Il y a quelque chose d'infini perçu à travers les limites que l'obligation particulière nous impose ; et cet infini n'a rien de mystique. Dans le devoir nous sentons, nous éprouvons, comme dirait Spinoza, que notre personnalité peut se développer toujours davantage, que nous sommes nous-mêmes infinis pour nous, que notre objet d'activité le plus sûr est l'universel. Le sentiment d'obligation ne s'attache pas à un penchant isolé proportionnellement à sa seule intensité ; il est proportionnel à la généralité, à la force d'expansion et d'association d'un penchant. C'est pour cela que le caractère obligatoire des tendances essentielles à la nature humaine croît à mesure qu'on s'éloigne de la pure nécessité inhérente aux fonctions grossières du corps.

Nous avons donc marqué, en résumé, les trois stades suivants dans le développement de l'instinct moral :

1° Impulsion mécanique, ne faisant qu'apparaître momentanément dans la conscience pour s'y traduire en penchants aveugles et en sentiments irraisonnés ;

2° Impulsion entravée sans être détruite, tendant par là même à envahir la *conscience*, à s'y traduire sans cesse en sentiment et à produire une *obsession durable;*

3º Idée-force. Le sentiment moral, groupant autour de lui un nombre croissant de sentiments et d'idées, devient non seulement un centre d'émotion, mais un objet de conscience réfléchie. L'obligation naît alors : c'est une sorte d'*obsession raisonnée*, une obsession que la réflexion fortifie au lieu de dissoudre. Prendre la conscience de devoirs moraux, c'est prendre la conscience de *pouvoirs* intérieurs et supérieurs qui se développent en nous et nous poussent à agir, d'*idées* qui tendent à se réaliser par leur force propre, de *sentiments* qui, par leur évolution même, tendent à se *socialiser*, à s'imprégner de toute la sensibilité présente dans l'humanité et dans l'univers.

L'obligation morale, en un mot, est la double conscience : 1º de la puissance et de la fécondité d'idées-forces supérieures, se rapprochant par leur objet de l'*universel*; 2º de la résistance des penchants contraires et égoïstes. La tendance de la vie au maximum d'intensité et d'expansion est la volonté élémentaire : les phénomènes d'impulsion irrésistible, de simple obsession durable, enfin d'obligation morale, sont le résultat des conflits ou des harmonies de cette volonté élémentaire avec tous les autres penchants de l'âme humaine. La solution de ces conflits n'est autre chose que la recherche et la reconnaissance du penchant normal qui renferme en nous le plus d'auxiliaires, qui s'est associé au plus grand nombre de nos autres tendances durables, et qui nous enveloppe ainsi des liens les plus serrés. En d'autres termes, c'est la recherche du penchant le plus *complexe* et le plus *persistant* tout ensemble. Or, ces caractères appartiennent au penchant vers l'universel. L'action morale est donc comme le son qui éveille en nous le plus d'*harmoniques*, les vibrations les plus durables en même temps que les plus riches.

La *conscience* de la force impulsive qui appartient aux motifs supérieurs ne s'affirme pleinement, remarquons-le bien, que quand on y a désobéi une fois. Les instincts moraux reparaissent en effet après l'action, plus forts de la résistance même qu'ils ont momentanément éprouvée. Ainsi se produit le sentiment du remords. Ce sentiment n'implique pas la notion d'une liberté absolue; il suppose la conscience du déterminisme qui lie notre état présent à notre état passé. Si nous avions le sentiment assez vif d'une liberté *absolue*, si nous croyions pouvoir nous renouveler complètement nous-mêmes par un seul acte de volonté, si nous n'avions pas la crainte vague que, dans

notre être, toutes nos résolutions ne s'enveloppent et ne
sortent l'une de l'autre, ce mot : « j'ai failli », n'aurait pas
un caractère si profondément douloureux, car il impliquerait bien une imperfection passée, mais il n'impliquerait
pas une imperfection actuelle ou future. Responsabilité
n'est pas seulement *causalité*, mais encore *solidarité*; il faut
que je me sente lié à quelque chose de mauvais ou de répu-
gnant, solidaire enfin d'une action blâmable, pour en éprouver un regret et une honte qui sont le commencement d'un
remords. Un acte accompli par moi avec la meilleure intention du monde, mais dont l'issue a été fâcheuse malgré toutes
les prévisions possibles, me laissera encore une sorte de
tourment intérieur, un regret d'imperfection intellectuelle,
qui n'est pas sans analogie avec le regret d'une imperfection morale. Un père se réjouit d'une bonne action de
son fils presque comme s'il en était l'auteur, et alors
même qu'il n'a été pour rien dans l'éducation de ce fils :
si celui-ci se conduit mal, il en souffrira, il en éprouvera
une sorte de remords souvent plus vif que le fils lui-même.
Bien plus, un acte commis par un étranger, mais dont
nous avons été témoins sans pouvoir l'empêcher, produit
chez nous, si notre moralité est très développée et très
délicate, un déchirement intérieur, une tristesse analogue
au remords, et il nous semble que cet acte retombe en
partie sur nous. Après tout, il y a quelque chose de nous
dans les autres hommes, et ce n'est pas sans raison que
nous nous sentons dégradés à nos propres yeux par quiconque dégrade l'humanité. En somme, la responsabilité
semble loin de se trouver, comme le croyait Kant, hors
du temps et de l'espace, dans la sphère d'une liberté
pure et du pur noumène; elle semble au contraire dans le
temps, dans l'espace, liée aux mille associations d'idées
qui constituent le moi phénoménal. Elle s'explique en
grande partie par la solidarité, la continuité et la conti-
guïté des êtres. Aussi peut-elle passer d'un être à l'autre.
On peut avoir, pour ainsi dire, des remords à la place
d'autrui, et on peut aussi se réjouir en autrui : c'est une
sorte de sympathie ou d'antipathie qui s'exerce tantôt de
nous-mêmes à nous-mêmes, tantôt de nous-mêmes à
autrui. Si le sentiment de la responsabilité s'étend surtout
du passé d'un individu à son présent et à son avenir, c'est
que nous sentons tous mieux, sans parfois nous en rendre
bien compte à nous-mêmes, le profond déterminisme qui
relie tous les moments de notre vie individuelle: nous

sentons qu'en nous tout se tient : le passé s'attache à nous comme une chaine. Les blessures morales, comme certaines cicatrices, restent donc à jamais douloureuses, parce que nous changeons toujours sans pouvoir pourtant nous renouveler et nous oublier nous-mêmes, et qu'il se fait un contraste sans cesse croissant entre ce que nous sommes restés et ce que nous concevons.

IV. — DISSOLUTION POSSIBLE DE LA MORALITÉ.

Après la genèse de la moralité, il convient de dire quelques mots de sa dissolution possible, dans l'individu et dans la société, ainsi que de ses états en quelque sorte maladifs et de ses arrêts de développement. Il importe à l'éducateur de les connaitre et de savoir déterminer, ici encore, la part de l'hérédité et l'influence du milieu interne ou externe.

Comme la vie physique, la vie morale est capable de maladies et de dissolution, et il y a, dans cette dissolution ou dans cet arrêt de la moralité, des degrés divers.

1° *Moralité purement négative*, produite par la neutralisation mutuelle des tendances altruistes ou égoïstes, esthétiques ou brutales, etc. Cette moralité neutre n'est pas due à une organisation vraiment solide des instincts moraux formulés en un système rationnel *d'idées-forces*, aussi est-elle nécessairement instable : c'est l'équilibre transitoire entre des penchants contraires, c'est la moralité de beaucoup de gens, dont les impulsions ne sont assez fortes ni dans un sens ni dans l'autre pour pouvoir les emporter très loin de la ligne normale.

2° *Atonie morale*, ou règne des caprices. C'est l'exagération de l'état précédent, avec cette différence que les oscillations vers le mal, ou quelquefois vers le bien, ont plus d'amplitude, parce que les penchants sont plus forts. Cet état est propre au tempérament impulsif, lorsqu'il n'est pas orienté vers un centre d'idées-forces suffisamment attractif. Le tempérament impulsif produit un grand nombre de criminels qui ne sont pas d'ailleurs les plus dangereux; il a produit aussi parfois des héros. Chez certains individus, les tendances morales existent, mais elles ne sont pas toujours assez présentes, et peuvent céder momentanément toute la place aux tendances opposées. Chez ces individus, la conscience est unilatérale, impuissante à se représenter deux directions contraires de l'action, à susciter en elle-même ces états antagonistes dont la présence caractérise les consciences supérieures. Dans ce cas, le sentiment vif de l'obligation disparaît au moment de l'acte, mais ne tarde pas à reparaître ensuite, une fois l'acte accompli et une fois abolie la tendance qui a produit cet acte. C'est ainsi que, chez le même individu, on peut voir se succéder des états d'immoralité absolue et, quelques heures après, des remords très vifs, très sincères, mais toujours stériles. C'est qu'un tel individu, doué d'un tempérament impulsif, est incapable, au moment de l'impulsion mauvaise, d'évoquer l'impulsion contraire avec assez de force pour paralyser partiellement la première. Les états de conscience antagonistes se réalisent chez lui successivement, au lieu de se réaliser simultanément ; ce n'est pas un monstre, mais un impuissant au point de vue moral : sa volonté a subi une altération analogue à celle qui se produit chez les malades frappé d' « aboulie ». Ceux-ci sont impuissants à passer de la conception de l'acte à son exécution : ils désirent sortir, ils désirent se promener, et en sont incapables ; le désir n'a pas chez eux la force déterminante nécessaire à l'action. Chez les individus atteints en quelque sorte d'aboulie morale, ce n'est pas la puissance d'exécution qui manque, c'est la puissance de se représenter simultanément et d'une manière complète les motifs ou les mobiles de l'action. Dans les pesées de la balance intérieure, il y a toujours un certain nombre de poids oubliés, et c'est seulement quand le fléau a penché que ces poids se retrouvent.

3° *Folie morale*, c'est-à-dire intervention d'impulsions *anormales* (comme celles qui poussent certains enfants à détruire pour détruire, à faire du mal pour faire du mal, à des actes d'impudeur, à manger leurs excréments, etc.), Ces impulsions anormales plus ou moins irrésistibles peuvent coexister avec les impulsions normales et avec le regret de l'action commise. Un dipsomane n'est pas un ivrogne, un kleptomane n'est pas un voleur, ni un pyromane un incendiaire, ni un impulsif au meurtre un assassin véritable ; les premiers protestent tout le temps

contre des actions dont ils ont parfois horreur: leur
sens moral est réduit à l'impuissance pratique, mais non
pas altéré.

4° *Idiotisme moral*, c'est-à-dire absence totale ou partielle des impulsions altruistes, intellectuelles, esthétiques, etc. L'idiotisme moral est impossible à rencontrer
à l'état complet, mais nous le trouvons tous les jours à
l'état partiel : combien d'enfants et d'hommes qui, sur certains points de la conduite restent invinciblement grossiers!
Chez d'autres, l'altruisme manque entièrement, et cela
d'emblée, sans qu'ils aient eu à subir un entraînement préalable comme les criminels de profession. Les tendances
morales peuvent faire défaut presque complètement chez
un individu; tel est l'exemple cité par Maudsley d'un pas-
teur empoisonnant sa femme avec la plus complète tranquillité et sans éprouver la moindre protestation intérieure. Dans ces cas extrêmes manquent à la fois et le
sentiment actuel de l'obligation morale pendant l'action
et le remords moral après l'action.

5° *Dépravation morale*, produite par des impulsions normales d'une intensité anormale (colère, vengeance, etc.)
qui finissent par se grouper ensemble, se coordonner, se
raisonner, contrebalancer le sens moral et parfois s'y substituer entièrement. Alors se produit un idiotisme moral
qui n'est pas primitif, mais subséquent; il marque le dernier degré de la dissolution morale, parce qu'il correspond
à une évolution de sentiments-forces et d'idées-forces en
un sens contraire à la direction normale : c'est l'organisation même de l'immoralité. Dostoiewsky dit en parlant des
criminels qu'il a observés en Sibérie : « Pas le moindre
signe de honte ou de repentir... Pendant plusieurs années,
je n'ai pas remarqué le moindre signe de repentance,
pas le plus petit malaise du crime commis... Certainement la vanité, les mauvais exemples, la vantardise ou
la fausse honte y étaient pour beaucoup... Enfin, il semble
que, durant tant d'années, j'eusse dû saisir quelque
indice, fût-ce le plus fugitif, d'un regret, d'une souffrance
morale. Je n'ai positivement rien aperçu... » M. Garofalo ajoute : « Leur insensibilité morale est telle que, à
la cour d'assises, les assassins qui ont avoué leur crime
ne reculent pas devant la description des détails les plus
affreux ; leur indifférence est complète pour la honte dont

ils couvrent leurs familles, pour la douleur de leurs
parents[1] ».

Ainsi l'instinct moral, au lieu d'être cette faculté immuable en son principe que nous représentent certaines
écoles, est un produit complexe de l'évolution, sujet par
cela même à la dissolution, à la décadence comme au perfectionnement. L'éducateur doit avoir devant l'esprit ce
caractère à la fois si élevé, mais jusqu'à un certain point
instable, du sens moral. Non seulement les individus,
mais les races entières se moralisent ou se démoralisent.
Et comme la moralité est pour elles une condition de progrès, d'existence même, elles montent ou descendent,
dans la vie, elles sont victorieuses ou vaincues dans le
combat pour l'existence selon qu'elles ont enrichi ou
appauvri leur trésor de moralité héréditaire.

La moralité de la race est donc, avec sa santé et sa vigueur,
l'objet capital de l'éducation. Tout le reste ne vient qu'en
second lieu. Les qualités intellectuelles, par exemple et
surtout les connaissances, le savoir, l'instruction, ont
beaucoup moins d'importance pour la race que sa vigueur
morale et sa vigueur physique. Aussi l'éducateur ne doit-il
jamais intervertir la hiérarchie des qualités nécessaires
aux races : qu'il ne l'oublie pas, ce qui a fait la force
et la vitalité des religions, c'est qu'elles ont moralisé les
peuples, et, plus leur influence décline, plus il faut la
remplacer par tous les autres moyens de moralisation.

V. — PART DE L'HÉRÉDITÉ ET DE L'ÉDUCATION DANS LE SENS MORAL.

Le sens moral est, avons-nous dit, un produit supérieur
de l'éducation, au sens le plus large de ce mot, qui em-
brasse toute l'action du milieu physique et social. Nous
ne voulons pas dire par là que la moralité soit artificielle ;
nous voulons dire seulement que c'est une seconde nature
ajoutée à la nature primitivement animale par l'action et
la réaction de nos facultés et du milieu. L'homme, nous
l'avons vu, s'est fait à lui-même sa loi morale par les
pouvoirs supérieurs qu'il a peu à peu acquis au cours de

---

1. M. Garofalo, *Revue philosophique* de mars 1887, p. 234.

l'évolution, par l'éducation en partie spontanée, en partie
forcée, tantôt individuelle, tantôt collective. Il est clair
que l'hérédité a aussi son rôle dans la genèse de l'instinct
moral. Déterminons donc la part de ces deux influences.

Selon Wundt, il n'est pas certain que l'intuition même
de l'espace soit innée ; en tout cas, les simples perceptions des sens ne le sont pas, malgré leur répétition
constante à travers les siècles ; l'aveugle-né n'a pas la
perception native de la lumière, ni le sourd celle du son :
on ne peut donc parler d' « intuitions morales innées »
qui supposeraient une multitude de représentations très
complexes relatives à l'agent lui-même, à ses semblables,
à ses relations avec le monde extérieur [1]. — Sans doute,
mais nous n'admettons pas d'intuitions morales toutes
formées, et Spencer est sans doute allé trop loin dans
cette voie. Une tendance n'est pas une intuition, et il est
certain qu'il y a des tendances héréditaires, les unes morales, les autres immorales. Chacun le sait. Darwin a
démontré que la peur est devenue héréditaire chez certains animaux sauvages. Ainsi, lorsque les îles Falkland
furent visitées par l'homme pour la première fois, le gros
chien-loup (*canis antarcticus*) vint sans aucune crainte
au-devant des matelots de Byron. Encore récemment, un
homme pouvait facilement, avec un morceau de viande
d'une main et un couteau de l'autre, les égorger pendant la nuit. Dans une île de la mer d'Aral, les anti-
lopes, généralement si timides et vigilantes, au lieu de se
sauver, regardaient les hommes comme une sorte de
curiosité. À l'origine, sur les côtes de l'île Maurice, le
lamantin n'avait aucune frayeur de l'homme : il en a
été de même dans plusieurs endroits du globe pour les
phoques et le morse. Les oiseaux de certaines îles n'ont
acquis que lentement et héréditairement une terreur
salutaire de l'homme. « Dans l'archipel des Galapagos,
dit Darwin, j'ai pu pousser avec le canon de mon fusil
des faucons sur une branche et voir des oiseaux se poser
sur un seau d'eau que je leur tendais pour y boire. » Il y a
là, sinon une intuition, du moins l'association de mouvements réflexes et de sentiments presque réflexes avec une
représentation, celle de l'homme. Pourquoi donc, chez
l'homme même, la représentation de l'homme n'exciterait-
elle pas, par tendance héréditaire, un plaisir particulier et

1. Ethik, p. 345.

une inclination non plus à fuir, mais à se rapprocher, à se parler, à se secourir, à mettre autrui à sa place? Quand un enfant tombe sous une voiture, on se précipite à son secours par un mouvement presque instinctif, comme on s'écarterait soi-même d'un précipice. L'image d'autrui se substitue ainsi à l'image de nous-même. Les plateaux de la balance intérieure, moi, toi, s'intervertissent constamment. Ce mécanisme délicat est produit en partie par l'hérédité. L'homme s'est donc adouci, apprivoisé, civilisé; aujourd'hui, il est partiellement sauvage, partiellement civilisé ou civilisable. Le résultat de l'éducation à travers les siècles s'est ainsi fixé dans l'hérédité même, et c'est une des preuves de la puissance qu'a l'éducation, sinon toujours pour le présent, du moins pour l'avenir.

On connaît aussi les exemples de retour en arrière et d'atavisme. Les instincts guerriers et nomades qui caractérisent la vie sauvage persistent chez certains hommes civilisés; il est difficile à certaines natures de s'adapter à ce milieu complexe résultant d'une foule d'opinions et d'habitudes, qu'on appelle la civilisation. On ne peut voir là, dit M. Ribot, qu'un fond de la sauvagerie primitive conservé et ramené par l'hérédité. Ainsi, le goût de la guerre est l'un des sentiments les plus généralement répandus chez les sauvages; pour eux, vivre c'est se battre. « Cet instinct, commun à tous les peuples primitifs, n'a même pas été inutile au progrès de l'humanité, si, comme on peut le croire, il a assuré la victoire des races les plus intelligentes, les plus fortes, sur des races plus mal douées. Mais ces instincts guerriers, conservés et accumulés par l'hérédité, sont devenus une vraie cause de destruction, de carnage et de ruine. Après avoir servi à créer la vie sociale, ils ne sont plus bons qu'à la détruire; après avoir assuré le triomphe de la civilisation, ils ne travaillent plus qu'à sa perte. Même quand ces instincts ne mettent pas aux prises deux nations, ils se manifestent dans la vie ordinaire, chez certains individus, par une humeur querelleuse et batailleuse, qui conduit souvent à la vengeance, au duel et au meurtre[1] ». De même pour l'esprit d'aventure : les races sauvages l'ont à un si haut degré, qu'elles se lancent dans l'inconnu avec l'insouciance des enfants. Cet esprit d'entreprise et d'imprévoyance, utile à l'origine pour ouvrir de nouveaux

1. Ribot, l'*Hérédité*.

mondes au commerce, aux voyages, à la science et à l'art, est devenu chez certains individus une source d'agitations vaines ou ruineuses, les seules que leur milieu permette, « comme la passion du jeu, de l'agiotage, de l'intrigue, l'ambition égoïste et turbulente des conquérants, sacrifiant des nations entières à leurs caprices[1] ». On voit parfois reparaître chez les descendants éloignés de vieux instincts de race, assoupis ou latents durant un grand nombre de générations, et qui se manifestent comme un inexplicable retour au type moral des aïeux. Les classes supérieures de la société, plus en évidence, nous en offrent les plus frappants exemples : comme si le loisir et l'indépendance que la fortune leur assure, en les dérobant à l'influence du milieu local et des conditions de vie actuelles de leur race, mettaient en liberté des « forces psychiques », contenues chez leurs contemporains. « Ainsi, dit madame Royer, l'on voit parfois l'instinct du vol se manifester non pas seulement chez nos enfants de races cultivées, où l'éducation le plus souvent le corrige bientôt, mais persister parfois chez les adultes, et, par une irrésistible puissance, entraîner à des délits, à peine excusables par leur caractère évidemment fatal, des femmes de nos vieilles castes nobles, tristes héritières des vieux instincts de nos conquérants barbares[2] ».

---

1. Ribot, *ibid.*

2. Ce qui a toujours distingué les sauvages des Philippines des autres races de la Polynésie, c'est leur passion indomptable pour la liberté. Dans une battue faite à l'île de Luçon par des soldats indigènes sous les ordres d'un officier espagnol, on s'empara d'un petit noir d'environ trois ans. Il fut conduit à Manille. Un Américain l'ayant demandé au gouvernement pour l'adopter, il fut baptisé du nom de Pédrito. Dès qu'il fut en âge de recevoir quelque instruction, on s'efforça de lui donner toute celle qu'on peut acquérir dans ces contrées éloignées. Les vieux résidents de l'île, connaissant le caractère des Négritos, riaient sous cape en voyant les tentatives faites pour civiliser celui-ci. Ils prédisaient qu'on verrait tôt ou tard le jeune sauvage retourner à ses montagnes. Son père adoptif, se piquant au jeu, annonça qu'il conduirait Pédrito en Europe. Il lui fit visiter Paris, Londres, et ne le ramena aux Philippines qu'après deux ans de voyage. Avec cette facilité dont la race noire est douée, Pédrito parlait au retour l'espagnol, le français et l'anglais ; il ne se chaussait que de fines bottes vernies, « et tout le monde à Manille se rappelle encore aujourd'hui le sérieux, digne d'un gentleman, avec lequel il recevait les premières avances des personnes qui ne lui avaient pas été présentées. » Deux ans à peine s'étaient écoulés depuis le retour d'Europe, lorsqu'il disparut de la maison de son protecteur. Les rieurs triomphèrent. Jamais probablement on n'eût appris ce qu'était devenu l'enfant adoptif du philanthrope *yankee*,

On sait comment le climat, l'air, la configuration du sol, le régime, la nature des aliments et des boissons, tout ce que la physiologie comprend sous les termes techniques de *circumfusa, ingesta*, etc., façonnent l'organisme humain par leur incessante action ; comment ces sensations latentes et sourdes qui n'arrivent pas jusqu'à la conscience, mais qui pénètrent incessamment en nous, forment à la longue « ce mode *habituel* de la constitution qu'on nomme le tempérament ». L'influence de l'éducation, selon M. Ribot, est analogue : elle consiste en un milieu moral, et elle aboutit à créer une *habitude*. M. Ribot remarque même que ce milieu moral est aussi complexe, aussi hétérogène et changeant qu'aucun milieu physique. « Car l'éducation, dit-il, dans son sens exact et complet, ne consiste pas seulement dans les leçons de nos parents et de nos maîtres : les mœurs, les croyances religieuses, les lettres, les conversations entendues ou surprises, sont autant d'influences muettes qui agissent sur l'esprit comme les perceptions latentes sur le corps et contribuent à notre éducation, c'est-à-dire à nous faire contracter des habitudes ». Malgré cela, M. Ribot s'attache à restreindre l'influence de l'éducation et à revendiquer contre elle les droits de l'innéité, car, dit-il, « la cause de l'innéité est la nôtre ». « Que certaines qualités psychiques, ajoute-t-il, viennent d'une variation spontanée ou d'une transmission héréditaire, pour le moment il n'importe ; ce qu'il nous faut montrer, c'est qu'elles préexistent à l'éducation, qui les transforme quelquefois, mais ne les crée jamais ».

Pourquoi, demanderons-nous à M. Ribot, l'éducation ne pourrait-elle créer certaines qualités psychiques ? Ce mot *créer* ne peut pas plus se prendre en un sens absolu pour l'hérédité que pour l'éducation. L'hérédité ne crée pas à proprement parler : elle fixe et accumule certaines qualités, qui, souvent, ont été acquises elles-mêmes par cette éducation au sens large, que M. Ribot vient de si

sans la rencontre singulière qu'en fit un Européen. Un naturaliste prussien, parent du célèbre Humboldt, résolut de faire l'ascension du Marivelès (montagne située non loin de Manille). Il avait presque atteint le sommet du pic, lorsqu'il se vit soudain devant une nuée de petits noirs. Le Prussien s'apprêtait à esquisser quelques portraits, lorsqu'un des sauvages, s'approchant de lui en souriant, lui demanda en langue anglaise, s'il connaissait à Manille un Américain du nom de Graham. C'était notre Pédrito. Il raconta toute son histoire, et lorsqu'il l'eût terminée, ce fut en vain que le naturaliste tenta de le décider à revenir avec lui à Manille. Voir *Revue des Deux-Mondes*, 15 juin 1869.

bien définir. Les adversaires de l'hérédité, à en croire
M. Ribot, ont eu grand tort d'expliquer par une cause
extérieure, par l'éducation, ce qui est dû à une cause intérieure, le caractère : « Leur polémique en effet a bien
souvent consisté à poser ce dilemme, décisif à leurs yeux :
Ou bien les enfants ne ressemblent pas aux parents, et
alors où est la loi d'hérédité ? ou bien les enfants ressemblent moralement à leurs parents, et alors pourquoi en
chercher une autre cause que l'éducation ? N'est-il pas bien
naturel qu'un peintre ou un musicien apprenne son art à
son fils ? qu'un voleur dresse ses enfants au vol ? qu'un
enfant né dans la débauche se ressente de son milieu ? »
— A notre avis, si le dilemme dont parle M. Ribot ne
démontre pas l'influence de l'éducation, il démontre du
moins que l'influence de l'hérédité, en une foule de cas,
n'est pas elle-même démontrable, et qu'il est le plus
souvent impossible de faire le partage entre les deux
influences.

Gall, nous le reconnaissons, a bien montré que les
facultés qui se trouvent chez tous les individus de la même
espèce existent chez ces divers individus à des degrés très
différents, et que cette variété d'aptitudes, de penchants,
de caractères, est un fait général commun à toutes les
classes d'êtres, indépendant de l'éducation : mais, selon
nous, l'existence de variétés *naturelles* n'empêche nullement celle de variétés *acquises*. Parmi les animaux
domestiques, les chiens épagneuls ou braques sont loin
de montrer tous la même finesse de nez, le même art de
poursuite, la même sûreté d'arrêt; les chiens de berger
sont loin d'être doués tous du même instinct; les chevaux
d'une même race de course diffèrent en vitesse, ceux de
même race de trait diffèrent en vigueur. De même pour
les animaux sauvages. Les oiseaux chanteurs ont tous
naturellement le chant de leur espèce: mais l'art, le
timbre, la portée, le charme de la voix varient de l'un à
l'autre. — Soit : mais on a montré aussi que les oiseaux
chanteurs peuvent apprendre à mieux chanter, comme les
chevaux de race à mieux courir.

Chez l'homme, M. Ribot croit que quelques exemples
bien choisis suffisent pour montrer le rôle de l'innéité (qui
n'est souvent que l'hérédité), et pour couper court à toutes
les explications incomplètes tirées de l'influence de l'éducation. On se rappelle comment d'Alembert, enfant trouvé,
élevé par la veuve d'un pauvre vitrier, sans ressources,

sans conseils, poursuivi par les railleries de sa mère adoptive, de ses camarades, de son maître qui ne le comprenait pas, n'en suivit pas moins sa voie sans se décourager, et devint, à vingt-quatre ans, membre de l'Académie des sciences, ce qui ne fut que le commencement de sa gloire. « Supposez-le élevé par sa mère, mademoiselle de Tencin, admis de bonne heure dans le salon où se rencontraient tant d'hommes d'esprit, initié par eux aux problèmes scientifiques et philosophiques, affiné par leurs entretiens : et les adversaires de l'hérédité ne manqueraient pas de voir en son génie le produit de son éducation ». — Ce *génie*, répondrons-nous, ne peut être le *produit* de l'éducation, mais l'éducation n'a pas la prétention de donner le génie : elle le développe, le met en œuvre, et elle peut produire le talent. La biographie de la plupart des hommes célèbres montre, à en croire M. Ribot, que l'influence de l'éducation a été sur eux, tantôt nulle, tantôt nuisible, faible le plus souvent. Si l'on prend, dit-il, les grands capitaines, c'est-à-dire ceux dont le début est le plus facile à constater parce qu'il est le plus bruyant, on verra qu'Alexandre a commencé sa carrière de conquérant à vingt ans ; Scipion l'Africain (le premier) à vingt-quatre ans ; Charlemagne à trente ans ; Charles XII à dix-huit ans ; le prince Eugène commandait l'armée d'Autriche à vingt-cinq ans ; Bonaparte l'armée d'Italie à vingt-six ans, etc. « Chez beaucoup de penseurs, d'artistes, d'inventeurs, de savants, la même précocité montre combien l'éducation est peu de chose au prix de l'innéité ». — On voit que M. Ribot parle toujours des hommes de génie. Encore est-il vrai que, même chez ceux-là, chez les Alexandre, les Charles XII, les Bonaparte, le récit des actions glorieuses accomplies par autrui a presque toujours été la cause occasionnelle de la manifestation du génie. Pour conclure, M. Ribot croit ramener l'influence de l'éducation à ses justes limites en disant : « *Elle n'est jamais absolue, et n'a d'action efficace que sur les natures moyennes* ». Supposez que les divers degrés de l'intelligence humaine soient échelonnés de telle sorte qu'ils forment une immense série linéaire montant de l'idiotie, qui est à un bout, au génie, qui est à l'autre bout. Selon M. Ribot, l'influence de l'éducation, aux deux bouts de la série, est à son *minimum*. Sur l'idiot, elle n'a presqu'aucune prise : des efforts inouïs, des prodiges de patience et d'adresse n'aboutissent souvent qu'à des résultats insignifiants et

éphémères. Mais, à mesure qu'on monte vers les degrés
moyens, cette influence augmente. Elle atteint son *maximum* dans ces natures moyennes qui, n'étant ni bonnes ni
mauvaises, sont un peu ce que le hasard les fait. Puis, si
l'on s'élève vers les formes supérieures de l'intelligence,
on voit de nouveau l'influence de l'éducation décroître, et
à mesure qu'elle s'approche du plus haut génie, « tendre
vers son *minimum* ». Nous admettons volontiers, dans
ses deux premières applications, cette loi ingénieuse des
variations d'influence, sans en conclure que l'éducation
« n'ait d'*action efficace* que sur les natures moyennes ».
En effet, nous voyons bien pourquoi un idiot est peu
éducable, mais nous ne voyons pas pourquoi les grandes
qualités naturelles du génie ne le rendraient pas accessible à l'éducation. Plus on est naturellement intelligent,
plus on est capable d'apprendre et de devenir *savant* par
éducation. Plus on est naturellement *généreux*, plus on
est capable de devenir *héroïque* par éducation, etc. Nous
pensons donc que le génie réalise à la fois le *maximum*
d'*hérédité* féconde et d'*éducabilité* féconde.

Il n'est pas rare, comme on l'a remarqué encore, de
trouver des enfants sceptiques dans les familles religieuses, ou des enfants religieux dans des familles
sceptiques : débauchés au milieu de bons exemples ;
ambitieux, quoique nés dans une famille modeste et paisible ; mais, parce que des parents sont religieux, il n'en
résulte pas qu'ils soient de bons éducateurs religieux ; un
sceptique peut produire la croyance par réaction chez ses
enfants, *et invicem*. On ne comprend guère un scepticisme
héréditaire ni même une piété héréditaire.

Au reste, conclut M. Ribot, régner sur les natures
moyennes est encore une belle part ; car, « si ce sont les
natures supérieures qui *agissent*, ce sont celles-là qui
réagissent ; et l'histoire nous apprend que la marche de
l'humanité résulte autant des réactions qui enrayent le
mouvement que des actions qui le précipitent ». Nous
pouvons accepter cette conclusion, mais en y ajoutant que
l'éducation doit et peut régner sur les natures *supérieures*
tout comme sur les natures moyennes. La vitesse déjà
acquise n'est qu'une condition de plus pour en acquérir
encore.

C'est surtout dans l'ordre moral (dont M. Ribot ne
parle guère) que l'éducation règne. Il est difficile de pré-
tendre qu'on naisse vertueux par hérédité. On peut avoir

certainement une bonté, une douceur, une générosité
naturelles, mais tout cela n'est pas encore la moralité
proprement dite. Celle-ci est vraiment fille de l'intelligence, qui conçoit le mieux, qui se pose à elle-même un
but idéal et qui, ayant conscience d'un premier *pouvoir*
de réalisation provenant de la pensée même, érige en *loi*,
en *devoir*, la réalisation complète de l'*idéal*. Pour développer cette tendance ascendante, ce *sursùm* continuel,
l'éducation a une puissance énorme : elle est à notre avis,
selon les circonstances, ou la grande moralisatrice, ou la
grande démoralisatrice.

La tendance de la vie à la plus grande intensité interne
et à la plus grande expansion est, pour nous, inhérente à
la vie même. C'est le ressort initial. Cette tendance devient
morale, d'abord, quand la recherche de la plus grande
intensité interne a lieu dans le sens des activités supérieures et psychiques : c'est une question de bonne direction. Or, il est clair que cette bonne direction peut être
produite par l'éducation, comme elle peut aussi se trouver
naturellement facilitée et comme prédéterminée en partie
par l'hérédité, qui fait dominer certaines tendances et certains sentiments sur les autres. La hiérarchie morale entre
les sentiments se trouve alors plus aisée à établir. La tendance au maximum de vie devient encore morale, en second
lieu, quand la tendance à l'expansion externe se manifeste
par l'accord avec autrui, par la sympathie et l'affection, au
lieu de se manifester par la violence et la brutalité. Ici
encore l'éducation et l'hérédité ont chacune un rôle considérable. L'éducation finit par mettre les autres sur le même
pied que nous dans nos pensées, dans nos sentiments, par
cela même dans nos volontés. L'hérédité, d'autre part,
transmet les dispositions à la douceur, à la bienveillance,
comme elle peut transmettre aussi les dispositions à la
violence et à la brutalité.

Reste l'élément d'obligation, de devoir, cette forme atta-
chée par nous à l'idée de la vie la plus intensive et la plus
expansive. Nous avons montré que l'obligation est un
pouvoir qui, ayant conscience de sa supériorité, s'oppose à
ce qui lui est inférieur ou contraire, et se traduit ainsi à lui-
même en *devoir* : je puis plus et mieux, donc je *dois*;
c'est un contraste, un sentiment de division avec soi-
même, qui fait qu'on se pose dans sa pensée une *loi*
supérieure à ce qu'on réalise ou voit réalisé. Cette tendance au déploiement du pouvoir *maximum* s'accumule de

deux manières, par l'éducation et par l'hérédité. Plus on
fait, plus on veut faire ; mieux on fait, mieux on veut
faire : c'est une vitesse acquise, un besoin de se dépasser
sans cesse soi-même, comme l'artiste qui veut toujours
faire un chef-d'œuvre supérieur à ses œuvres précédentes.
Quant à la forme de *loi*, *d'impératif*, de *commandement
interne*, qui est réellement une sorte d'impulsion et de
contrainte interne, elle a les caractères instinctifs qui
appartiennent à tout ce qui est héréditairement transmis-
sible. Nous naissons de plus en plus policés par la loi
interne : l'enfant civilisé, au lieu d'être, comme le sauvage,
sans loi, *sans frein*, est tout prêt à recevoir ce joug de la
loi intérieure. L'éducation trouve en lui une sorte de léga-
lité préétablie, de *loyalisme* naturel, mais elle corrobore
la loi intérieure par la force énorme des habitudes acquises. L'éducation, aujourd'hui, doit donc avant tout
conserver et développer ce produit supérieur de l'éducation même, la moralité. Il faut, chez les enfants, accumuler la force morale par les bonnes habitudes. Le devoir
n'étant que la conscience du pouvoir supérieur, il faut
avant tout donner ce pouvoir, ou au moins, la persuasion
de ce pouvoir, qui elle-même tend à le produire.

Herbart a très bien vu la tendance de l'esprit humain à
la « *maximation* », qui est, selon Kant, le caractère le plus
général de la « raison pratique. » Il a compris le parti qu'il
en faut tirer, le rôle qu'elle doit jouer dans l'éducation.
Au cours de la vie, chacun est amené à se formuler des
règles de conduite qui varient selon le genre de vie, les
goûts, les préférences, les habitudes, les besoins. Le
débauché comme le travailleur, le criminel comme le philanthrope, obéissent à de certaines règles constantes qui
ne sont au fond que la formule théorique de leurs pratiques. Ce fait, singulier en apparence, vient, selon Herbart, de ce que l'action elle-même précède nécessairement
l'analyse, la critique de l'action. La conscience morale
elle-même n'existe pas de toutes pièces dans l'âme de
l'enfant ; mais elle se développe au fur et à mesure que
celui-ci est appelé à agir. Si donc l'on veut exercer sur
les enfants une influence morale, il faut diriger leurs
actions avant de leur enseigner des maximes : il faut,
selon Herbart, leur laisser le soin de formuler eux-mêmes
des règles de conduite conformes aux habitudes vertueuses
qu'on leur aura inculquées de bonne heure. « Les hommes,
s'ils n'aiment pas toujours à pratiquer leurs maximes,

n'oublient jamais de maximer leurs pratiques. Or ceci n'offre aucun inconvénient dans le cas où les pratiques sont bonnes ». L'idée est vraie, mais Herbart l'exagère en croyant inutile de *maximer* avec les enfants. Il est bon d'habituer l'enfant à se faire à lui-même une *loi*, un *devoir*, une *obligation*, mais, comme on ne peut compter sur l'absolue spontanéité de l'enfant, il faut d'abord lui imposer une *loi* qu'il reconnaisse juste et rationnelle. La loi sera alors acceptée et l'autonomie subsistera jusque dans l'obéissance. Seulement, pour cela, il faut vouloir et agir soi-même en vrai législateur, c'est-à-dire avec une parfaite uniformité et une perpétuelle constance. Ainsi l'influence de l'éducation s'ajoutera à celle de l'hérédité. Celle-ci peut bien suffire à produire le génie; elle ne suffira jamais à produire la vraie moralité.

CHAPITRE III

L'ÉDUCATION PHYSIQUE ET L'HÉRÉDITÉ

L'INTERNAT. — LE SURMENAGE

I. La première plume dont on se servit pour écrire fut, dit-on, un tuyau de blé. C'est avec la tige du grain qui nourrit le corps qu'on prépara le premier aliment de l'intelligence.

Ce qu'on peut, toujours développer sans inconvénient chez un enfant, à quelque sexe qu'il appartienne, ce sont les forces du corps, la santé physique étant, en tout état de cause, un bien désirable. La surcharge intellectuelle, au contraire, en fatiguant le corps, peut déséquilibrer l'esprit même. « Pour roidir l'âme, dit Montaigne, il faut durcir les muscles. » — « Plus le corps est faible, dit Rousseau, plus il commande ; plus il est fort, plus il obéit ».

La raison d'être de notre éducation à haute pression, c'est qu'elle est le produit naturel de la phase de civilisation que nous traversons. Dans les temps primitifs, remarque Spencer, alors qu'attaquer et se défendre étaient la première des activités sociales, la vigueur corporelle devenait le but essentiel de l'éducation ; aussi celle-ci était-elle presque entièrement physique. On se souciait peu alors de la culture de l'esprit, et même, dans les temps féodaux, on la traitait avec mépris. Mais aujourd'hui

6

qu'il règne dans le monde un état de paix comparative ; aujourd'hui que la force musculaire ne sert plus
guère qu'aux travaux manuels et que le succès dans
la vie dépend presque entièrement de la force de l'intelligence, notre éducation est devenue presque exclusivement intellectuelle. Au lieu de respecter le corps et de
négliger l'esprit, nous respectons l'esprit et nous négli-
geons le corps. « Peu de gens, ajoute Spencer, paraissent comprendre qu'il existe une chose dans le monde
qu'on pourrait appeler la *moralité physique*. Les hommes
semblent croire en général qu'il leur est loisible de traiter leur corps comme ils l'entendent ».

Quoique les conséquences mauvaises de cette conduite
sur ceux qui s'en rendent coupables et sur les générations
futures soient souvent aussi funestes que celles du crime,
ils ne se croient pas le moins du monde criminels. Il est
vrai que, dans le cas de l'ivrognerie, par exemple, on
reconnaît ce que la transgression a de vicieux ; mais personne ne paraît en inférer que, si une transgression donnée des lois de l'hygiène est coupable, toutes les transgressions de même nature le sont également. La vérité
est que tout préjudice porté volontairement à la santé
est un *péché physique*.

Le but de l'éducation est de développer toutes les puissances d'un être, de le faire agir dans tous les sens, de lui
faire *dépenser* le plus possible et, pour cela, de ne lui faire
faire que des dépenses faciles à réparer, excitant même à
la réparation et en quelque sorte *réparatrices*. L'exercice
au grand air est le type des dépenses de ce genre. Le type
contraire, c'est le séjour prolongé dans un milieu malsain, comme certaines usines, comme le simple bureau
mal aéré de l'employé, comme les salons où se dépense
une bonne partie de l'existence inutile des classes bour-
geoises, enfin comme les écoles et collèges de France où
la sédentarité est exagérée. Le plus grand ennemi pour
la santé du corps, c'est la sédentarité ; pour l'esprit, c'est
l'habitude de l'inattention. L'idéal de l'éducateur est
donc d'obtenir de l'enfant pendant un court moment
toute son attention, puis de la laisser se détendre et réparer la dépense.

II. Il y a bien des défauts d'hygiène dans les établissements d'instruction : le temps des repas est trop court, les

élèves mangent trop vite et en silence, ce qui amène les digestions difficiles. L'air vicié des classes va s'altérant de plus en plus avec la durée du travail. Nous nous révolterions à l'idée de manger à la gamelle; mais en réalité, dans les salles des collèges, nous respirons, comme on l'a dit, à la gamelle; ou plutôt nous faisons mieux encore, nous reprenons un air exhalé déjà plusieurs fois.

Outre une bonne nourriture et un bon air, une chose essentielle c'est une quantité de sommeil bien réparti. L'alimentation seule est insuffisante pour réparer les dépenses du système nerveux, et un des grands inconvénients de l'éducation moderne, c'est de raccourcir le sommeil des enfants ou de le mal répartir.

Tout le monde a reconnu les dangers que l'internat peut présenter sous le rapport de l'hygiène, agglomérations trop considérables, claustration malsaine pour l'esprit comme pour le corps; cadres rigides, règles étroites, qui brisent trop souvent chez l'enfant ce ressort de la volonté qu'une éducation bien entendue doit avoir pour objet de fortifier; difficulté du recrutement des maîtres intérieurs; éloignement de la famille, qui se désintéresse, tandis que l'enfant lui-même se désaffectionne. Il fallut les plus violents efforts de Napoléon Iᵉʳ pour peupler les lycées d'internes; la création de 6 400 bourses ne paraît pas y avoir suffi. Par surcroît, l'arrêté du 18 janvier et le décret du 15 novembre 1811 vinrent fermer brutalement les petits pensionnats établis soit chez les professeurs de l'Université, soit chez d'autres personnes. L'internat est donc une institution artificiellement implantée en France par la main toute-puissante de l'État. Napoléon voulait que le lycéen fût déjà un soldat et un fonctionnaire. Au point de vue des mœurs, M. Sainte-Claire Deville a appelé, il y a près de vingt ans déjà, sur la question de l'internat, l'attention de l'Académie des sciences morales et politiques: «La morale expérimentale, qu'on me passe le mot, disait-il, ne peut pas plus se pratiquer sur l'homme que la physiologie; mais quand on opère sur des animaux, quand, tenant un compte suffisant de l'intelligence humaine, on cherche à découvrir les causes physiques des défauts et des vices dans les enfants, qui, à certains moments de leur développement, sont si près des animaux, je suis persuadé qu'on peut arriver à des conséquences pratiques d'un haut intérêt... En général, toutes les fois qu'on rassemble et qu'on fait vivre en domesticité restreinte des animaux d'un même sexe et surtout du sexe masculin, on remarque d'abord une grande excitation des instincts de reproduction et ensuite une perversion redoutable de ces mêmes instincts. Mettez-vous, au contraire, soit en troupeaux, soit en liberté complète, ces animaux destinés à vivre en société, vous voyez tout de suite dominer les caractères normaux de l'animal... Ce qui se passe dans un troupeau se passe également dans une réunion d'enfants mâles, quelle qu'elle soit, élevée par qui que ce soit, défendue par les règles de la surveillance la plus étroite, fût-elle de jour et de nuit. L'inconvénient le plus grave de ces vices pour la société, c'est le développement exagéré, entre vingt ou trente ans, des facultés génésiques d'où naissent la débauche et la lubricité. » Les conséquences pour l'hérédité et la race sont manifestes.

L'État fait beaucoup pour l'instruction, peu de chose pour l'éducation. Livrez l'éducation à l'État, il aboutira à ces grands internats, héritage des jésuites du dix-septième et du dix-huitième siècle, où l'enfant séparé de la famille ne peut acquérir ni distinction, ni délicatesse. L'éducation, dit M. Renan, c'est le respect de ce qui est réellement bon, grand et beau; c'est la politesse, « charmante vertu qui supplée à tant d'autres vertus », c'est le tact, qui est presque de la vertu aussi. Ce n'est pas un professeur qui peut apprendre tout cela; « cette pureté, cette délicatesse de conscience, base de toute moralité solide, cette fleur de sentiment qui sera un jour le charme de l'homme, cette finesse d'esprit consistant toute en insaisissables nuances, où l'enfant et le jeune homme peuvent-ils l'apprendre? Dans des livres, dans des leçons attentivement écoutées, dans des textes appris par cœur? Oh! nullement; ces choses-là s'apprennent dans l'atmosphère où l'on vit, dans le milieu social où l'on est placé; elles s'apprennent par la vie de famille, non autrement ». L'instruction se donne en classe, au lycée, à l'école; l'éducation se reçoit dans la maison paternelle; les maîtres, à cet égard, c'est la mère, ce sont les sœurs... « La femme, profondément sérieuse et morale, peut seule guérir les plaies de notre temps; refaire l'éducation de l'homme, ramener le goût du bien et du beau ». Il faut pour cela reprendre l'enfant, ne pas le confier à des mains mercenaires, ne se séparer de lui que pendant les heures consacrées à l'enseignement des classes.

Les défenseurs de l'internat parlent de redressement mutuel des caractères. C'est-à-dire qu'on peut apprendre assez vite au collège, par respect des poings solides, à rentrer en soi certaines aspérités de caractère; mais croire qu'elles auront disparu pour cela, c'est oublier que le milieu hostile, formé immédiatement par les enfants à l'égard de ceux qui les gênent, est propre aussi à développer l'insociabilité.

Mais, si l'internat est un mal, il n'en est pas moins un mal nécessaire, et ceux qui demandent que l'État le supprime dans les lycées ne voient pas où ils aboutiraient. Il n'existe qu'environ une centaine de lycées, et autant de collèges et d'établissements libres, où l'enseignement secondaire puisse être donné d'une façon convenable. Or, il y a trente-six mille communes, et, dans chacune de ces communes, plusieurs enfants qui doivent « faire leurs classes ». L'internat est donc, pour les petits bourgeois de province, le seul moyen ou le plus simple de faire instruire leurs fils sans de trop lourds sacrifices. Si l'État supprimait aujourd'hui l'internat, d'abord il aurait à redouter la concurrence des pensionnats cléricaux; ensuite on le verrait rétabli dès demain par des particuliers. L'instruction publique, au lieu d'être un service d'État, deviendrait une spéculation privée, la pire des industries. Voyez ces petits pensionnats: ils ont les inconvénients des lycées, sans en avoir les avantages ni la discipline. Le maître de pension a, par-dessus tout, la crainte de perdre un élève; il ferme les yeux sur tout ce qui se passe. Les maîtres d'études sont ici au rabais; jugez de ce qu'ils peuvent être. La nourriture est aussi ce qu'elle peut, pour la somme minime que les familles paient. Enfin l'immoralité est plus à craindre, grâce à l'absence de surveillance et de responsabilité du directeur devant des chefs universitaires. Laissez faire, laissez passer, et surtout, étouffons tout scandale.

Puisque l'internat ne peut être supprimé actuellement, au moins faudrait-il le perfectionner. Pour apprécier dans quel sens il pourrait être réformé et même partiellement remplacé, rappelons ce qui se passe dans les nations étrangères.

En Angleterre, l'école d'instruction secondaire, Harrow par exemple, est un véritable hameau. Divers bâtiments, demeures des professeurs et de leurs élèves, se groupent autour de l'édifice qui contient les salles de classe, et tout à l'entour s'étendent de vastes terrains destinés aux jeux de paume, de ballon et de cricket. Les élèves, rassemblés seulement aux heures de classe, quittent l'école aussitôt après la leçon pour retourner à la maison où ils résident.

En effet : les élèves que leurs familles envoient comme pensionnaires à une école publique sont confiés par elles à l'un des maîtres, dont la maison devient la leur. Ils y restent, ce qui est capital, *pendant tout le temps de leur séjour à l'école.* Ils y retrouvent jusqu'à un certain point la vie de famille ; ils dînent et soupent avec le maître, avec sa femme, sa mère, ses sœurs. Un enfant peut avoir dix professeurs, mais il a toujours le même tuteur. Ainsi les maîtres peuvent réaliser le programme que leur proposent les statuts ; ils deviennent pour les élèves les remplaçants de leur père : *in loco parentis.*

Pour le logement des pensionnaires, deux systèmes divisent les grandes écoles : dans les unes, à Éton par exemple, chaque élève a d'ordinaire sa cellule. Dans les autres, comme à Rugby, des dortoirs de deux à seize lits réunissent, la nuit seulement, plusieurs élèves ; mais il est un point sur lequel elles s'accordent toutes, c'est sur l'entière liberté laissée aux élèves en dehors des classes. La leçon finie, l'enfant rentre, sort, joue, travaille comme il lui plaît et quand il lui plaît. La seule règle, mais absolue celle-là, c'est l'heure de la leçon, celle du repas et celle de la clôture, qui a lieu l'été à neuf heures, l'hiver à la chute du jour. La seule obligation, c'est d'avoir terminé à temps le devoir imposé. « Une punition sévère atteindrait tout oubli, tout entraînement ». Dans de telles conditions la surveillance, telle qu'elle est entendue en France est à la lettre impossible : hors les heures de classe les enfants se surveillent et se gouvernent eux-mêmes.

« Les grands ou plutôt les élèves des hautes classes, *monitors, prepositors, préfets,* sont investis légalement du pouvoir et en maintiennent énergiquement les droits. Le maître d'études est supprimé du coup. Ajoutons que, si ce système venait à prévaloir en France, il subirait forcément des adoucissements, certaines coutumes, *le fagging,* par exemple, n'ayant aucune chance de s'établir chez nous.

L'objection c'est que l'enseignement secondaire, en Angleterre, a un caractère tout aristocratique. Le séjour à Éton ou à Harrow coûte de 8 à 12000 francs. À ce prix, on peut avoir du *comfort.* Il faudrait savoir s'il est facile à un petit bourgeois, surtout à un petit paysan, de faire ses études classiques. Il y a, il est vrai, des pensions moins chères, il y a aussi un grand nombre de boursiers. Par malheur, les Anglais nous apprennent eux-mêmes que ces derniers sont traités avec un suprème dédain par leurs condisciples de l'aristocratie.

Harrow, Eton, Rugby, qui sont les principaux établissements d'instruction secondaire correspondent à peu près à nos grands lycées ; environ 800 élèves à Eton, et 500 dans chacun des deux autres, de treize à dix-huit ans. Huit heures de travail par jour, au maximum ; le plus souvent, six ou sept ; les jeux athlétiques, la paume, le ballon, la course, le canotage, et surtout le cricket, occupent tous les jours une partie de la journée ; en outre, deux ou trois fois par semaine, les classes cessent à midi pour leur faire place.

Nous avons montré, d'après les Français, les avantages du système anglais ; demandons aux Anglais eux-mèmes quels en sont les défauts. Le premier est le *surmenage physique*, qui contraste étrangement avec notre surmenage intellectuel. Ce surmenage physique a gagné toutes les classes du pays, même celles qui sembleraient, par leur situation, le mieux placées pour y échapper, les classes aristocratiques. Et, par une opposition bizarre avec ce qui se passe en France, si les médecins, en Angleterre, soulèvent la question du surmenage, c'est du surmenage *physique*, et ils conduisent l'attaque contre l'abus des *jeux de force*. L'adversaire le plus déclaré des jeux de force en Angleterre est un romancier contemporain, Wilkie Collins, qui, dans *Mari et Femme*, étudie entre autres questions « l'engouement actuel pour les exercices musculaires ainsi que son influence sur la santé et le moral de la génération qui s'élève ¡en Angleterre ». Wilkie Collins s'exprime ainsi dans la préface de son livre, écrite en 1871 :

Quant aux résultats physiques de la manie du développement des muscles qui s'est emparée de nous dans ces dernières années, il est certain que l'opinion émise dans ce livre est celle du corps médical en général, ayant à sa tète l'autorité de M. Skey. Et il est certain que l'opinion émise par les médecins est une opinion que les pères de toutes les parties de l'Angleterre peuvent confirmer, en montrant leurs fils à l'appui. Cette nouvelle forme de notre *excentricité nationale* a ses victimes pour attester son existence, — victimes brisées et infirmes pour le restant de leurs jours.

Quant aux résultats moraux, je puis avoir raison ou je puis avoir tort, en voyant, comme je le fais, un rapprochement entre le développement effréné des exercices physiques en Angleterre et le récent développement de la grossièreté et de la brutalité parmi certaines classes de la population anglaise. Mais peut-on nier que la grossièreté et la brutalité existent, et, bien plus, qu'elles n'aient pris des développements formidables parmi nous dans ces dernières années? Nous sommes devenus si honteusement familiers avec la violence et l'injure, que nous les reconnaissons comme un ingrédient nécessaire dans notre système social, et que nous classons nos sauvages, comme une partie représentative de notre population, sous la dénomination nouvellement inventée de *Rougs* (*rough*, rude, grossier, — *voyou*). L'attention publique a été dirigée par des centaines d'écrivains sur le *Rough* malpropre et en haillons. Si l'auteur de ce livre s'était renfermé dans ces limites, il aurait entraîné tous les lecteurs avec lui, mais il est assez courageux pour appeler l'attention publique sur le *Rough* débarbouillé et en habit décent, et il doit se tenir sur la défensive vis-à-vis des lecteurs qui n'auraient pas remarqué cette variété ou qui, l'ayant remarquée, préfèrent l'ignorer.

M. Matthew Arnold, à son tour, n'a pas craint de déclarer que la grande masse de ses compatriotes se compose de barbares, lesquels se recrutent surtout dans l'aristocratie, de philistins, qui forment le gros de la bourgeoisie, et d'une vile multitude, qu'il qualifie durement de populace. Il estime que le caractère de telle ou telle classe de la société dépend surtout de la manière dont elle conçoit le bonheur, or les barbares, selon lui, n'aiment que les dignités, la considération, les exercices du corps, le sport et les plaisirs bruyants. Les philistins n'apprécient que le tracas et la fièvre des affaires, l'art de gagner de l'argent, le confort et les commérages. Quant à la populace, il n'y pas d'autre bonheur pour elle que le plaisir de brailler, de se colleter et de tout casser, — *bawling, hustling and smashing,* — en y ajoutant la bière à bon marché. M. Matthew Arnold prétend qu'en Angleterre l'éducation publique est insuffisante, qu'elle tend à accroître le nombre des barbares et des philistins et fait peu de chose pour adoucir la brutalité de la populace, qu'il serait bon que le gouvernement s'en mêlât, qu'il n'appartient qu'à l'État d'instruire et d'élever les peuples, que c'est un système dont la France se trouve bien.

D'autre part, une des principales autorités universitaires, Édouard Littleton, a signalé dans la *Nineteenth Century* l'abus des jeux athlétiques dans les écoles. Les parents et le public ont tellement encouragé ces jeux, la foule y assiste si nombreuse, que les jeux sont devenus la préoccupation dominante, presque exclusive, d'une multitude d'élèves. Si un élève est robuste et habile, fût-il le dernier des ignorants, on place sur sa tête l'espoir des prochains triomphes ; il devient le maître et le maître absolu. Les professeurs et principaux sont obligés de se subordonner aux nécessités des jeux. La culture intellectuelle passe après la culture athlétique. Quant à la moralité, M. Littleton prétend que, si les jeux sont utiles pour *refréner* certains désordres, ils n'ont rien par eux-mêmes de moralisateur. « Les purs travailleurs sont aussi moraux que les purs athlètes ». Selon M. Littleton, la cause de cet excès est l'engouement du public et son intervention exagérée dans le spectacle des jeux.

Malgré tous ces inconvénients, il faut cependant convenir que cette éducation d'athlètes, maintenue dans de justes limites, est pour la race une condition de régénération et de force héréditaire. Si les paresseux, en Angleterre, deviennent des hercules, c'est une consolation et une compensation pour la race. Nos paresseux à nous, sont de « petits crevés », propres à faire disparaître notre race.

Examinons maintenant comment les choses se passent en Allemagne. Un homme particulièrement compétent sur cette question, M. Michel Bréal, va nous l'apprendre. Là on s'enquiert de quelque famille de bonne volonté, jouissant d'une réputation honorable, qui veuille donner à l'enfant le vivre et le couvert. Il y est reçu comme le camarade des enfants de la maison, et il y a sa place au foyer. Le tout pour une rémunération quelquefois étonnamment petite, le jeune hôte n'est pas embarrassant, une chambrette inoccupée lui suffit et sa place à table n'augmente pas beaucoup la dépense. L'Allemagne pratique depuis deux cents ans le mode que nous venons de décrire, et elle ne songe pas à y renoncer : « actuellement, sur mille élèves fréquentant les gymnases, il n'y en a pas cent qui soient placés hors de la vie de famille[1] ». L'inter-

1. Ce système existait aussi en France autrefois. « Je suis né, dit M. Renan, dans une petite ville de la Basse-Bretagne, où se trouvait un collège tenu par de respectables ecclésiastiques qui enseignaient fort bien le latin. Il s'exhalait de cette maison un parfum de vétusté qui, quand j'y pense, m'enchante encore : on se fût cru transporté au temps de Rollin ou des solitaires de Port-Royal. Ce collège donnait l'éducation à toute la jeunesse de la petite ville et des campagnes dans un rayon de six ou huit lieues à la ronde. Il comptait très peu d'internes. Les jeunes gens, quand ils n'avaient pas leurs parents dans la ville, demeuraient chez les habitants, dont plusieurs trouvaient, dans l'exercice de cette hospitalité, de

nat existe néanmoins en Allemagne, à l'état d'exception.

En matière d'organisation scolaire, les États-Unis se sont inspirés tout à la fois de l'Allemagne et de l'Angleterre ; on y trouve pour les classes aisées des collèges en tout semblables à celui de Harrow par exemple.

Jusqu'à quel point ces divers systèmes sont-ils applicables dans notre pays, avec nos mœurs actuelles ? En ce qui concerne l'adoption du système tutorial anglais, on objecte que, si le professeur remplit en même temps l'office de tuteur, il est difficile que la fonction n'en éprouve pas quelque détriment. On ne joint pas impunément au travail de la préparation d'une classe le souci absorbant d'une éducation privée. « L'Université, dit Bersot, a un corps de professeurs très distingué et très considéré, d'une condition de fortune modeste, mais indépendant des familles dont il élève les enfants, entièrement livré aux travaux des classes, ou bien y associant d'autres travaux qui sont comptés parmi les plus sérieux ouvrages de notre temps ; nous n'avons aucune envie qu'il cesse d'être ce qu'il est, et de faire ce qu'il fait bien ». En représentant nos professeurs comme *entièrement livrés aux travaux des classes*, Bersot oublie que les neuf dixièmes, au contraire, passent leur journée à donner des leçons particulières, des *répétitions*, non moins absorbantes et hébétantes que le *tutorat*. Il est bien évident d'ailleurs que ceux-là seulement se chargeraient de pensionnaires.

L'école modèle alsacienne, où la plupart des réformes réclamées par les pédagogues modernes ont été introduites, a réussi à remplacer l'internat par le régime tutorial. Le directeur de l'école s'en félicitait naguère avec juste raison ; il opposait à la vie de l'interne dans le meilleur des lycées l'existence de l'enfant dans une des maisons de professeurs. L'enfant couche dans sa chambre ; sa vie privée est surveillée comme elle le serait par son père et par sa mère, mais elle est respectée. Il se lève de bonne heure, non pas au son de la cloche ou du tambour, mais parce que tout le monde se lève dans la maison et qu'il y est de tradition que le travail du matin est le plus

petits bénéfices ; les parents, en venant le mercredi au marché, apportaient à leurs enfants les provisions de la semaine ; les chambrées faisaient le ménage en commun avec beaucoup de cordialité, de gaieté et d'économie. Ce système était celui du moyen âge. C'est encore celui de l'Angleterre et de l'Allemagne, pays si avancés pour tout ce qui touche aux questions d'éducation. »

sain et le plus fructueux. Il fait ses devoirs ou il apprend ses leçons, soit seul dans sa chambre, s'il est déjà grand garçon, soit dans une salle commune, avec quelques petits amis de son âge, sous la surveillance paternelle du chef de la famille, quelquefois d'un jeune maître, professeur lui-même à l'école, et qui est comme un frère aîné de ses élèves. Les jours de congé, le jeudi, le dimanche, sont presque toujours consacrés à de longues courses ; on cherche à la campagne la possibilité pour les élèves de se livrer aux amusements qui sont la meilleure partie de l'existence de la jeunesse anglaise, la marche, les jeux violents, le vélocipède, la natation, le patinage ; et, là encore, les pensionnaires rencontrent souvent leurs camarades du dehors ; en effet, la vie en plein air, les grandes promenades, les exercices du corps sont de tradition non seulement à l'école même, mais dans le plus grand nombre des familles qui y envoient leurs enfants.

Comme modèle d'internat perfectionné on peut encore citer l'École Monge où les élèves causent durant les repas et surtout dorment, dans un lieu aéré, les enfants dix heures, les adolescents neuf heures, alors que le lycéen, à partir de la treizième année, n'a plus droit qu'à huit heures de sommeil l'été.

Le grand inconvénient, c'est la question d'argent. A l'École alsacienne même, où le régime tutorial paraît avoir été établi dans des conditions particulièrement économiques, le prix moyen de la pension s'élève à 2500 fr. pour les jeunes enfants, à 3000 francs pour les autres.

Notre enseignement primaire supérieur est actuellement pourvu de *bourses familiales* qui constituent une adaptation très heureuse du système allemand. Les titulaires de ces bourses sont placés dans des familles résidant à portée des écoles, et l'Etat paye pour leur pension une somme de 500 fr. Si l'on tient compte que ces boursiers sont en général âgés de 12 à 16 ans, on peut espérer qu'une somme moyenne de 700 francs suffirait pour la pension familiale des élèves de l'enseignement secondaire. Que l'on ajoute à cette dépense les frais d'études, évalués en moyenne à 300 francs, et la dépense totale n'excède pas celle de l'internat ordinaire. Le système familial ne soulève donc pas, au point de vue de la question d'argent, les mêmes objections que le système tutorial. La difficulté serait de trouver des familles présentant toutes les garanties désirables

pour qu'on pût leur confier les enfants sans hésitation.
MM. Bréal et Raunié croient qu'elles ne feraient pas
défaut. Les parents des externes s'offriraient souvent pour
recevoir chez eux quelques-uns des compagnons d'études
de leurs fils. On constituerait ainsi de petits groupes
d'écoliers pour lesquels la famille d'adoption devrait avoir
des soins et de la surveillance.

L'externat laisse à la famille sa part d'action légitime et
nécessaire. A Paris et dans nos grandes villes, c'est l'externat qu'il faudrait développer avant tout.

Nous avons en France le travers de l'uniformité. Pourquoi tous nos lycées et collèges seraient-ils organisés sur
le même type? Pourquoi n'essayerait-on pas l'introduction
partielle en France des cités scolaires anglaises, du
tutorat et enfin du système familial? Mais en même
temps, il faut réformer l'internat. Pour cela, adoucir la
discipline; permettre la parole aux enfants là où ils
peuvent parler sans inconvénient; améliorer la surveillance, en la confiant à des hommes plus autorisés[1];
organiser même la discipline mutuelle, par le moyen
d'élèves moniteurs, de camarades gradés.

L'autorité fondée sur la capacité étant la seule qui ne
soit pas factice, les maitres d'étude ne peuvent être considérés qu'à condition d'être vraiment répétiteurs, c'est-
à-dire de corriger les devoirs et de faire réciter les leçons.
Mais comment s'y prendre dans un quartier de vingt-cinq
à trente élèves? M. Jules Simon propose de rétablir
le système, abandonné en France, de confier une partie de la surveillance à des écoliers. On entend d'ici
les réclamations : c'est un espionnage! « Pas du tout,
répond M. Jules Simon, il n'y a pas d'espionnage à ciel
ouvert[1] ». On peut donner les galons de sergent-major à
quelques élèves, et étendre jusqu'au temps de l'étude
l'autorité qui leur est confiée pendant les exercices. Il
n'y a là ni espionnage, ni atteinte à la camaraderie. Dès
que les fonctions de surveillants appartiendraient pour
une faible part aux premiers élèves, elles changeraient de
caractère aux yeux de tous, et les répétiteurs pourraient
surveiller aussi, sans déroger. « J'ai vu, ajoute M. Jules
Simon, pratiquer ce système, dans mon enfance, sur une
très vaste échelle. Nous n'avions qu'un seul maître d'étude
pour soixante élèves ou même davantage ; mais il y avait

1. Voir *Réforme de l'Enseignement secondaire*, pages 243 et 239.

à chaque banc un élève chargé de maintenir l'ordre, et qui s'en acquittait fort bien, sans être mal vu pour cela, et sans cesser d'être un camarade. Le maître sortait sans difficulté ; le silence n'en continuait pas moins. Tout est de s'y accoutumer. Les grades militaires sont un très bon véhicule pour y parvenir ». Il faut que nous sachions que nous sommes à peu près les seuls, dans toute l'Europe, à ne pas utiliser les grands élèves pour maintenir les petits dans la discipline. Il est vrai que le Français est si indiscipliné de sa nature !

Il faudrait aussi réformer les promenades. Du temps des jésuites, et dans la plupart des collèges dirigés par les catholiques, on faisait assez fréquemment de grandes promenades. On se donnait un but : un vieux château, un site remarquable, le bord de la mer. En général, il y avait un goûter servi sur l'herbe, ou même un souper, quand le temps le permettait. Il fallait toujours faire une grande course pour arriver au but, mais on la faisait gaiement, et la fatigue même était un plaisir. « J'eus la pensée, dit M. Jules Simon, d'introduire cette coutume dans nos collèges. J'avais imaginé de donner à nos promenades un but instructif[1]. C'est surtout la cam-

---

1. Ainsi, quand le temps était incertain et la campagne impossible, on devait aller, selon lui, au musée du Louvre. Tantôt on se faisait accompagner par un professeur de dessin, le plus souvent par un professeur d'histoire ou de belles-lettres.

« Un autre jour, nous aurions visité Cluny, la Monnaie, l'école des Beaux-Arts. Un professeur d'histoire nous aurait conduits à la Bibliothèque nationale, pour y admirer les livres, les manuscrits, les médailles, les estampes, et le palais lui-même, tout rempli de l'histoire de Mazarin. Rien qu'en longeant les rues, dans une ville qui a été le principal théâtre de l'histoire de la France, il y a toujours quelque chose à enseigner. Notre-Dame, au cœur de la cité, est pleine d'enseignements. A elle seule, elle raconte la moitié de l'histoire de France. C'est là que Henri IV alla entendre le *Te Deum* aussitôt après son entrée dans Paris ; et c'est là aussi qu'après l'abjuration de Gobel fut inauguré le culte de la déesse Raison. Dans cette place de l'Hôtel-de-Ville, ou plutôt dans un recoin de cette place, car nos pères aimaient à s'entasser, on a pendu, écartelé, roué, tourmenté, brûlé. On y a fait force feux de joie. On a crié Vive le Roi à tous les rois de France, et Vive la République à tous les gouvernements provisoires ; jusqu'à ce qu'enfin, en un jour de honte éternelle, on ait transformé en ruine sinistre le palais de la Ville de Paris. En remontant la rue Saint-Antoine, on ne trouve rien de l'hôtel Saint-Paul, rien même de la Bastille. *Etiam periere ruinæ*. Nous aurions évoqué autour de l'hôtel de Rambouillet, les ombres du grand Corneille, de Chapelain et de Voiture. Nous aurions visité la chambre où mourut Voltaire, la rue habitée par J. J. Rousseau, celle où naquit Molière, la place où son corps fut porté quand on ne savait pas si on obtiendrait un coin de terre pour y déposer sa dépouille. Cette

pagne qui devait attirer les enfants ; c'est là qu'ils devaient faire provision de gaieté et de santé. Dans les promenades géologiques, le maître, avant le départ, réunit les explorateurs, et leur donne, en vingt minutes, quelques notions générales sur le terrain qu'on va étudier ; puis chacun prend son marteau et son sac, et l'on se hâte d'aller prendre, en pleine campagne, une leçon dont le souvenir ne s'effacera pas. Les sciences de faits, l'histoire, l'histoire naturelle, la géographie, s'apprennent par les yeux. Montaigne ne se contentait pas de promenades pour son élève ; il voulait de vrais voyages, c'est aussi l'avis de Locke. Rien ne serait plus facile et moins coûteux, comme M. Bouillier l'a démontré, qu'un voyage d'un lycée à l'autre, vers la mer ou les montagnes, vers une ville curieuse à visiter, de Paris en province ou de la province à Paris, moyennant des stations tout le long de la route dans les lycées ou collèges, qui seraient comme autant de bonnes auberges gratuites, et moyennant une réduction de prix sur les chemins de fer pour la tunique du lycéen comme pour l'habit militaire. Finalement tout se réglerait par un échange de rations entre les économes, qui auraient mutuellement donné l'hospitalité à des divisions de lycéens en voyage.

Les internats devraient être établis en dehors des villes et, autant que possible, sur des hauteurs : s'il existait en France, comme en Angleterre et en Allemagne, de grands collèges en pleine campagne, à proximité des forêts, ou mieux encore dans les altitudes du Dauphiné ou des Pyrénées, la mode finirait par les adopter comme le lieu d'éducation obligatoire pour les enfants de la classe aisée. Ainsi on pourrait combattre la dégénérescence de la bourgeoisie, beaucoup plus rapide en France qu'ailleurs,

---

ville éternellement agitée laisse tout détruire, tantôt par le temps, tantôt par les émeutiers, tantôt aux frais de ses édiles ; elle ne prodigue ni les statues ni les inscriptions : raison de plus pour chercher pieusement les traces de l'histoire, *campos ubi Troja*. Même pour comprendre l'histoire de la Révolution, il faut s'être rendu compte des transformations de Paris. Si l'on ignore qu'il y avait tout un quartier, des théâtres, des palais, un marché, l'hôtel des pages, deux casernes entre le Louvre et les Tuileries, on ne peut pas s'expliquer la scène du 10 août. Combien y a-t-il de Parisiens qui sachent où siégeait la Convention ? où était la salle des Feuillants ? celle des Jacobins ? Les étudiants en médecine qui visitent le musée Dupuytren, ne savent pas toujours qu'ils sont dans le club des Cordeliers. Cet obélisque, entre les Champs-Élysées et les Tuileries, est-il là pour cacher la place de l'échafaud révolutionnaire, ou pour la marquer ?

parce que la coutume de restreindre le nombre des enfants
y entrave la sélection naturelle des supériorités.

On pourrait en établir d'autres à proximité des grandes
villes quoique toujours à la campagne et sur une voie
de chemin de fer ou de tramway. Les compagnies
délivreraient aux élèves et aux maîtres, sur le vu d'un
certificat du proviseur, comme cela se pratique déjà en
France en quelques endroits, partout en Belgique et en
Allemagne, des cartes d'abonnement scolaire à prix extrè-
mement réduits. On pourrait même organiser chaque jour,
pour amener les enfants le matin et les ramener le soir,
des trains spéciaux, semblables à ceux qui transportent
chaque dimanche les élèves de Paris à Vanves, à Fon-
tenay, etc., etc. Ainsi seraient levées, tant pour les enfants
que pour les maîtres résidant à la ville, les difficultés
tirées de l'éloignement.

III. Une question qui a divisé encore et presque passionné l'opinion des hommes intelligents, c'est celle du
surmenage.

Spencer remarque avec raison que, dans toutes les
professions, dans toutes les affaires, une compétition
de plus en plus ardente met à contribution les forces
et les capacités de chaque adulte. Le mal est double.
Les pères ont à lutter vigoureusement pour n'être point
écrasés dans la lutte industrielle ou commerciale; en
même temps ils ont à subvenir aux dépenses considérablement accrues de leurs maisons; ils sont donc obligés
de travailler toute l'année depuis le grand matin jusqu'à une heure tardive du soir, de se priver d'exercice
et d'abréger leurs vacances. Ils transmettent à leurs enfants une constitution affaiblie par cet excès d'application. Après cela, ces enfants, comparativement faibles,
prédisposés à succomber sous la pression d'un travail
extraordinaire, ont à suivre un cours d'études infiniment
plus étendu que celui qu'avaient à suivre, chez les générations précédentes, des enfants qui n'avaient point été
d'avance affaiblis. Les conséquences désastreuses qui
étaient à prevoir sont visibles de tous côtés, surtout pour
les filles, et l'hérédité les accumule. Chez un enfant et chez
un jeune homme, l'emploi des forces vitales est pressant
et divers; il faut subvenir au remplacement quotidien des
tissus que l'exercice corporel détruit, à celui des tissus

cérébraux qu'usent les études de la journée ; il faut subvenir encore à la croissance du corps et au développement
du cerveau ; et à ces dépenses de force, il faut ajouter
celles qui résultent de la digestion d'une grande quantité
d'aliments, nécessaire à tout ce travail. Or, pour détourner
de la force, d'une direction dans une autre, il faut la faire
tarir dans une de ces directions. C'est ce que le raisonnement montre *a priori* et l'expérience *a posteriori*. Tout
le monde sait qu'un excès de travail corporel diminue la
puissance de l'esprit. La prostration temporaire produite par des efforts précipités, ou par une marche de
dix lieues, porte l'esprit à la paresse ; après un mois de
voyage à pied, sans intervalles de repos, l'inertie mentale
est telle qu'il faut plusieurs jours pour la surmonter ; chez
les paysans qui passent leur vie dans le travail musculaire,
l'activité intellectuelle est faible. Pendant les accès de
croissance subite qui arrivent quelquefois dans l'enfance,
la dépense extraordinaire d'énergie est suivie d'une prostration physique et intellectuelle. Un violent exercice
musculaire, après qu'on a mangé, suspend la digestion,
et les enfants, mis de bonne heure à des travaux durs,
deviennent rabougris ; ces faits montrent que l'excès
d'activité d'un côté implique la diminution d'activité
d'un autre. Or la loi, qui est manifeste dans les cas
extrêmes, est vraie dans tous les cas et toujours. Ces
fâcheux déplacements de forces ont lieu d'une façon aussi
certaine quand on les opère d'une manière insensible et
continue, que lorsqu'ils se font d'une manière violente et
soudaine. « Donc, si dans la jeunesse la dépense de force
appliquée au travail intellectuel dépasse les intentions de
la nature, la somme de forces restante, qui doit être
appliquée aux autres besoins, tombe au-dessous de ce
qu'elle devrait être, et l'on amène inévitablement des maux
d'une espèce ou d'une autre[1] ».

Le cerveau qui, pendant l'enfance, est relativement
volumineux, mais imparfait comme organisation, s'organisera, si on lui fait accomplir ses fonctions avec trop
d'activité, d'une façon plus rapide qu'il ne convient à cet
âge ; mais le résultat sera plus tard qu'il n'aura atteint
ni les dimensions ni la force qu'il eût atteintes. « Et c'est
là une des causes, peut-être la cause principale, pour
laquelle les enfants précoces et les jeunes gens qui,

---

1. Voir Spencer, *de l'Éducation*, 3ᵉ partie.

pendant un certain temps, ne connaissaient point de rivaux, s'arrêtent court si souvent et frustrent la haute espérance qu'avaient conçue d'eux leurs parents ». Il faut des années de repos forcé pour faire disparaître les maladies qui ont été produites, sous des formes et à des degrés divers, par cet abus prolongé du travail cérébral. Quelquefois c'est le cœur qui est principalement affecté : palpitations habituelles, pouls faible ; diminution du nombre des battements de soixante-douze à cinquante, et même moins. Quelquefois, c'est l'estomac qui souffre le plus : une dyspepsie survient, qui fait de la vie un fardeau et ne peut se guérir qu'à la longue. Dans beaucoup de cas, le cœur et l'estomac sont atteints tous deux. Presque toujours, le sommeil est court et interrompu, et généralement il y a plus ou moins d'abattement intellectuel. Un système de travail excessif est erroné de quelque point de vue qu'on l'envisage. Il est erroné au point de vue des connaissances à acquérir ; car l'esprit, comme le corps, ne peut s'assimiler au delà d'une certaine somme d'aliments : il rejette bientôt le trop-plein de faits que vous lui présentez. Au lieu de devenir « des pierres de l'édifice intellectuel », les faits ne font que passer dans la mémoire. Il est erroné, parce que son effet est d'inspirer le dégoût de l'étude. Il est erroné encore, parce qu'il suppose que l'*acquisition* des connaissances est tout : il oublie que l'*organisation* des connaissances est beaucoup plus importante. Pour cette organisation, dit Spencer, deux choses sont nécessaires : le temps et le travail spontané de la pensée. « Ce ne sont pas les connaissances amassées dans le cerveau, comme la graisse dans le corps, qui sont de grande valeur, ce sont les connaissances converties en muscles de l'esprit ». Une machine comparativement petite et imparfaite, mais marchant à haute pression, fera plus de travail qu'une machine grande et très finie, qui ne marchera qu'à pression basse. Quelle folie n'est-ce donc pas, en voulant perfectionner la machine, que d'endommager la chaudière, si bien qu'elle ne peut plus fournir de vapeur[1] !

Le surmenage dont se plaint Spencer est beaucoup plus exceptionnel en Angleterre qu'en France, où il est la règle même. Les élèves des lycées de Paris ont quatre heures de classe par jour et sept heures d'étude ; soit onze ; en

---

1. Spencer, *de l'Éducation*, 3ᵉ partie.

rhétorique et en philosophie, on leur permet une veillée
facultative d'une demi-heure. Onze heures et demie de
travail par jour! Pendant la très petite récréation qu'on
leur accorde, ils restent dans un coin, causant entre eux
ou se promenant, « comme de graves bourgeois ». La
corde, la balle, le jeu de paume, on ne connait plus
cela dans nos lycées. « Y en a-t-il beaucoup parmi nous,
hommes faits, qui travaillent onze heures par jour? »
demande M. Jules Simon. Bien travailler vaut mieux que
longtemps travailler. La démonstration en a été faite
expérimentalement dans les écoles de Londres. M. Chad-
wick, inspecteur des écoles ou des ateliers en Angleterre,
a été un des propagateurs des écoles de « demi-temps ».
Il avait pratiqué à Londres l'expérience que voici. Il prenait
dans une école le 1er, le 3e, le 5e, le 7e, et il en faisait une
série; puis le 2e, le 4e, le 6e, le 8e etc. pour en faire une
seconde série : deux séries de forces à peu près égales. Une
de ces séries travaillait toute la journée, l'autre ne travaillait que la moitié du temps; après quoi on les faisait composer l'une avec l'autre. L'école de demi-temps battait souvent l'école de temps entier, et « si elle la battait dans les
compositions, elle la battait bien autrement dans les
récréations». Il fut démontré que deux heures de bon travail valent mieux que quatre heures de travail languissant.

Quel est le nombre de professeurs qu'ont les élèves de
rhétorique des lycées de Paris? M. Jules Simon, ancien
ministre de l'instruction publique, est mieux placé que personne pour nous l'apprendre. Il y a d'abord un professeur
de rhétorique française et un professeur de rhétorique
latine. Le professeur de rhétorique française fait par
semaine cinq heures de classe, le professeur de rhétorique latine en fait six. Ensuite il y a le professeur
de mathématiques pour deux heures, le professeur de
chimie se contente d'une heure, le professeur d'allemand
ou d'anglais, au choix, une heure aussi; puis le professeur d'histoire, qui réclame trois heures. Chacun des six
professeurs a un programme très chargé. « Ainsi le professeur de rhétorique française n'enseigne pas uniquement
la rhétorique, il fait un cours d'histoire littéraire. Naturellement le professeur de rhétorique latine enseigne la
même chose en latin. Puis vient le professeur d'allemand
ou d'anglais, qui leur apprend l'histoire de la littérature
allemande ou de la littérature anglaise; c'est même ce
qu'il leur apprend le mieux. Il est convenu que, si l'on

veut savoir l'anglais ou l'allemand, il faut l'apprendre
après avoir terminé ses études. Le professeur d'histoire
leur apprend l'histoire et la géographie, mais avec un tel
luxe de détails et une érudition si merveilleuse, que cet
enseignement ne peut donner aucune idée ni de l'ensemble
d'une contrée, ni de l'enchaînement des faits ». Que peuvent faire ces enfants en présence de ces six professeurs
qui leur apportent une quantité de « thèses sur les auteurs
français, les auteurs latins, les auteurs grecs, les auteurs
allemands », des démonstrations à n'en plus finir sur la
géométrie et sur l'arithmétique, d'interminables nomencla-
tures d'histoire naturelle, une quantité de faits historiques
à faire frémir un bénédictin? « Ce qu'il y a de mieux à
faire pour cet écolier de tant de maîtres, c'est d'enregistrer au plus vite toutes ces belles choses dans sa tête.
Qu'il se garde bien de leur dire au fur et à mesure qu'elles
se présentent : Détail, que me veux-tu? idée, que me
veux-tu? Il n'a pas le temps, il n'a pas le temps. S'il leur
disait : Voyons un peu ce que tu signifies..., le professeur
serait déjà à deux ou trois idées en avant, il n'aurait plus
la chance de le rattraper ; le voisin et le concurrent aurait
emmagasiné une douzaine d'idées pendant qu'il s'arrête-
rait ainsi à la première : il serait le dernier de la classe!
Quand il s'est ainsi rempli et bourré, quand il a tassé et
pressé toutes ses marchandises, un moment vient où il
est contraint de se dire : il n'y a plus de place! et le professeur est par derrière qui lui dit : — Encore un peu de
courage! voilà encore une cinquantaine de faits que je vous
apporte, et une douzaine de démonstrations. Le produit
net est qu'à la fin de l'année nos lycéens sont remplis
d'idées qu'ils ne comprennent pas et de faits qu'ils n'ont
pas contrôlés. Les faits sont-ils vrais, les idées sont-elles
fausses? Ce n'est pas leur affaire. Il s'agit de retenir, il ne
s'agit pas de juger. Un jury de professeurs se réunit en
robes de soie jaune ou de soie rose ; ils font comparaître
devant eux les délinquants, et leur font tirer au sort des
numéros. — Messieurs, il y a cinquante faits à dire pour
chaque numéro. — Si un candidat répond : J'en sais
soixante, — ce qui est rare, il est reçu le premier ». Et
après? ce bachelier, ce licencié ou ce docteur, qu'est-il?
un magasin ayant dans ses coffres et sur ses rayons toutes
sortes d'idées dont il ne connaît pas la valeur, et de faits
dont il ne connaît pas l'authenticité ; sa mémoire est tellement surchargée que, quand il essaye de vivre en trai-

nant ce fardeau derrière lui, il le répand de tous côtés sur le chemin. Elle devient vide ; mais comme elle a été cultivée aux dépens du reste, et que, par conséquent, le reste n'a jamais existé, la provision une fois perdue, il n'a aucun moyen d'en faire une autre ; ni force ni méthode pour étudier seul, ni jugement pour discerner et apprécier, ni volonté pour se résoudre. C'est un bachelier, ce n'est pas un homme; car qu'est-ce que l'homme, si ce n'est pas le jugement et la volonté? Le professeur est lui-même, ajoute Jules Simon, la première victime du mandaarinat. On commence par lui imposer les programmes qu'il impose à nos enfants, et avant d'ôter à ceux-ci leur, liberté, on a bien soin de l'ôter à leurs maîtres. Le plus grand crime que puisse faire un professeur dans sa classe, c'est d'être lui-même; s'il a le malheur de ne pas suivre exactement le programme et de ne pas se conformer aveuglément aux instructions et aux circulaires, il est perdu. C'est un indiscipliné, un orgueilleux, il n'avancera jamais. Il doit s'estimer heureux de ne pas perdre son emploi. « Je ne l'*attaque* pas, dit M. Simon, au contraire, j'oserais presque dire que je le *regrette*, car, en réalité, il est absent de cette classe, où il est cloué quatre heures par jour. Le plus grand reproche que je fasse à cette éducation surmenée, c'est qu'en écrasant les maîtres, elle les supprime. Ces élèves qui passent de la rhétorique française à la rhétorique latine, de l'allemand à l'histoire, de la chimie aux mathématiques, me font l'effet d'être abandonnés. Leur éducation se fait toute seule, parce qu'elle est faite par trop de gens. Il y a des professeurs, il n'y a plus de maîtres; il y a des auditeurs, des étudiants, il n'y a plus d'écoliers; il y a de l'instruction, il n'y a plus d'éducation; on fait un bachelier, un licencié, un docteur, mais un homme, il n'en est pas question; au contraire, on passe quinze années à détruire sa virilité. On rend à la société un petit mandarin ridicule qui n'a pas de muscles, qui ne sait pas sauter une barrière, qui ne sait pas jouer des coudes, qui ne sait pas tirer un coup de fusil, qui ne monte pas à cheval, qui a peur de tout, qui, en revanche, s'est bourré de toutes sortes de connaissances inutiles, qui ne sait pas les choses les plus nécessaires, qui ne peut donner un conseil à personne, ni s'en donner à lui-même, qui a besoin d'être dirigé en toutes choses et qui, sentant sa faiblesse et ayant perdu ses lisières, se jette pour dernière ressource au socialisme d'État. — Il faut que l'État me prenne par la main, comme l'a fait jusqu'ici l'Université. On ne m'a appris qu'à être passif. Un citoyen, dites-vous? Je serais peut-être un citoyen, si j'étais un homme. »

On sait que l'Académie de médecine s'est émue de ce surmenage, M. Peter s'est prononcé énergiquement dans cette question. Les programmes universitaires, selon lui, ne sont pas faits pour ce qu'on peut appeler la moyenne des aptitudes intellectuelles ; ils dépassent cette moyenne, et chaque jour, sous prétexte de les compléter, on les rend encore plus impossibles. Quand un muscle se fatigue à l'excès, il éprouve une courbature, causée par l'accumulation des produits de désintégration ; de même, le cerveau, fatigué outre mesure est exposé à un encombrement des déchets de la vie, à une véritable courbature. Le premier symptôme de cet état, c'est le mal de tête violent, la céphalalgie. Si ce premier avertissement n'est point écouté, si le travail persiste, si la courbature augmente, la céphalalgie devient périodique, de plus en plus fréquente, s'exaspère sous l'effort intellectuel. Une sorte de voile s'étend sur l'intelligence, les idées se brouillent. Il y a là, dit M. Peter, quelque chose d'analogue à la *crampe des écrivains* dans le muscle, un spasme fonctionnel qui atteint le cerveau. Et ce n'est là que le début des phénomènes pathologiques.

Le surmenage cérébral et intellectuel n'existe guère dans les écoles primaires[1]. Dans l'enseignement secon-

1. Le surmenage peut exister dans les villes, mais non dans les écoles rurales. Les enfants font trop peu de devoirs à la maison, manquent trop souvent l'école, pour éprouver la fatigue cérébrale. Les dangers qui existent réellement dans l'école du village ne proviennent pas de la surcharge d'esprit, mais bien du séjour dans une atmosphère nécessairement viciée. Voilà la plaie. Voici le remède : obliger les communes arriérées et récalcitrantes à se procurer des locaux scolaires suffisamment vastes et munis d'un bon mobilier. D'autre part, voici quelques règles à suivre pour ne pas fatiguer les enfants dans les écoles primaires : « Règles formulées par la Société d'hygiène de Genève (*Revue pédagogique* du 15 mars) : On doit attribuer les premières heures de la matinée aux branches qui nécessitent le plus d'effort intellectuel. Les leçons doivent être interrompues toutes les heures par une récréation permettant à l'élève de se livrer à un exercice corporel ». En France, le règlement ne permet pas une récréation à toutes les heures ; mais on peut faire faire quelques mouvements de bras, les élèves étant debout à leur place. « En général, le maître doit suspendre son enseignement dès qu'il surprend des signes de fatigue ou d'agitation dans son auditoire et lui accorder un repos sur place de quelques instants. Chaque leçon doit être donnée de telle sorte que l'enfant soit alternativement actif ou passif, c'est-à-dire qu'il soit mis en demeure de parler, d'écouter et d'appliquer l'enseignement donné. On évi-

daire, il n'existe sans doute que pour un tiers des élèves,
ceux qui veulent arriver aux premiers rangs dans la classe,
ou ceux qui préparent un examen, ou ceux qui veulent
entrer dans une école du gouvernement[1]. Mais il n'en
reste pas moins, même pour les professeurs, un certain
surmenage qui consiste dans la fréquentation de classes
trop longues, et dans des séances d'études trop longues
dans des atmosphères confinées. On a beau ne rien faire,
on se fatigue et on s'use quand même par le seul effet de
la sédentarité. Au reste, il est fort heureux qu'il y ait des

tera les travaux écrits prolongés. Il ne doit être donné à apprendre que des
choses bien comprises. Les devoirs à domicile doivent être très limités. Ils
seront proportionnés à l'âge de l'enfant ; ils devront pouvoir être faits avec
goût et plaisir, et satisfaire aux exigences de la qualité plutôt qu'à celle de
la quantité. Le pensum doit, en général, être prohibé et doit, dans tous les
cas, faire appel à l'intelligence de l'enfant ».

L'Académie de médecine avait nommé une commission chargée de
chercher un remède au surmenage intellectuel. Cette commission a rédigé
un rapport : en voici, les dispositions principales concernant l'enseignement primaire. La durée quotidienne du travail intellectuel, proportionnée
à l'âge des enfants, sera de trois à huit heures. La durée des classes
sera au plus de vingt à trente minutes pour les enfants ; les programmes
devront être réduits proportionnellement à la durée des classes et des
études ; les examens sont actuellement trop généraux, trop encyclopé-
diques, il faut leur substituer des *examens partiels et fréquents*, limitant
l'effort et permettant à l'intelligence de s'assimiler les connaissances qu'on
lui offre. Il est nécessaire d'accorder, selon l'âge, de six à dix heures par
jour aux exercices physiques (jeux, promenades, manœuvres militaires, etc.)

1. Si à l'École centrale des arts et manufactures, les élèves ne travaillent
que sept heures, ils ont à travailler chez eux quatre ou cinq heures, voire
davantage. A l'École polytechnique, les cours et les études durent onze
heures et demie, et pendant les récréations les élèves laborieux travaillent
à la bibliothèque. Dans les lycées de jeunes filles, dans les classes d'institutrices, le travail est également excessif.

Lorsque, malgré une instruction réelle, on voit des 25 à 30,000 jeunes
gens et jeunes filles, sans fortune, ne pouvoir trouver d'emplois, on regrette
qu'avec cette instruction on ne leur ait pas appris un métier, une profession manuelle qui, tout en prévenant le surmenage et la sédentarité scolaires, aurait pu éventuellement les mettre à l'abri du besoin. « Puisque,
dit M. Lagneau, l'instruction militaire est, ainsi que l'instruction scolaire,
pour tous obligatoire, il appartient aux ministres de la guerre et de l'instruction publique de s'entendre pour que la gymnastique, l'escrime, la
natation, l'équitation, les marches, le maniement des armes, les manœuvres
militaires, venant prendre place entre les travaux intellectuels des classes
et des études, préviennent le surmenage et la sédentarité scolaires, con-
courent, ainsi que les sciences et les lettres, à l'obtention des diplômes et
certificats d'études, et permettent de restreindre la durée du service à
l'armée. Mais il faut aussi qu'une loi analogue à celle du 19 mai 1874,
s'opposant au travail manuel excessif des enfants dans les manufactures,
vienne également s'opposer au travail intellectuel excessif de nos enfants,
de nos jeunes gens dans les établissements d'enseignement ».

paresseux : ils sauvent la race d'une dcgénérescence plus rapide.

En Angleterre, le nombre d'heures données au travail du cerveau est de moitié moindre que chez nous. Les écoles les plus laborieuses ne demandent guère que sept ou huit heures de travail par jour ; les autres se contentent de six.

L'Allemagne peut aussi servir de modèle, mais plus encore pour la division que pour la réduction du travail. C'est ce qui faisait dire à Bersot : « En voyant les classes allemandes coupées toutes les heures ou tous les trois quarts d'heures par des récréations, on a honte de notre barbarie, qui renferme des enfants dans une classe de trois heures de suite, trois heures le matin et trois heures le soir, à un âge qui est ivre de mouvement, et on ne comprend pas qu'on ait pris pour les soumettre à ce régime les enfants français, qui sont les plus pétulants de la création. » Chez nous, deux établissements libres, l'École Monge et l'École alsacienne, ont donné l'exemple.

A l'École Monge, par exemple, les onze heures et demie, voire même les douze heures de travail par jour des lycéens, sont réduites à neuf ; les petits ne travaillent que sept heures et demie. La durée maxima du travail sans repos y est de deux heures et demie. Tout élève à Monge consacre une demi-heure par jour à la gymnastique ; c'est trois fois plus que n'y donnent nos lycées [1].

L'avantage, dans les compétitions nationales comme dans les compétitions privées, n'appartient pas seulement ni peut-être principalement à la supériorité du savoir, il tient surtout à l'ample provision, naturelle ou acquise, d'énergie physique et de bon sens intellectuel qui seule permet de mettre le savoir en pleine valeur. Aussi la Commission d'hygiène, s'inspirant de l'exemple des États-Unis, rappelle avec raison *la règle américaine des trois* 8 : 8 heures de sommeil + 8 heures de travail + 8 heures de liberté = 24 heures. « Nous pensons, dit-elle, que cette règle est excellente, et qu'il faut considérer huit heures de travail comme un maximum qui ne doit jamais être atteint par les élèves des écoles primaires, jamais dépassé par les autres. Il faut réduire la durée des classes à une heure et demie [2] »

---

1. Voir M. Burdeau, l'*École Monge.*
2. Par chaque classe de deux heures, il y a en moyenne trente-cinq

Il faut multiplier et animer les récréations [1].

Enfin et surtout, il faut favoriser les exercices du corps, nécessaires pour les individus et pour la race. Jadis, par son *Émile*, Jean-Jacques Rousseau donna lieu, en faveur de ces exercices, à un mouvement qui se propagea surtout en Allemagne, et qui, développé par les aspirations nationales et guerrières pendant la guerre d'indépendance, donna naissance à la gymnastique allemande. A celle-ci on a opposé une forme théorique de l'exercice corporel, la *gymnastique suédoise*, dont la pensée fondamentale était qu'il fallait « borner les exercices à des mouvements, variés à la vérité, mais aussi simples que possible ». Ces mouvements, exécutés à l'encontre de certaines résistances, devaient « fortifier méthodiquement chaque muscle en particulier et faire atteindre l'idéal d'une musculature athlétique ». On a encore attaqué la gymnastique allemande en se plaçant au point de vue des Anglais et de leur sport. Les Anglais n'ont jusqu'à ce jour rien connu d'analogue à la gymnastique allemande. Séparés plus que jamais du continent pendant la révolution française et pendant la période de l'empire, ils ont été à peu près étrangers au mouvement commencé par Rousseau. Les aspirations de Jahn, qui avaient tant soit peu une empreinte de chauvinisme allemand, ne pouvaient guère trouver d'entrée en Angleterre. Mais les Anglais, comme le remarque Dubois-Reymond, sentaient moins le besoin de la gymnastique que les nations du continent. Grâce à

___

minutes, sinon quarante de perdues. De plus, on soumet au même régime le gamin de onze ans et l'adolescent de dix-huit. On abuse des devoirs dans les basses classes et des leçons pour remplir les journées de l'enfant. L'étude du soir commence à cinq heures pour finir à sept heures et demie ou à huit heures moins le quart. L:ux heures et demie, tout entières, en tête à tête avec un thème, une version ou un problème de mathématiques.

1. On n'y joue plus, du moins à partir de la troisième ; on circule autour d'une triste cour, généralement sans arbres, de droite à gauche, dit le docteur Gauthier, et non de gauche à droite, dans certains lycées où le mouvement giratoire *sinistrorsum* est considéré comme subversif. On n'y chante plus ; les cris sont séditieux ou du moins mal tolérés ; ils fatiguent les oreilles des maîtres et du proviseur. On ne connaît plus ni le jeu de balle, ni celui de boule, ni celui de corde, de saute-mouton, de palet, de l'ours, des barres, etc. On marche, on tourne dans ces cages étroites qu'on appelle des cours; « on se blottit dans les encoignures, s'il fait froid ou s'il pleut ; on cause de cette causerie parfois malicieuse et suspecte à laquelle les établissements religieux préfèrent à bon droit les exercices violents auxquels prennent part les maîtres eux-mêmes. » De plus, ces récréations durent en tout deux heures cinquante minutes pour les petits, une heure cinquante minutes seulement pour les grands.

la vie champêtre des classes riches et à l'éducation commune des jeunes gens dans les établissements publics, il
s'était introduit chez eux un grand nombre de luttes et de
jeux nationaux, dont nous avons parlé, et qui, par la
variété des mouvements qu'ils exigent, sont pour le corps
un exercice excellent : les ascensionnistes anglais, qui ont
escaladé le Chimborazo, en sont la preuve. Nous l'avons
vu, la passion avec laquelle on suit, dans toutes les parties
de la Grande-Bretagne, les joutes annuelles des Oxfordiens
aux couleurs bleu-foncé et des Cambridgiens aux couleurs
bleu-clair peut être comparée seulement à l'enthousiasme
des Grecs pour leurs jeux nationaux ; elle excite la
jeunesse aux plus grands efforts.

Si, avec la connaissance que nous avons aujourd'hui de
l'essence des exercices corporels, on juge les trois formes
de ces exercices, la gymnastique allemande, la gymnastique suédoise et le sport anglais, on remarque d'abord le
peu de valeur de la seconde pour le développement corporel
d'une jeunesse saine. L'exercice du corps, dit Dubois-
Reymond, n'est pas seulement, comme les observateurs
superficiels le croient à tort[1], un exercice des muscles,
mais il est autant, et plus même, un exercice de la
substance grise du système nerveux central. Cette seule
remarque est la condamnation, au point de vue physiologique, de la gymnastique suédoise. Celle-ci peut fortifier
les *muscles*, mais elle ne peut pas rendre *faciles des mouvements composés*. « On peut même supposer le cas d'une
éducation corporelle qui donnerait aux muscles isolés
d'un Gaspard Hauser une force gigantesque sans que la
victime d'une pareille expérience pût seulement marcher.
La gymnastique suédoise n'est bonne que comme *moyen
thérapeutique*, pour conserver ou *rétablir l'activité* de certains *groupes* musculaires (car très peu de muscles peuvent être contractés isolément au *gré de nos désirs*[1].) »

Quant à la valeur relative de la gymnastique allemande
et du sport anglais, celui-ci répond mieux, à un certain
point de vue, aux exigences résultant de l'analyse physiologique. Il fait d'habiles coureurs, sauteurs, danseurs,
lutteurs, cavaliers, nageurs, rameurs, patineurs, Mais,
selon Dubois-Reymond, la gymnastique allemande offre
la possibilité de donner à un nombre illimité d'élèves de
tout âge et de toute condition l'occasion de s'exercer, en

1. Dubois-Reymond, l'*Exercice*.

employant un très petit nombre d'appareils et indépendamment des conditions extérieures, qu'il est souvent
impossible d'obtenir ; de plus elle a pour elle l'avantage
moral d'un effort qui se propose « le perfectionnement de
soi-même comme un but idéal, sans aucune utilité immédiate, tout comme l'éducation intellectuelle à laquelle on
vise dans les gymnases allemands » ; enfin le choix intelligent des exercices allemands, confirmé et épuré par
l'expérience, conduit à une plus grande uniformité dans
le développement du corps que celle qu'on pourrait
atteindre si l'individu, obéissant à ses inclinations déter-
minées par une circonstance quelconque, s'adonnait,
comme en Angleterre, selon son caprice et avec une
ardeur dictée par l'ambition, soit à l'exercice de la rame
ou de l'équitation, soit au jeu de paume ou aux ascensions
des montagnes. Le jeune homme exercé à la manière
allemande possède le grand avantage d'avoir des formes
de mouvements adaptées à chaque position du corps, de
même que le mathématicien qui a reçu une instruction
solide est pourvu de méthodes pour chaque problème.
Rien, d'ailleurs, n'empêche le gymnaste allemand de
passer de ses exercices théoriques à n'importe quel exercice pratique d'une utilité immédiate. « Comme il a
appris à apprendre, il acquerra bien vite l'adresse que
ses dispositions naturelles lui permettent d'atteindre ; de
même qu'on nous dit que l'élève du gymnase égale bien
vite au laboratoire l'élève des cours professionnels ».

Au reste, tous les exercices du corps sont en faveur chez
les Allemands ; la marche, l'équitation, le vélocipède, le
canotage et l'escrime au sabre sont infiniment plus
répandus qu'en France ; le gouvernement exige que dans
les établissements scolaires deux heures par jour soient
consacrées aux exercices physiques, sous la direction d'un
professeur spécial. Il y a à Berlin un grand maître de la
gymnastique comme à Paris un grand maître de l'Université. On croit là-bas qu'un peuple qui n'a pas de
muscles, où domine la vie cérébrale, et qui n'a plus que
des nerfs, est mal préparé à la lutte pour l'existence[1].

Les jeux anglais ne méritent pas toutes les critiques
que Dubois-Reymond leur adresse au nom de la gymnastique trop scientifique des Allemands, et celle-ci ressemble encore trop à une leçon. Ici, comme dans d'autres

1. Voir Cambon, *De France en Allemagne.*

cas, pour remédier aux maux causés par un traitement artificiel, on a eu recours à un autre traitement artificiel. Comme on avait défendu l'exercice spontané, et qu'on voyait trop les effets de l'absence d'exercice, on a adopté ce que Spencer appelle « un système d'exercice factice ». Que cela vaille mieux que rien, nous l'admettons avec Dubois-Reymond; mais que ce soit un équivalent du jeu, nous le nions avec Spencer. Les inconvénients de l'exercice gymnastique sont à la fois positifs et négatifs. En premier lieu, ces mouvements réglés, nécessairement moins divers que ceux qui résultent des jeux des écoliers, n'assurent pas une répartition égale d'activité entre toutes les parties du corps; d'où il résulte que, l'exercice tombant sur une partie du système musculaire, la fatigue arrive plus tôt qu'elle n'arriverait sans cela. Le docteur Lagrange a montré que la gymnastique à engins conduit, si l'on persiste trop dans certains exercices, à un développement disproportionné de certaines parties du corps. Non seulement la somme de l'exercice est inégalement distribuée, mais cet exercice, n'étant pas accompagné de plaisir, est moins salutaire; même quand ils n'ennuient point les élèves, à titre de leçons, ces mouvements monotones deviennent fatigants, faute du stimulant du jeu. On se sert, il est vrai, de l'émulation en guise de stimulant; mais ce n'est point là un stimulant continuel, comme celui du plaisir qui se mêle aux jeux variés. Outre que la gymnastique est inférieure au libre jeu comme *quantité* d'exercice musculaire, Spencer montre qu'elle est encore inférieure sous le rapport de la *qualité*. Cette absence comparative de plaisir qui fait qu'on abandonne vite les exercices artificiels, fait aussi qu'ils ne produisent que des effets médiocres. L'idée vulgaire que, si l'on obtient la même somme d'exercice corporel, il importe peu que cet exercice soit agréable ou non, renferme une grave erreur. « Une excitation cérébrale accompagnée de plaisir a sur le corps, dit Spencer, une influence hautement fortifiante ». Voyez l'effet produit sur un malade par une bonne nouvelle ou par la visite d'un vieil ami! Remarquez combien les médecins recommandent aux personnes faibles les sociétés gaies. Souvenez-vous du bien que fait à la santé le changement de lieux. « La vérité est que le bonheur est le plus puissant des toniques ». En accélérant les mouvements du pouls, le plaisir facilite l'accomplissement de toutes les fonctions; il tend ainsi à

augmenter la santé quand on la possède, à la rétablir
quand on l'a perdue. De là la supériorité intrinsèque du
jeu sur la gymnastique. « L'extrême intérêt que les
enfants prennent au jeu, la joie désordonnée avec laquelle
ils se livrent à leurs plus folles boutades, sont aussi
importants en eux-mêmes pour le développement du corps
que l'exercice qui les accompagne. Toute gymnastique qui
ne produit pas ces stimulants intellectuels est défec-
tueuse ». Ainsi en accordant que les exercices méthodiques
des membres valent mieux que l'absence de tout exercice,
et qu'on peut s'en servir avec avantage comme d'un
moyen supplémentaire, Spencer conclut avec raison qu'ils
ne peuvent jamais remplacer les exercices indiqués par la
nature. Pour les filles comme pour les garçons, les jeux
auxquels les poussent leurs instincts naturels sont
essentiels à leur bien-être.

En France, nous avons trop fait verser la gymnastique
dans le militarisme. Sous l'influence d'une idée noble à
coup sûr, mais trop spéciale, il y a une tendance à milita-
riser de plus en plus l'éducation. « Ce qu'on peut appeler
le sport *militaire*, par opposition au sport *tout court*, dit
M. de Coubertin, ne produira pas de bons citoyens. Les
nombreuses sociétés de tir et de gymnastique qui ont été
fondées depuis la guerre forment, on ne saurait le nier,
une école de discipline et de patriotisme, mais d'autre part
l'appareil militaire dont elles s'entourent n'est propre qu'à
engendrer des vues étroites, à éteindre l'initiative individuelle qu'elles auraient dû avoir pour but de développer.
Bien plus utiles à cet égard sont les deux ou trois sociétés
nautiques existantes à Paris que les trente-trois sociétés
de gymnastique qui comptent 3041 membres dans les 20
arrondissements de notre capitale[1] ».

M. de Laprade se demandait, avec un très légitime
étonnement, comment il se faisait qu'ayant trouvé les
Grecs si bons à imiter dans leur poésie, dans leur
sculpture, dans leur philosophie, dans leur politique, nous
ayons pris le contrepied de leur système dans ce qu'ils
avaient de meilleur : l'éducation physique de la jeunesse.
Si, en réduisant à huit les heures de travail, on réserve
une heure et demie pour les repas, il restera trois heures
et demie pour les récréations et deux heures pour les
exercices gymnastiques. Il faut donc remettre les jeux en

---

1. L'*Éducation en Angleterre*.

honneur et en vigueur. Après avoir emprunté l'internat aux jésuites, on a eu le tort de ne pas leur emprunter également son correctif, qu'ils ont eu la sagesse de conserver. Les jeux et exercices du corps tenaient, en effet, une large place dans leurs collèges d'autrefois. Les écoles des jésuites sont presque les seules où les élèves jouent et courent encore comme dans le vieux temps. « Voilà, dit M. Legouvé, l'éducation que je voudrais emprunter aux révérends pères, l'éducation des jambes ».

Malheureusement, on a beau dire aux enfants de jouer, à quoi voulez-vous qu'ils jouent quand vous les lâchez dans des préaux qui seraient trop étroits pour le sixième d'entre eux ? M. Dupanloup rapporte cette parole qui lui fut dite un jour par ses élèves : « Si vous saviez, monsieur le supérieur, comme ça nous ennuie de nous amuser de la sorte ! » Les choses sont pourtant ainsi : on en arrive à imposer un jeu et à donner des pensums, des punitions aux enfants qui n'y prennent pas part ou n'y apportent pas assez d'entrain. Ce qui est, à coup sûr, très ingénieux. Alors pour éviter les châtiments immérités, les enfants apprennent l'hypocrisie et font semblant de jouer jusqu'à ce que le surveillant ait de nouveau le dos tourné et qu'ils puissent reprendre la conversation interrompue.

La gymnastique au lycée a lieu pendant les récréations, et, comme il y a beaucoup d'élèves pour le même trapèze, chaque élève ne fait guère plus d'une culbute par jour, moins le jeudi et le dimanche. « Pourquoi donc, demande avec raison M. de Coubertin, le gymnase n'est-il pas toujours ouvert, avec faculté pour les écoliers d'exercer leurs biceps toutes les fois que bon leur semble ? »

En été, il y a la gymnastique des bains froids, qui dure deux mois de l'année : le reste du temps, on ne se lave pas. Un collège a une piscine : c'est le lycée de Vanves, organisé d'ailleurs avec un soin tout spécial. Malheureusement la piscine, n'étant pas couverte, ne sert pas l'hiver. Un simple rapprochement : à Harrow, dit M. de Coubertin, chaque élève (ils sont cinq cents) paye environ 12 francs par an pour l'entretien de la piscine ; ce n'est pas cher.

Pour revenir à l'exercice par excellence, aux jeux, dans les rares occasions où on a vu des collégiens français laissés libres de se grouper pour un jeu quelconque, on a toujours remarqué l'ardeur qu'ils y apportaient.

Ce qui manque donc à nos collégiens ce n'est pas l'entrain, mais un espace suffisant pour prendre leurs ébats. Là est la vraie difficulté : les terrains sont toujours chers dans l'intérieur des villes, mais, ainsi qu'on l'a fait observer, rien n'empêche en province de prendre la campagne elle-même pour jardin. Et pour ce qui est de Paris, l'État pourrait concéder les emplacements nécessaires sur les terrains qui lui appartiennent, et les compagnies de chemin de fer transporteraient à prix réduits les escouades de lycéens [1].

IV. Comme le jeu, le travail manuel a un résultat hygiénique et sert à fortifier la race dans l'individu. En Angleterre, il y a partout des ateliers où les élèves se livrent à divers travaux manuels, de menuiserie, de métallurgie sous la direction d'un habile ouvrier. C'est la réalisation du vœu de Jean-Jacques Rousseau; mais celui-ci était guidé par je ne sais quel sentiment à la fois poétique et égalitaire en l'exprimant, et les Anglais ont vu tout simplement « le côté pratique de la question, l'avantage qu'il y a à savoir se servir de ses mains pour façonner du bois ou du fer ». Les jeunes Américains qui, dans l'Université d'Ithaca, étudient les hautes mathématiques, la philosophie ou l'histoire, ne rougissent nullement de passer plusieurs heures de la journée dans les ateliers pour y gagner honorablement l'argent nécessaire à l'acquisition de ce savoir qui les conduira plus tard, peut-être, aux fonctions les plus élevées de l'État. Un cinquième des élèves a profité, en 1870, de la facilité qui leur est donnée. Les travaux qu'ils ont exécutés ont été payés par l'Université 15 000 francs, et les professeurs ont pu remarquer que ceux qui s'étaient ainsi livrés à un labeur physique avaient tous, aussi bien que les autres, profité des leçons données dans toutes les classes. Trois heures de travail manuel n'ont nullement nui aux travaux de l'esprit. Chez nous, pour les écoles primaires, la législation a introduit le travail manuel dans les programmes, et les instructions ministérielles ont fait connaître aux instituteurs que l'enseignement nouveau, nettement

1. Depuis que ce livre a été écrit, M. Philippe Daryl a publié un livre excellent sur la *Renaissance physique* et les jeux, et une société s'est formée pour l'éducation physique de la jeunesse. Le ministère a nommé des commissions chargées d'étudier le problème.

conçu en dehors de toute visée professionnelle, devait avoir surtout pour objet de donner à l'enfant la dextérité de la main, l'usage élémentaire des outils, l'affinement du goût et la connaissance du monde matériel qui l'entoure. « Le travail manuel, a dit Emerson, est l'étude du monde extérieur. » Par travail manuel, dans les écoles, on entend communément l'usage des principaux outils, du fer et du bois. Le véritable but de ce travail, introduit dans l'éducation générale, n'est pas *d'enseigner à l'enfant une profession donnée*, mais simplement de *développer ses facultés intellectuelles, esthétiques et physiques*, sa connaissance réelle des choses et son *adresse*. L'établi du menuisier, l'enclume du forgeron peuvent être employés à cette éducation, sans qu'il s'agisse pour cela de faire un menuisier ou un forgeron. Leur effet doit être surtout de familiariser l'élève avec les propriétés du bois et du fer, d'habituer son œil et sa main à travailler de concert, de l'accoutumer aux mesures exactes, enfin de lui apprendre à exécuter avec goût, au moyen de ses outils, un objet dont on ne lui fournit que l'image dessinée. La discipline de l'atelier doit en ce sens être considérée comme complémentaire de celle de la classe de dessin; elles sont inséparables; l'une donne la connaissance de la *forme*, l'autre celle de la *substance*.

Tenir pour démontré que le meilleur enseignement est celui qu'on puise dans les livres, c'est ce que Spencer nomme un préjugé du moyen âge.

A vrai dire, tout jeu est lui-même un travail quand on veut arriver à y réussir. Le jeu est le premier travail des petits enfants. Il permet déjà de juger leur caractère, de le développer dans le sens de la persévérance et de l'énergie active. L'idéal, c'est la fusion la plus fréquente possible du jeu et du travail, des récréations et des enseignements.

Les vacances doivent être employées aux exercices du corps, à la marche, surtout dans les montagnes, où l'air est plus pur. « C'est au milieu d'elles, dit Tyndall, que chaque année je viens renouveler mon bail avec la vie et rétablir l'équilibre entre l'esprit et le corps, équilibre que l'excitation purement intellectuelle de Londres est surtout propre à détruire ». En vue de distraire et d'occuper d'une façon intelligente les jeunes gens pendant les deux mois de vacances, le *Club alpin français* a organisé des *caravanes scolaires*, dont le but est ainsi déterminé: «Réunir quelques jeunes gens du même âge, les transporter dans les montagnes, en face des grands spectacles de la nature; les préparer par des marches en commun, le sac au dos, le bâton ferré à la main, aux épreuves du volontariat d'un an, et même aux fatigues de la guerre; leur assurer le long du voyage la surveillance bienveillante d'un chef expérimenté, des leçons de physique, de géologie et de botanique, données en plein air, sous le ciel bleu, pendant les haltes; distraire l'esprit, sans cesser de l'instruire; élever l'âme en fortifiant le corps ». Beaucoup de grands établissements sont aujourd'hui entrés dans cette voie et ont institué des voyages pendant les grandes et les petites vacances. Il y a là, outre une excellente application de l'*hygiène*, une idée morale et patriotique. Malheureusement ces voyages, qui nécessitent des dépenses assez élevées, ne sont pas à la portée de toutes les bourses. Aussi M. Cottinet a-t-il imaginé de conduire les enfants pendant un mois soit à la campagne, soit aux bords de la mer, sans qu'il en coûte rien à leurs parents, grâce aux souscriptions volontaires. Or, dit-il, l'expérience l'a démontré : ce simple mois de campagne constitue pour eux une cure héroïque. « Et l'on a pu constater ces deux choses d'une éloquence égale : avant leur départ pour la campagne, le poids de ces enfants, la circonférence de leur poitrine, sont fort au-dessous, lamentablement au-dessous de la moyenne assignée à leur âge; à leur retour, la proportion s'est renversée : ils ont gagné de cinq à dix, à vingt fois l'accroissement normal ! »

L'instituteur qui dirigeait la colonie de garçons installée à Bussang a introduit un perfectionnement au contrôle hygiénique des résultats obtenus. C'est un *état individuel* de la condition physique de chaque enfant. Cet état a pour base, avant le départ, les déclarations des parents et du directeur de l'école, en même temps qu'un examen approfondi. Il est complété au retour par la comparaison des résultats acquis. Si les médecins attachés à nos écoles primaires adoptaient, en la généralisant, cette méthode, s'ils établissaient pour chaque enfant une *feuille d'état sanitaire*, qu'ils reviseraient une fois par mois ou par trimestre, un grand progrès serait accompli. On se rendrait compte de ce que les enfants gagnent en force et en santé, ces deux richesses premières pour l'individu et pour la race.

Il est d'autant plus urgent de réorganiser l'éducation physique en France que la force corporelle baisse dans

notre race. L'hérédité finira, si on n'y met ordre, par
amener une dégénérescence progressive, et notre intelligence, loin d'y gagner, y perdra. Nous avons la superstition
tion de l'instruction intellectuelle, étant un peuple intel-
lectualiste; il faut nous en guérir, nous persuader qu'un
homme robuste et fécond est plus important pour la race
qu'un homme qui a meublé sa mémoire d'une foule de
connaissances dont la plupart sont inutiles.

VI. A la question de l'hérédité et de l'éducation se rattache celle de la fécondité physique et de la natalité, en
tant que soumise à la volonté de l'homme, à ses croyances,
à ses idées, à ses intérêts apparents ou réels. Cette question est capitale pour la race française. Nous l'avons déjà
traitée ailleurs, et nous devons répéter ici combien il
importe de bien comprendre le danger qui nous menace.
Au dernier recensement fait en Allemagne, en décembre
1885, la population du nouvel empire atteignait le total
de 46 855 704 habitants. En 1870, le nombre d'individus
présents sur le même territoire n'était que de 40 816 249.
Si l'on tient compte du chiffre de l'émigration pour les
pays d'outre-mer et de l'excédent de naissances, l'accroissement effectif atteint le nombre de 535 444. D'une année
à l'autre, la population de l'empire allemand augmente
ainsi de plus d'un demi-million d'habitants. Supposons que ce mouvement continue, avec l'accroissement
proportionnel de la période décennale de 1871 à 1880,
il faudra à peine soixante ans pour élever au double la
population actuelle de l'Allemagne. Après les guerres
du premier empire, en 1816, les pays de la Confédéra-
tion germanique qui font partie de l'Allemagne unifiée
d'aujourd'hui comptaient ensemble 24 millions d'habitants. Ils pourront en avoir 170 millions vers la fin du
siècle prochain, avec une densité de 315 individus par
kilomètre, contre 84 en 1880, sans agrandissement terri-
torial. Comparé aux progrès de l'empire allemand, le
mouvement de la population, en France, reste à peu près
stationnaire, atteignant à peine le total de 37 321 186 individus lors du recensement de 1881 contre 32 569 223
en 1831. Il a accusé une augmentation annuelle de 0,2
pour 100 seulement dans l'intervalle des deux derniers
relevés quinquennaux, c'est-à-dire de six à sept fois inférieure à l'accroissement numérique des Allemands. Fait

grave, digne de fixer l'attention non seulement des statisticiens, mais surtout des hommes d'État soucieux de
l'avenir, car cesser d'avancer, pour une nation, c'est
demeurer en arrière, et laisser passer la prépondérance
politique aux mains de races plus vigoureuses.

M. Myers, en examinant nos chapitres relatifs à la population dans l'*Irréligion de l'Avenir*, attribue « au pessimisme français moderne », l'influence déprimante sur la
natalité en France. Nous ne comprenons pas bien l'influence stérilisante que l'on attribue ainsi au pessimisme.
Nous nous demandons si le pessimisme, une fois généralisé dans un peuple, peut à lui seul amener l'infécondité.
Les Chinois, les Japonais, sont bercés dès l'enfance de
cette idée que toute existence est néant ; en outre, ils n'ont
pas de doctrine arrêtée sur l'immortalité personnelle ;
la religion bouddhiste est, sur ce point, plus négative que
positive : ils n'en pullulent pas moins. C'est qu'ils ont le
culte de la famille comme les anciens Juifs, qui ne
croyaient guère, eux aussi, à l'immortalité[1]. Dans ce problème, ce qui doit surtout nous intéresser, c'est l'esprit
des masses, principalement des paysans, qui seuls *peuplent* ou *dépeuplent* un pays.

1. Y a-t-il même un « pessimisme français moderne » ? Je ne sais s'il ne
vaudrait pas mieux dire : *Modern pessimism in France*. Sans doute le pessimisme s'est trouvé pendant un certain temps et se trouve encore à la mode
dans les salons de Paris, où bon nombre de blasés et de surmenés s'affublent
avec plaisir de ce nom grave. Mais pas un philosophe français depuis MM. Taine,
Renouvier, Ravaisson, jusqu'à MM. Fouillée et Ribot, n'a défendu le pessimisme. Un romancier, un génie puissant, mais aux tendances sombres et
souvent obscènes, M. Zola, s'est attaché à évoquer dans ses livres des images
plus ou moins horribles, mais c'est là un cas particulier et une affaire de
tempérament artistique plutôt que de doctrine philosophique. Vous me nom-
merez sans doute M. Renan, mais cet admirable écrivain, s'il a eu ses jours
de pessimisme, paraît maintenant converti à l'optimisme. Peut-être, dans
ses heures d'épanchement, nous dirait-il que la vérité doit être entre les deux
et qu'il n'est pas mauvais de soutenir successivement les deux thèses. En
poésie, notre plus grand nom, celui de Victor Hugo, n'est rien moins que
celui d'un pessimiste ou même d'un douteur : il a toujours lutté de toutes
ses forces contre les idées de négation. Il n'en est peut-être pas ainsi des
grands poètes anglais Byron et Shelley, de Henri Heine en Allemagne, de
Léopardi en Italie. On citera chez nous des *poetæ minores* : madame Ackermann, Baudelaire et Richepin. Mais madame Ackermann, qui a écrit
quelques vers pessimistes très bien frappés, quoique un peu déclamatoires,
et Baudelaire — un véritable détraqué, celui-là — n'ont été goûtés que
dans un cercle restreint. Quant à M. Richepin, comment prendre au sérieux
cet habile versificateur et rhéteur ? On le lit comme on va regarder un
jongleur plein d'adresse. Son pessimisme n'est qu'une « matière » à vers
français, comme les matières à vers latins du lycée et de l'École normale.

Or, le paysan français est tout le contraire d'un pessimiste : il excelle à prendre, comme il dit, la vie du bon côté. D'ailleurs, la majorité de la nation française a gardé un fonds de spiritualisme, et si le paysan a bien souvent rejeté les dogmes religieux, il n'en reste pas moins respectueux à l'égard du grand problème de la mort : le plus incrédule, dans son langage simple, vous dira qu'enterrer un homme ou un chien, ce n'est pas la même chose ; la mort, pour lui, doit s'accompagner de paroles d'espérance ; de là, à ses yeux, l'utilité du prêtre. Et cet état de choses ne date pas d'aujourd'hui. Mais il est vrai de dire que ces principes, respect de la mort et croyance hésitante dans l'immortalité, mis en regard du véritable défaut du paysan français, qui est d'être un calculateur très réfléchi — de plus en plus réfléchi — ne suffisent pas à le faire passer à cette conséquence pratique, peut-être un peu inattendue, et bien difficile à y rattacher : croissez et multipliez. Du moment que les mobiles économiques et sociaux se trouvent placés en première ligne, la question de la fécondité devient avant tout un objet de réformes économiques et sociales, une affaire d'éducation morale, et publique aussi.

Il est essentiel, dans l'éducation publique, non pas de traiter ouvertement la question de l'infécondité volontaire, mais de montrer les avantages d'une population nombreuse, et pour la race, et pour la patrie, et pour la famille. Les chiffres que nous venons de transcrire sur la population allemande sont à eux seuls assez éloquents. Il y a des préjugés économiques, moraux et sociaux à dissiper en France, — et les économistes n'ont pas eu une petite part dans la diffusion de ces préjugés. Il n'est pas difficile, dans les écoles primaires et les lycées, en enseignant la géographie et l'économie politique, d'insister sur l'élément de puissance, de richesse intellectuelle, de sélection sociale, qu'apporte aux États une population considérable. Des conférences faites aux soldats, aux ouvriers, aux paysans, peuvent aussi montrer les avantages de la population nombreuse ; il n'y a pas besoin pour cela d'entrer dans des détails capables d'effaroucher les oreilles pudiques. Il importe seulement d'habituer tous les esprits à considérer l'avenir de la nation et de la race.

CHAPITRE IV

BUT ET MÉTHODE
DE L'ÉDUCATION INTELLECTUELLE

I. But et objet de l'éducation intellectuelle. — II. Méthodes d'enseignement, culture de l'attention, intuition et action, la mémoire, préjugés relatifs à la culture de la mémoire. — III. Choix des connaissances à inculquer, distinction entre les connaissances de luxe et les connaissances vraiment utiles.

I. L'éducation de l'enfance et de la première jeunesse n'a et ne doit avoir d'autre objet qu'elle-même. Si on part de ce principe que toutes les facultés humaines se trouvent dans un cerveau d'enfant, le but de l'éducation sera de favoriser le développement normal, complet, harmonieux de l'ensemble de ces facultés, dont la vie, comme on l'a remarqué, se chargera de rompre assez tôt l'équilibre.

Il importe au plus haut point qu'au moment de faire le pas décisif dans la vie, le jeune homme sente bien, lui-même, ce qu'il est et tout ce qu'il est, afin que ce ne soit qu'en connaissance de cause, pour ainsi dire, qu'il prenne une voie plutôt qu'une autre, qu'il s'abandonne à la faculté véritablement dominante, s'il en a une. C'est d'ailleurs, au point de vue de cette faculté même, une excellente condition pour prédominer que de se sentir soutenue, comme portée en avant par toutes les autres. En un mot, l'éducation prépare le terrain ; on y sèmera plus tard, quand le temps sera venu pour l'éducation professionnelle ; mais, pour que la semence lève, il faut que le terrain tout entier soit préparé, car qui peut savoir l'endroit précis où elle germera ?

Dans l'éducation, le premier rang doit appartenir aux intérêts communs de l'individu et de l'espèce, à ce qui peut développer à la fois l'intensité et l'expansion de la vie. Il ne faut pas considérer l'individu uniquement en lui-même, comme un point dans l'espace, abstraction faite des atmosphères morale et intellectuelle dont il est enveloppé tout comme de l'atmosphère terrestre et qui sont peut-être, à titre égal, les conditions mêmes de sa vie. Si la première nécessité est de vivre, la seconde assurément est d'en prendre le moyen, c'est-à-dire de s'adapter à son milieu. Or, l'homme étant fait pour vivre parmi les hommes, on ne saurait trop façonner l'enfant à la vie sociale, trop contrebalancer en lui les instincts égoïstes, premièrement éclos, par le développement des instincts altruistes et sociaux, qui doivent prendre un jour une si large part même dans sa vie individuelle. Maintenant, si la prééminence appartient aux intérêts communs de l'individu et de l'espèce, quels sont ces intérêts communs? La conservation de l'individu, à coup sûr, est indispensable à l'espèce même, et l'éducation doit tendre à assurer le maintien, le développement, la force de la vie physique, puisque de là dépend la force héréditaire de la race. C'est donc, si l'on veut, la première nécessité, base des autres : De là l'importance de la gymnastique et de l'hygiène, si appréciées des Grecs et trop négligées parmi nous. Encore peut-on signaler ici une antinomie possible entre les intérêts du corps et ceux de l'étude, chez une certaine élite. La théorie même de l'évolution admet que le progrès de l'espèce s'accomplit aux dépens d'un certain nombre d'individus. Pour faire des Pascal et des Newton, il faut bien consentir à une certaine usure corporelle produite par l'étude. Mais c'est là en somme l'exception, et la bonne santé de la race, sa force, son énergie physique est elle-même une condition préalable pour la production des génies exceptionnels.

Après le développement physique, ou même auparavant, s'il le faut, nous devons placer le développement moral, qui est la fin suprême de l'individu et la condition même d'existence pour la société. Il faut bien reconnaître que, dans notre système d'éducation, nous ne prenons guère plus soin de ce développement moral que du développement physique : nos élèves se moralisent comme ils peuvent (ou se démoralisent), de même qu'ils se portent comme ils peuvent, bien ou mal. Aucun secours de moyens systématiques, aucune *méthode* n'est, dès le jeune âge, employée à la moralisation : on instruit et on se fie à la vertu morale de l'instruction, voilà tout. Or,.

cette vertu n'est pas toujours aussi grande qu'on l'imagine, du moins pour tout ce qui est objet de *savoir* proprement dit : l'arithmétique, la physique et la chimie n'ont pas la puissance de « former le cœur ».

Aussi, avant l'instruction intellectuelle et scientifique, on doit placer encore l'éducation esthétique, parce que ce qui est le plus voisin du bien, c'est le beau, et que l'action moralisatrice la moins indirecte appartient à l'esthétique, à l'art, à la littérature, à ce qu'on a si bien nommé les humanités. L'instruction intellectuelle et scientifique proprement dite n'arrive donc qu'au dernier rang.

On peut, dans l'instruction intellectuelle, poursuivre trois buts : ou élever l'esprit et le faire regarder toutes choses de plus haut; ou l'appliquer à quelque fin pratique, un gagne-pain, un métier, etc.; ou simplement le meubler comme un salon, avec des étoffes brillantes, des poteries chinoises et des laques japonaises. Ce dernier but est le plus fréquemment poursuivi aujourd'hui; l'instruction devient un objet de toilette, de coquetterie chez la jeune fille, de vanité chez l'homme. C'est là une déviation fâcheuse de la vraie voie. Faire entrer dans le cerveau la plus grande somme d'idées généreuses et fécondes avec la moindre dépense de force possible, tel est le vrai but de l'éducation intellectuelle. Une fois qu'on aura façonné dans un bon sens le cerveau de chaque individu, l'hérédité fixera dans la race une plus grande capacité cérébrale. L'éducation et l'hérédité, ici comme ailleurs, seront le complément l'une de l'autre.

II. Les psychologues ont montré que l'expression physique des sentiments, imitée par réflexion, engendre les sentiments eux-mêmes, et nous avons vu que ces sentiments se propagent par suggestion. Il est donc aisé au maître qui se plaît parmi ses élèves de leur communiquer la joie. L'intérêt qu'il manifeste à ce qu'il dit, à ce qu'il fait, au travail qu'il fait accomplir, se communique à tous par sympathie. Le silence porte par suggestion au silence. L'exemple de l'ordre finit par former des habitudes d'ordre. On ne peut pas se dispenser de travailler lorsque tout le monde travaille autour de soi. Les nerfs sont excités par les attitudes

des travailleurs ; ils finissent par se monter au point que
l'inaction devient une souffrance. « Il n'y a pas, dit Her-
bert, d'enfant bien portant qui refuse de travailler lorsqu'il se trouve dans un milieu plein d'émulation pour le
travail ».

Il est donc moins difficile qu'on ne le croit généralement
d'amener le jeune enfant à l'amour du travail. Du reste,
le peu de goût qu'il en montre parfois au début tient plutôt
à un manque d'habitude et à un manque de méthode qu'à
la paresse proprement dite. On commencera à développer
chez lui la faculté d'observation par les *leçons de choses* ;
on lui présentera les faits concrets avant les vérités
abstraites ; on cherchera à rendre l'étude agréable. Le trait
commun des méthodes modernes, c'est de conformer l'éducation à la marche naturelle de l'évolution chez l'enfant ;
ce qui n'implique pas d'ailleurs un complet *laissez-faire*,
l'enfant ayant besoin que la nourriture intellectuelle lui
soit préparée et présentée dans un certain ordre. Les
principes généraux d'éducation, qui, selon Spencer,
peuvent être regardés comme établis, sont les suivants :
1° l'esprit va du simple au composé ; 2° l'esprit va de
l'indéfini au défini ; 3° le développement individuel de
l'enfant reproduit les phases du développement historique de l'humanité ; 4° il faut encourager le développement spontané ; 5° l'activité intellectuelle est, en elle-
même, agréable, et l'étude bien dirigée doit produire
l'intérêt, non le dégoût. En un mot, l'acquisition des
connaissances doit être le résultat de l'activité spontanée de l'enfant ; l'exercice normal des facultés étant
agréable en soi, l'étude, si elle est bien dirigée, doit être
intéressante.

Pourtant, ici encore, il faut éviter l'abus ; changer le
travail en vrai jeu, s'instruire en jouant, c'est une mauvaise préparation à la vie. Est-ce que la vie est un jeu ?
Kant a eu raison de dire : « C'est une chose funeste
d'habituer l'enfant à tout regarder comme un jeu... Il
est d'une haute importance d'apprendre aux enfants à
travailler : l'homme est le seul animal qui soit dans la
nécessité de le faire ». Spencer, lui, veut prendre pour
critérium supérieur de la bonne méthode le *plaisir* des
enfants ; — l'intérêt, l'admiration, soit ; mais le plaisir, mais
l'amusement ?... Loin de subordonner le travail au plaisir,
il faut que l'enfant trouve son plaisir dans le travail même,
dans l'exercice de ses facultés et dans le sentiment d'un

devoir accompli. La vie n'est autre chose qu'un *travail* et une soumission à des *règles ;* ne la représentez pas aux enfants comme un jeu de boules ou de quilles : ce serait les démoraliser et, au lieu de faire des hommes, préparer à la société de grands enfants. Celui qui ne sait que jouer et juge tout d'après son plaisir est un égoïste et un paresseux.

Au reste, le jeu lui-même exige encore un certain travail. Car, ne l'oublions pas, le plaisir trouvé dans le jeu devient très vite l'intérêt de la difficulté à vaincre, et la preuve, c'est que le jour où le jeu a cessé d'être difficile, il a bien souvent cessé d'amuser. Il s'agit donc simplement d'amener l'enfant à appliquer à une tâche sérieuse la somme d'attention, de persévérance et de suite dans les idées qu'il a naturellement et graduellement apportée dans ses jeux. Et, en définitive, lui apprendre à s'intéresser à toute chose, c'est lui apprendre à persévérer, c'est-à-dire à connaître l'effort, à vouloir ; c'est le moraliser tout autant que l'instruire.

La culture de l'attention est le secret de tout « l'entraînement intellectuel ». L'attention produit le *groupement* plus ou moins systématique des représentations et des idées, de manière à ce qu'aucune ne reste isolée en nous, à ce que chacune attire et éveille plutôt les images ou les idées qui offrent avec elle une certaine similitude, une analogie logique ou esthétique. L'inattention, au contraire, consiste dans l'avortement de chaque représentation, qui passe et meurt en nous sans avoir donné lieu à aucun groupement durable. L'attention est donc autant une question de méthode que de puissance naturelle pour l'intelligence. Prendre l'habitude de l'attention, c'est prendre simplement l'habitude de ne pas laisser avorter d'état de conscience important sans l'avoir relié à d'autres, sans en avoir fait une sorte de système psychique[1].

L'attention est l'ordre et l'honnêteté de la pensée. Il s'agit de ne pas laisser se briser la trame de nos idées, de faire comme le tisserand qui rattache tout fil cassé. Il y a des esprits où les fils se cassent sans cesse, c'est vrai, mais on peut presque toujours les renouer avec un peu d'effort. C'est une question de volonté, et l'attention apparaît ainsi comme une moralité élémentaire, la moralité

---

1. V. Paulhan, *Revue scientifique*, 28 mai 1887.

même de l'intelligence, l'art de la conduite dans le for intérieur.

L'attention n'est que de la persévérance appliquée. Aussi, avant que les facultés intellectuelles se soient développées chez l'enfant, importe-t-il de l'habituer déjà à la persévérance, qui par la suite se manifestera dans la sphère des idées. Il faut que l'enfant acquière déjà une certaine suite dans les actions et dans les devoirs afin d'en avoir plus tard dans les pensées. « Il n'était malheureux que lorsqu'il pensait », dit Voltaire de Candide, et il ajoute : « il en est ainsi pour la plupart des hommes ». Le bonheur suprème serait-il donc de ne pas penser? non, mais d'être maître de sa pensée et de savoir la diriger, ce qui est la chose la plus difficile du monde. On prend l'habitude d'être superficiel comme toute autre habitude : c'est un manque d'attention et de courage, un défaut non moins moral qu'intellectuel, et qui peut se corriger avec de la volonté.

L'attention dirigée vers un but produit la méthode. C'est une loi qu'un travail quelconque doit être d'autant plus mesuré et méthodique qu'il exige une plus grande dépense d'effort, une plus forte tension; or, le travail intellectuel est celui qui constitue pour l'organisme la dépense la plus coûteuse, la plus lente à se réparer : c'est donc celui qu'on doit exécuter de la manière la plus régulière, la plus méthodique. Comme il est ce qu'il y a de moins machinal et de moins réflexe en nous, il faut par compensation l'accomplir à des heures plus réglées, lui donner le caractère d'un exercice normal de l'activité, qui trouve chaque jour dans le budget intérieur la ressource correspondant à la dépense exigée. Tout ce qui est désordonné dans le travail intellectuel, tue l'individu et surtout sa génération. De là le danger de la vie d'artiste, qui ne fait qu'un, si souvent, avec la « vie de bohème ». Les grands producteurs intellectuels dans l'ordre des sciences, et même des arts, ont été souvent ceux dont le travail était régulier comme celui d'un manœuvre, avec des intervalles de repos suffisant.

Autant il est nécessaire de développer l'attention, surtout en exigeant la *continuité* de la pensée, autant il importe de ne pas la surmener. Le type de la manière dont l'enfant très jeune doit apprendre bien des choses sans se fatiguer, c'est la façon dont il apprend sa langue maternelle, n'écoutant le murmure continu des mots qui retentissent autour de lui que quand il y est disposé, laissant ces mots entrer dans sa tête plutôt qu'il ne les y met, les laissant s'enfoncer comme des clous dans son cerveau par la répétition. On ne développe pas l'attention en la fatiguant, ou bien alors c'est au détriment de la santé générale. Un enfant passe un temps plus ou moins long à apprendre une leçon, on le croit attentif, il le croit lui-même, et à la vérité il n'apprend sa leçon qu'à la faveur de quelques instants seulement d'une véritable attention; tout le reste est du temps perdu. L'idéal d'une bonne éducation, c'est d'augmenter l'intensité de l'attention et de diminuer le temps qui n'est donné ni à l'attention ni à un repos complet et vraiment hygiénique : c'est une culture intensive sans jachère. En voulant exiger d'un enfant un long effort d'attention, on l'épuise sans profit. Mais on peut, en le maintenant dans la société de personnes intelligentes et dont les pensées sont bien enchaînées, l'habituer lui aussi à ne pas sauter d'un sujet à l'autre, à maintenir son esprit dans un cercle d'idées donné, sans lui permettre de s'enfuir brusquement par la tangente. Pour creuser un terrain à un point, il n'est pas nécessaire de donner cinquante coups de pioche à la minute : on peut mettre autant de temps qu'on voudra; l'essentiel est de ne pas frapper à côté. La durée de l'attention étant toujours plus ou moins proportionnelle à la curiosité, on peut augmenter beaucoup la durée de l'attention en élargissant la sphère de la curiosité. Par cela même qu'on rend l'attention plus durable et qu'ainsi on *l'exerce,* on multiplie par cet exercice la faculté même de l'attention. La *durée* de l'attention est en effet la *mesure de sa puissance* et c'est un des *moyens* de la produire.

On a adopté dans nos écoles la méthode d'enseignement par l'aspect (leçons de choses); mais faire voir n'est pas tout. Il faut arriver à faire comprendre, à faire raisonner et agir; les yeux ne doivent pas être un moyen commode de remplacer l'intelligence, mais une ressource pour la développer. Il est une méthode meilleure encore que l'enseignement par l'aspect, c'est l'enseignement par l'action : faire faire aux enfants eux-mêmes les choses qu'on se contente aujourd'hui de leur montrer. Cette méthode paraît bien préférable : l'action est un raisonnement concret qui grave à la fois les idées dans l'esprit et dans les doigts. En Amérique, au lieu de faire

comprendre sur le papier à l'enfant le fonctionnement
d'une machine à vapeur, on lui en donne un modèle
raccourci ; il faut qu'il en démonte toutes les pièces, qu'il
les rajuste, qu'il refasse lui-même la machine. L'éminent
physicien anglais Tyndall a fait un charmant petit volume
sur l'électricité, pour montrer qu'un enfant d'une intelligence ordinaire pouvait construire lui-même la plupart
des instruments de démonstration employés en électricité,
avec une dépense de quelques francs. Il faut développer
par tous les moyens l'initiative de l'enfant. On doit le
faire dans la classe même par les devoirs oraux, les devoirs
écrits, les résumés de vive voix ou écrits, etc. La
maïeutique est la meilleure méthode d'éducation toutes
les fois qu'elle est possible [1]. Ce qui est essentiel, c'est
de provoquer le désir de l'action et l'activité même. Partout et toujours triomphent chez nous les méthodes purement mnémotechniques. C'est là ce faux savoir que
Leibnitz appelait ingénieusement le *psittacisme*. Quel est
le but de l'homme ? *D'être homme*, au sens vrai et complet, de dégager de lui tout ce qui est dans la nature
humaine. Quelle voie et quel moyen pour cela ? *L'action.*
Voltaire écrivait ce mot en 1727, renouvelant le principe
de l'antiquité, la tradition de la Grèce, la philosophie
de l'*énergie*, de l'action. La même pensée, indiquée par
Locke, éclate dans le livre anglais par excellence, le
Robinson. Elle se reproduit dans l'*Émile*. Michelet, à son
tour, est enthousiaste de l'action. Il faut, dit-il, *recomposer
l'homme* même, ne plus le mutiler en exagérant telle
partie, telle faculté, et supprimant les autres ; ne pas
détruire en lui les facultés actives, ramener dans la classe

---

1. « Mon père m'accoutumait doucement, patiemment, à voir et à penser
par moi-même, au lieu de m'imposer ses idées, que mon humeur docile et
soumise eût aveuglément acceptées. Jamais je n'ai vu professeur plus
modeste et moins dogmatique. Il n'affirmait pour ainsi dire rien, et se contentait d'attirer mon attention sur les choses, sans dire ce qu'il en savait.
Quand nous entrions dans un bois, par exemple, il me donnait une leçon à
chaque pas, et je ne me sentais point à l'école. J'avais pris insensiblement
l'habitude d'étudier les couches de terrain chaque fois qu'un talus coupé les
mettait en lumière. Je nommais les animaux et les plantes par leurs noms,
je les classais en tâtonnant un peu, et il me laissait faire, sauf à me ramener d'un mot ou d'un sourire, lorsque je m'égarais. Il avait le don de tout
envisager au point de vue pratique : il distinguait soigneusement les animaux utiles des animaux nuisibles, et j'ai appris de bonne heure à respecter la taupe, le crapaud, la chauve-souris, la couleuvre, les oiseaux insec-
tivores, et tous nos amis méconnus. »

EDMOND ABOUT, *le Roman d'un brave homme.*

la vie et le mouvement. Le supplice des classes, dans l'enseignement actuel, c'est la passivité, l'inertie, le silence auxquels est condamné l'enfant. « *Recevoir toujours sans donner jamais !* mais c'est le contraire de la vie. Son cours alterne ces deux choses ; avidement elle reçoit, mais n'est pas moins heureuse de s'épandre et donner». Rendons les élèves plus actifs dans la classe, mettons-les de moitié dans l'enseignement.

On se demande souvent s'il faut que l'enseignement aille du concret à l'abstrait, du particulier au général, de l'empirique au rationnel. — Oui, pour les tout jeunes, enfants. Mais il ne faut pas exagérer, ni étendre outre mesure cette méthode sous le prétexte qu'elle représente : 1° l'évolution naturelle de l'esprit; 2° l'évolution historique des sciences mêmes. D'abord, les enfants généralisent de très bonne heure, et sont portés à abstraire du premier coup. Ils sont *simplistes* et parfois raisonneurs à outrance. L'enfant a un esprit essentiellement logique : ce qu'on a fait une fois, par exemple, il exige qu'on le recommence, et cela exactement dans les mêmes conditions. Lui, si capricieux de nature, n'admet point le caprice chez autrui. C'est que l'expérience des diverses conditions et de la diversité des résultats lui manque. Et les peuples sont comme les enfants : ce sont des raisonneurs simplistes, souvent incapables de voir, dans un problème politique ou moral, trois ou quatre données à la fois.

Aussi, nous croyons qu'il faut laisser une place, et la première, à la méthode rationnelle et synthétique, dans les études où elle est particulièrement indiquée, comme les études grammaticales ou logiques. Mais nous croyons possible de combiner les deux méthodes dans la plupart des études, et, toutes les fois qu'il s'agit de sciences d'observation, il importe de faire observer aux élèves eux-mêmes, d'employer l'enseignement de l'action.

Une fois l'esprit capable de recevoir et d'acquérir, il s'agit de déterminer quelle est la nourriture intellectuelle la plus convenable, la qualité et la dose de *savoir* à acquérir. Il y a une grande différence entre l'ingestion des aliments et leur digestion, entre le « bourrage de la mémoire » et l'assimilation. Le choix des aliments intellectuels doit être réglé suivant la nature des cerveaux. Il s'agit de faire entrer le plus d'éléments précieux dans la circulation intellectuelle avec le moins de déchets possible.

Une partie des préjugés de l'ancienne psychologie se retrouve encore dans l'éducation ; on se représente trop la mémoire comme une faculté simple, unique, à part. On dit : *exercer* la mémoire, *développer* la mémoire ; mais, en fait, on ne peut exercer et développer que telle ou telle mémoire, celle des mots, des chiffres, etc. La mémoire est une *habitude* et on ne développe pas plus la *mémoire en général* parce qu'on a bourré le cerveau de l'enfant de tels ou tels mots, de tels ou tels chiffres, qu'on ne développe l'*habitude en général* parce qu'on lui inculque l'habitude de sauter à pieds joints, de jouer au bilboquet. Au lieu de donner de la mémoire à un enfant en le forçant à se rappeler les choses insignifiantes, on lui en ôte réellement, parce que ces choses sans valeur viennent prendre dans son cerveau la place d'idées plus importantes. On sait que le nombre de connaissances qui peut trouver place dans un cerveau humain de capacité moyenne est après tout limité, que l'une chasse l'autre, que la recherche des mots, par exemple, nuit à celle des idées, que les choses futiles nuisent aux choses sérieuses. Non seulement donc il est mauvais d'emmagasiner dans le cerveau les connaissances mesquines, ce qui le vide pour ainsi dire en le remplissant, mais on crée par là une facilité d'adaptation à l'égard de ces choses, on rend l'esprit et la mémoire impropres aux idées vraiment utiles et sérieuses. La mémoire n'étant autre chose qu'une faculté d'adaptation, on la déforme au lieu de l'exercer si on l'adapte à des connaissances d'un ordre inférieur. Autre chose d'ailleurs est la facilité de la mémoire, autre chose sa ténacité. L'abus des concours, des examens, des programmes déterminant une somme précise de connaissances à acquérir pour un jour fixe, loin de tendre à développer la ténacité de la mémoire, tend plutôt à la supprimer. Chacun de nous connaît ce sentiment de bien-être intellectuel qui suit les jours d'examen et dans lequel on sent le cerveau se décharger de tout ce qu'on y a jeté à la hâte, reprendre son équilibre, oublier. L'examen, pour la grande moyenne des élèves, n'est autre chose que la permission d'oublier. Le diplôme n'est souvent en fait que le privilège de redevenir ignorant ; et cette ignorance salutaire, qui revient par degrés après le jour d'épreuve, est souvent d'autant plus profonde que l'élève a déployé plus de tension d'esprit pour assembler au jour dit tout son savoir, à cause de l'épuisement nerveux qui en résulte.

Le rôle de l'instruction est surtout de donner à l'esprit les cadres où viendront se grouper les faits et les idées que la lecture et l'expérience de la vie fourniront par la suite. Les faits et les idées n'ont une influence réelle et utile sur l'esprit que si, à mesure qu'ils se produisent, l'esprit les systématise et les coordonne avec d'autres faits et d'autres idées ; sinon ils resteront inertes et seront comme s'ils n'existaient pas. Un des principes de l'éducation, c'est précisément l'impuissance de l'éducateur à donner autre chose que des *directions* générales de pensée et de conduite. L'instruction la plus complète ne fournit que des connaissances nécessairement insuffisantes, et qui seront en quelque sorte englouties dans la multitude d'expériences qui composent une vie.

Il faut donc distinguer les vraies connaissances de luxe et celles de nécessité. On s'est trompé gravement dans le classement de ces connaissances ; l'histoire, par exemple, est en grande partie du luxe ; l'hygiène est de la nécessité. Il faut écarter des connaissances qui sont vraiment de luxe tous ceux qui ne se montrent pas intellectuellement assez bien doués. Les parties supérieures de l'enseignement sont encombrées. Des examens préliminaires devraient élaguer tous les rameaux destinés à ne rien produire ; ce serait une économie de sève humaine.

Par connaissances de *luxe*, nous n'entendons nullement les hautes vérités et les principes spéculatifs des sciences, les beautés de la littérature et des arts ; ce prétendu *luxe* est du nécessaire à nos yeux, parce qu'il est le seul moyen d'*élever* les esprits, de les moraliser par l'amour désintéressé du vrai, du beau. Ce sont toutes les prétendues connaissances utiles ou nécessaires, c'est-à-dire les applications des sciences et les menus récits de l'histoire, qui sont du *superflu*. Il faut donc distinguer dans l'enseignement les connaissances réputées non utilitaires et les connaissances *inutilisables* ; cette distinction est capitale car l'instruction doit certainement s'élever de beaucoup au-dessus de l'utilitaire, de l'usuel, du terre-à-terre, et d'autre part elle doit éviter avec le même soin de bourrer un esprit de connaissances disproportionnées avec la faculté qu'il possède de les mettre en œuvre.

L'éducateur doit, en premier lieu, poser cette règle générale que toute connaissance serait bonne *pour un esprit dont la puissance d'assimilation serait sans limite ;* deuxiè-

mement. que toute connaissance est une surcharge pour
l'esprit et représente une dépense vaine de force toutes
les fois qu'elle n'est pas bien assimilée ; troisièmement,
qu'il faut, pour déterminer le nombre des connaissances
qu'on veut verser dans un esprit, considérer non seulement
la nature de ces connaissances, mais le rapport qui existe
entre elles et la capacité de l'esprit dans lequel on cherche
à les faire entrer.

La conclusion pratique de ces thèses générales, c'est que,
si tout homme en arrivant à l'âge mûr doit être pourvu
d'une certaine dose moyenne de connaissances, cette
somme de connaissances doit être, non utilitaire au bas
sens du mot, mais utilisable pour l'esprit, c'est-à-dire
assimilable ; qu'il ne faut pas vouloir élargir à l'excès cette
source de connaissances données à tous. parce que le travail stérile qu'on ferait de cette façon accomplir à l'esprit
serait autant de perdu pour les forces du corps, et que la
meilleure éducation générale est celle qui laisse à l'individu le plus de latitude pour compléter ce qu'il a appris
dans la mesure où il est capable d'apprendre utilement.

Une chose essentielle qu'il faut enseigner à l'enfant,
c'est l'art de lire méthodiquement, en s'assimilant ce
qu'on lit. Pour cela il faut distinguer dans un livre, 1° les
passages essentiels au point de vue esthétique et moral,
2° les faits ou idées essentiels au point de vue scientifique.
C'est principalement par la lecture que se continue l'éducation intellectuelle à peine ébauchée durant les premières
années, quelquefois par la simple lecture des journaux
et des romans. Et pourtant des journaux mêmes on pourrait, avec un peu de discernement, retirer une foule de
connaissances utiles.

La chose la plus nécessaire peut-être à inculquer, c'est
moins un fait, une idée, qu'un sentiment, à savoir l'amour
même d'apprendre ; à ce sentiment il faut d'ailleurs
joindre, — pour éviter que l'esprit effleure tout sans s'attacher à rien, — l'amour d'étudier jusqu'au fond, d'approfondir. Ce désir d'approfondir ne fait qu'un avec la sincérité
parfaite, le désir de trouver le vrai, car il suffit d'un peu
d'expérience pour reconnaître que le vrai ne se trouve
jamais trop près des surfaces et qu'il faut en toute question
creuser et peiner pour y arriver.

Il est à remarquer que les connaissances les plus difficiles
à acquérir pour l'enfant sont aussi le plus souvent celles
entre lesquelles il est impossible d'établir de lien logique,

et qui n'ont rien à voir avec le raisonnement : dates sans importance, noms géographiques inutiles à connaître, petits faits historiques. De telles connaissances fatiguent le cerveau en y entrant, et au lieu de le former en y introduisant des habitudes de raisonnement, le déformeraient plutôt; c'est de la force intellectuelle dépensée en pure perte, du travail à vide. Un des ennemis du vrai savoir, c'est donc l'*érudition*. Et par érudition nous entendons, non la connaissance du grec ou du sanscrit, mais la connaissance de détails trop multipliés dans lesquels l'esprit se perd et s'épuise. C'est de l'érudition que de connaître dans leur ordre chronologique tous les noms des Mérovingiens avec la date de leur naissance et de leur mort; c'est de l'érudition que de retenir à la suite des grands cours d'eau le nom de la Roya, qui sépare, d'après nos géographies, la France de l'Italie, — ce qui est inexact.

L'éducation la meilleure est celle qui n'est pas simplement *instructive*, mais *suggestive* et conséquemment *directrice*; celle qui introduit dans le cerveau, non pas seulement des connaissances susceptibles d'un « double usage », comme disait Socrate, mais des sentiments sociables et des habitudes d'agir liées à des habitudes de pensées élevées. En autres termes, il ne faut pas donner seulement une instruction *diffuse* créant des tendances opposées qui se partagent l'esprit, mais une instruction *coordonnée*, *concentrée* vers un même point directeur et aboutissant à des suggestions pratiques.

Voici les règles qu'établissait Descartes pour son propre compte et qu'il déclare « avoir toujours observées en ses études » :

1° Ne jamais employer que *fort peu d'heures par jour* aux pensées qui occupent l'imagination (sciences concrètes et arts); 2° n'employer que *fort peu d'heures par an* à celles qui occupent l'entendement seul (mathématiques et métaphysique); 3° donner tout le reste du temps au relâche des sens, au repos de l'esprit et à l'exercice du corps.

Descartes compte parmi les exercices de l'imagination toutes les « conversations sérieuses » et tout ce à quoi il faut avoir de l'attention; c'est pourquoi il se retirait aux champs. Leibnitz, reproduisant les règles de Descartes, dit : « Tant s'en faut, en effet, que notre esprit se polisse par l'excès de l'étude, qu'au contraire il en est émoussé ».

Peu d'heures consacrées chaque jour à l'étude suffiront-elles à ce qu'il faut savoir? — Elles suffiront, répond un de nos philosophes contemporains[1], si, d'un côté, l'esprit bien ménagé, a conservé pour le temps où on l'applique à l'étude toutes ses ressources et si, d'autre part, on borne l'enseignement à ce qu'il importe véritablement qui soit su. « Les grandes vérités dans les sciences, les grands modèles dans les lettres et les arts peuvent se réduire, pour l'éducation, à un petit nombre, qui en frapperont d'autant plus ».

1. M. Ravaisson.

CHAPITRE V

L'ÉCOLE

L'instruction primaire s'adresse à cette masse qui constitue le fond même de la nation, son fond héréditaire, avec ses qualités et ses défauts; il importe donc d'agir dans un sens favorable sur ces couches profondes. Or, c'est ici surtout qu'il faut, selon le mot de Montesquieu, avoir des « têtes bien faites », non des « têtes bien pleines »; il faut aussi, il faut surtout avoir des cœurs bien placés.

La statistique judiciaire constatait, au commencement de ce siècle, sur 100 prévenus, 61 ignorants contre 39 individus ayant reçu quelque instruction. Devant une telle proportion d'illettrés, on a cru l'ignorance la cause principale de la criminalité et on s'est efforcé de répandre l'instruction primaire. Aujourd'hui que l'instruction est obligatoire, le résultat est simplement renversé : sur 100 accusés, 70 sont lettrés, 30 sont illettrés. Force a donc été de reconnaître que la plus ou moins grande proportion d'ignorants chez les criminels tient à la plus ou moins grande ignorance des masses, non à l'effet démoralisant de l'ignorance seule. Quelques auteurs, comme M. Tarde, pensent que l'instruction supérieure est seule assez puissante pour élever l'esprit à un degré où l'idée du crime ne puisse plus se produire. On leur a objecté que, si la criminalité compte peu de gens véritablement instruits, c'est que, de nos jours, pour se procurer l'instruction véritable, il faut avoir déjà, par devers soi, quelques ressources; or, avec l'aisance bien des tentations disparaissent; de plus, l'instruction supérieure constitue en elle-même une ressource, un gagne-pain. Si une même instruction scientifique était donnée à tous, on verrait très probablement la statistique enregistrer un nombre élevé de criminels instruits, lettrés, et des plus dangereux. On peut ajouter d'ailleurs qu'il y a cinquante ans, sur 100 criminels, 2 seulement avaient reçu l'instruction supérieure; aujourd'hui, la proportion est de 4, et elle augmentera sans doute. Comme le faisait déjà remarquer Socrate, le moyen d'empêcher que l'instruction ne soit une arme entre les mains des criminels, ce serait de donner une plus large part à l'éducation morale et esthétique qu'à l'instruction intellectuelle et scientifique, de ne pas concevoir cette dernière sans la précédente, de ne pas croire que la connaissance des faits et vérités d'ordre positif puisse suppléer au sentiment dans une bonne éducation.

L'abus de l'instruction trop purement intellectuelle, loin de moraliser toujours, n'aboutit souvent qu'à faire des déclassés. Si l'enfant, devenu homme, ne parvient pas à ce qu'il ambitionnait, il s'en prend à la société, accuse sa mauvaise organisation; dorénavant il verra tout en mal et détestera tout le monde. S'il est faible et épuisé, il ira dans ce qu'on a appelé le « régiment des *résignés*[1], » de ceux qui ont baissé la tête, ne se sentant pas de force à se révolter, mais sont toujours prêts à servir les *révoltés* quand ceux-ci auront donné le premier assaut. Si les seconds font le mal, ce ne sont pas les premiers qui les en empêcheront : les uns et les autres ont intérêt aux révolutions, et ceux qui n'osent pas attacher le grelot, à coup sûr ne le détacheront pas[2]. Au début

---

1. M. de Coubertin.
2. On a soumis aux délibérations du Conseil de l'empire russe un projet de transformation des écoles *réelles*. Ces écoles étaient calquées sur celles de l'Allemagne pour l'enseignement moderne; on les trouve encore trop ou trop peu classiques; on leur reproche de former des demi-savants, à la fois trop lettrés et trop ignorants des choses pratiques pour aborder les carrières industrielles ou commerciales. Aussi veut-on les transformer en écoles purement *techniques*. Leur enseignement devra avoir pour but de former des contremaîtres et des chefs d'atelier, pourvus d'une culture générale suffisante et d'une instruction professionnelle approfondie, qui pourront trouver dans le commerce et l'industrie

de son règne si court, l'empereur Frédéric III écrivait à M. de Bismarck : « Je considère que la question des soins à donner à l'éducation de la jeunesse est intimement liée aux questions sociales. Une éducation plus haute doit être rendue accessible à des couches de plus en plus étendues ; mais on devra éviter qu'une demi-instruction ne vienne à créer de graves dangers, qu'elle ne fasse naître des prétentions d'existence que les forces économiques de la nation ne sauraient satisfaire. Il faut également éviter qu'à force de chercher exclusivement à accroître l'instruction, on n'en vienne à négliger la mission éducatrice. » Et en effet, le premier rang dans l'école appartient à l'enseignement moral et civique, qui est le plus éducateur.

II. Si l'instruction doit être avant tout *morale*, est-il possible d'enseigner méthodiquement la science des mœurs ? — La morale est, pour nous, en partie positive, en partie conjecturale. Il y a, dans la partie positive, un théorème fondamental qui devrait, à notre avis, être aussi le fondement de l'instruction morale. Ce théorème, dont nous avons montré plus haut l'importance, est celui de la *corrélation entre l'intensité de la vie et son expansion vers autrui*. C'est ce que nous avons appelé la *fécondité morale*. En vertu même de son intensité, nous l'avons vu, la vie tend à déborder au dehors, à se répandre, à se dépenser et, en se dépensant, à s'accroître ; car, encore une fois, c'est la loi de la vie de ne se conserver qu'en se donnant, de ne s'enrichir qu'en se prodiguant. Cette loi est vraie même pour la vie physique, qui est cependant la plus égoïste, la plus fermée, la plus concentrée en apparence dans le moi. Toutes les fonctions physiques n'en aboutissent pas moins à ce terme commun : dépense, mouvement vers le dehors, expansion. La nutrition accrue tend à éveiller le besoin de propager notre être dans un autre être ; la respiration et la circulation exigent le mouvement et l'exercice, c'est-à-dire une dépense extérieure : toute vie robuste et intense a besoin d'action. Quand il s'agit de la vie psychique, le besoin d'expansion est plus vif encore, et, dans ce domaine, la vraie expansion est celle qui a lieu vers autrui, bien plus, pour autrui. L'harmonie des forces

une situation immédiate, et qui ne risqueront pas d'augmenter le nombre des déclassés, cette plaie des sociétés modernes.

est en effet le seul moyen, ou le meilleur, de leur conserver leur intensité. Tout conflit est une annulation de forces : exercer son activité contre autrui, c'est finir par l'user, et par se diminuer soi-même ; c'est enlever à son bonheur tout ce qu'on accorde à son ambition. La plus haute activité est celle qui s'exerce non seulement d'accord avec les autres, mais encore en vue des autres. De toutes les théories sur les principes de la morale, qui sont seuls vraiment sujets à controverse sérieuse, on peut donc déjà tirer un certain fonds d'idées communes, et en faire un objet d'enseignement ou de propagation populaire. Toutes les théories morales, même les plus sceptiques ou les plus égoïstes à leur point de départ, ont abouti à constater ce fait que l'individu ne peut pas vivre uniquement de soi et pour soi, que l'égoïsme est un rétrécissement de la sphère de notre activité, qu'il finit par appauvrir et altérer cette activité même. Le sentiment qui est au fond de toute morale humaine, c'est toujours le sentiment de la générosité ; généreux et philanthropiques deviennent eux-mêmes, nous l'avons montré ailleurs, les systèmes d'Épicure et de Bentham [1]. C'est cet esprit de générosité inhérent à toute morale qu'un moraliste peut et doit toujours s'efforcer de dégager, de faire pénétrer dans l'esprit de ses auditeurs.

On objecte que la propagation et l'enseignement des idées morales, s'ils deviennent indépendants des religions, manqueront d'un dernier élément qui a sur les esprits religieux une puissance souveraine : l'idée de sanction après la mort, ou tout au moins la certitude de cette sanction. A quoi nous avons déjà répondu : — Le plus pur du sentiment moral est précisément de faire le bien pour le bien même. — Et si on réplique que c'est un idéal chimérique, étant si élevé, nous répondrons à notre tour que la force de l'idéal, pour se réaliser, deviendra d'autant plus grande dans les sociétés futures que cet idéal sera placé plus haut [2]. On croit que les idées les plus élevées sont les moins faciles à propager dans les masses : c'est une erreur, que l'avenir démentira sans doute de plus en plus [3]. Les Chinois, qui sont de bien remarquables observateurs, ont ce proverbe : « Celui qui trouve du plaisir dans le vice et de la peine dans la vertu, est encore novice dans l'un et dans l'autre. » Le but de l'éducation morale, c'est de

1. Voir notre *Morale d'Épicure* et notre *Morale anglaise contemporaine*.
2. Voir l'*Esquisse d'une morale*, p. 236 et 237.
3. Voir l'*Irréligion de l'avenir*, p. 352.

faire que les enfants trouvent leur plaisir dans la vertu et leur peine dans la faute. Ce n'est pas l'*utilité* du bien qu'il faut surtout leur enseigner, c'est sa *beauté*, qui fait que le bien procure par lui-même une jouissance immédiate.

L'école utilitaire, en voulant faire reposer l'éducation morale sur l'imitation des exemples, sur la considération de l'utilité et sur les conséquences bienfaisantes de l'altruisme, diminue chez les enfants l'esprit vraiment moral, en leur enlevant la puissance de faire le bien pour le bien même, indépendamment de ce que les autres ont fait, font ou feront. Kant semblait prévoir d'avance la pédagogie anglaise, application conséquente de la psychologie anglaise : cherchant pourquoi les traités de morale, même ceux qui montrent par le plus d'exemples les heureux effets du bien, ont pourtant si peu d'influence, il se demandait si cette inefficacité n'avait pas sa raison dans le mélange même de l'idéal du bien avec des éléments étrangers. « Les moralistes, dit-il, n'ont jamais entrepris « de ramener leurs concepts à leur expression la plus « pure ; en cherchant de tous côtés, avec la meilleure « intention du monde, des *mobiles* au bien moral, ils « gâtent le remède qu'ils veulent rendre efficace. En « effet, l'observation la plus vulgaire prouve que, si on « nous présente un acte de probité pur de toute vue inté- « ressée sur ce monde ou sur un autre, et où il a fallu « même lutter contre les rigueurs de la misère ou contre « les séductions de la fortune ; et si on nous montre, d'un « autre côté, une action semblable à la première, mais à « laquelle ont concouru, si légèrement que ce soit, des « mobiles étrangers, la première laisse bien loin derrière « elle et obscurcit la seconde : elle élève l'âme et lui « inspire le désir d'en faire autant. Les enfants mêmes qui « atteignent l'âge de raison éprouvent ce sentiment, et on « ne devrait jamais leur enseigner leurs devoirs d'une « autre manière. La moralité a d'autant plus de force sur « le cœur humain qu'on la lui montre plus pure. » Et, en vérité, n'est-ce pas là une affaire de pure logique ? Un dénouement heureux, par exemple, implique la possibilité du dénouement contraire, lequel est beaucoup plus probable ; le simple bon sens de l'enfant suffit à l'en assurer. Vouloir prouver que le meilleur moyen d'arriver au bonheur utilitaire est de s'abandonner aux sentiments altruistes, non seulement est toujours contestable, mais, de plus, c'est là faire appel aux sentiments égoïstes eux-

mêmes pour juger une cause qui n'est pas de leur ressort,
à savoir celle du désintéressement: c'est oublier que les
sentiments ne peuvent être jugés que par leurs pairs.
Adressez-vous à la seule générosité quand il s'agit d'élans
généreux, et vous serez compris : les sentiments les plus
élevés, c'est-à-dire les plus forts, au moins momentanément, étoufferont tous les autres, et l'entraînement, le
frisson du sublime sera produit.

Nous avons essayé, dans un précédent ouvrage, de
faire voir que les religions ne sont point éternelles,
qu'elles ont une partie mythique, dogmatique et rituelle,
destinée à disparaître. Dans l'état idéal d'*anomie religieuse* vers lequel nous paraissons aller, toutes les tendances de tempérament ou de race n'en pourront pas
moins trouver à se satisfaire et il faut que le « culte de
l'idéal » y ait sa place. Pour notre part, nous ne tenons
nullement à détruire, et nous croyons même qu'on ne
peut rien détruire absolument parlant. Dans la pensée
humaine comme dans la nature, toute destruction n'est
qu'une transformation. L'irréligion idéale, tout en étant
pour nous la négation des dogmes et des superstitions de
notre temps, n'est nullement exclusive d'un sentiment
religieux renouvelé, — identique à ce sentiment qui
correspond toujours en nous à toute libre spéculation sur
l'univers, identique au sentiment philosophique lui-même.
Dogme, libre pensée, religion, irréligion, — ces termes
ne sont que des approximations, et dans les choses il
n'y a pas ces solutions de continuité, ces hiatus, ces
oppositions artificielles que nous introduisons dans les
mots. Nous croyons donc que les religions actuelles sont
destinées à disparaître par une dissolution très lente, et
pourtant sûre ; mais nous croyons aussi que l'homme,
quelle que soit sa race ou sa classe, *philosophera* toujours
sur le monde et sur la grande société cosmique. Il le
fera, tantôt naïvement, tantôt profondément, selon son
instruction croissante et selon les tendances individuelles de son esprit, tendances qui iront se dégageant
et toujours s'affirmant davantage par le progrès même
de l'instruction.

S'il en est ainsi, nous ne saurions admettre qu'on doive
déclarer la guerre aux religions dans l'enseignement, car
elles ont leur utilité morale dans l'état actuel de l'esprit
humain. Elles constituent un des éléments qui empêchent
l'édifice social de se désagréger, et il ne faut mépriser rien

de ce qui est une force d'union, surtout avec la tendance individualiste et même anarchique de nos démocrates.

Les écoles publiques, en France, ne peuvent être *confessionnelles*, mais une doctrine philosophique, telle que le large théisme enseigné dans nos écoles, n'est pas une *confession* ni un *dogme* : c'est l'exposition de l'opinion philosophique conforme aux traditions de la majorité. L'athéisme, d'autre part, n'est pas lui-même un dogme ni une confession qui puisse avoir le droit d'exclure toute opinion contraire comme une injure, comme une atteinte à la liberté de conscience. Aucune confession n'est donc atteinte par un enseignement de morale et de philosophie laïque approprié à l'état d'esprit des enfants. Le fanatisme antireligieux offre d'ailleurs de graves dangers, tout comme le fanatisme religieux ; aussi l'État, pour préserver les enfants des uns et des autres doit-il garder la haute direction de l'enseignement primaire. L'État ne peut pas, ne doit pas se désintéresser de pareilles questions. La première partie de la politique, a dit justement Michelet, c'est l'éducation, la seconde, l'éducation, la troisième, l'éducation. L'intervention de l'État peut seule empêcher que la jeunesse du pays ne soit élevée dans un étroit « particularisme » ; elle peut seule maintenir les meilleures traditions nationales, s'opposer à toute éducation manifestement antipatriotique ou immorale. En un mot, l'État a pour tâche de transmettre à la génération nouvelle l'héritage que nous ont transmis les siècles passés, les trésors littéraires, scientifiques, artistiques, que nos ancêtres ont acquis au prix de tant d'efforts. « La continuité de la tradition nationale est la vraie condition du progrès, la source intarissable d'un patriotisme éclairé et fécond. Or il est à craindre que, si l'éducation nationale était abandonnée à l'initiative privée, les préoccupations bassement utilitaires, le défaut d'un horizon suffisamment vaste, et bien d'autres causes ne contribuent à briser le lien qui nous unit à un glorieux passé. Le seul moyen d'éviter les tâtonnements, les erreurs et les fautes de nos devanciers, c'est de les étudier. Il ne peut y avoir de progrès là où l'on dédaigne de profiter des leçons du passé[1] ». L'État doit de plus maintenir le niveau des études à une certaine hauteur, veiller au maintien des bonnes et fortes traditions nationales, prendre des mesures pour que tout

1. *L'éducation selon Herbart*, par Roehrich.

ce que notre civilisation moderne offre de grand et de beau soit transmis aux générations futures.

On a voulu, de nos jours, substituer à l'État la commune, et attribuer à celle-ci le droit de diriger entièrement à son gré les écoles de son ressort. Mais on a répondu avec raison que la plupart des communes de France, même foncièrement modifiées, seraient incapables de fonder un enseignement sérieux. Dans le plus grand nombre des cas, elles livreraient l'éducation de la jeunesse soit à des novateurs intelligents, mais inexpérimentés, soit à des charlatans; tantôt à des congrégations religieuses, tantôt à des sectes antireligieuses; tout cela selon la mode du jour et l'entrainement du moment. Les communes qui s'en tiendraient tout simplement à la routine scolaire s'exposeraient le moins à des déceptions. La jeunesse d'un pays est son orgueil et sa richesse; on ne saurait la livrer entre les mains de ceux qui aspirent à la prendre pour un sujet d'expérience *in anima vili*, ou pour un instrument de leur politique. L'État ne peut tolérer que l'avenir de toute une génération soit mis en question par les représentants d'un parti quelconque; il doit maintenir la haute impartialité et le désintéressement des études[1].

III. La *discipline* morale des écoles est une question importante. Rousseau voulait qu'on laissât les enfants en présence des conséquences naturelles de leurs actions. Spencer a reproduit la même théorie sous le nom de *réactions naturelles*, et Tolstoï a réalisé l'expérience dans son école anarchique d'Yasnaïa. On a mainte fois critiqué, non sans raison, le principe de Spencer. Un élève léger taquine son voisin et distrait toute la classe : la réaction naturelle dans ce milieu sera un argument *ad hominem*. Une bagarre s'ensuivra inévitablement et l'ordre sera compromis pour toute la durée de la leçon. Si le maître intervient pour mettre le perturbateur à la raison, voilà l'autorité qui apparait, voilà le système des réactions naturelles qui est en défaut. Supposons un élève simplement inattentif pendant une leçon. Le maître ne peut lui faire aucune observation sans porter atteinte à la doctrine des réactions naturelles. Si un élève a été inattentif un jour sans en éprouver aucun désagrément, il sera inattentif le lendemain; il le sera

1. *Ibid.*

les jours suivants. Une mauvaise habitude est vite contractée, et la réaction naturelle ne se produira que lorsque le mal sera irréparable. Les suites de l'inattention, de la négligence habituelle pour un écolier sont l'ignorance, l'infériorité intellectuelle à l'égard de ses condisciples laborieux, enfin les difficultés de la vie résultant de cette infériorité. Mais le préjudice ne se fera sentir que longtemps après les fautes scolaires, et alors elles seront irréparables[1]. La nature excite surtout les enfants à se développer physiquement. De là leur besoin de se mouvoir sans cesse, leur aversion pour tout ce qui impose l'immobilité. Presque toutes les fautes des enfants dérivent de leur turbulence, c'est-à-dire de l'exagération dans la satisfaction d'un besoin. La fatigue est la seule réaction naturelle de l'activité surmenée. L'enfant qui a négligé ses devoirs d'écolier pour se livrer au jeu jusqu'à la lassitude ne se sentira pas puni de sa faute morale par la fatigue physique. Le repos lui rendra l'aptitude au mouvement et le désir de recommencer les exercices qui l'avaient fatigué ; mais il ne sera porté par aucune impulsion purement physique à l'étude négligée. L'esprit de l'enfant ne saurait établir aucune espèce de rapport entre l'oubli d'un devoir et la fatigue résultant de l'exercice trop violent ou trop prolongé qui a dérobé le temps destiné à ce devoir. La réaction naturelle manque son but : elle ne détourne pas du jeu et ne porte pas à l'étude[2]. La nécessité d'une règle se manifeste même pour les actes les plus instinctifs de l'enfant. La satiété lui inspire de la répugnance pour les aliments, répugnance qui peut aller jusqu'au dégoût; voilà une réaction naturelle. Mais une sensation plus vive, une saveur qui lui plaît peut produire une autre réaction naturelle qui le porte à manger au delà du besoin. L'eau fraîche est agréable quand on est en sueur ; la réaction naturelle est une fluxion de poitrine ; faut-il l'attendre? En définitive, l'homme abandonné aux réactions naturelles descendrait dans l'échelle animale ; il ne vivrait même pas.

Tolstoï, dans son *École d'Yasnaïa Poliana*, part de ce principe que toute règle à l'école est illégitime, que la liberté de l'enfant est inviolable, que le maître doit même recevoir des élèves l'indication des matières à étudier et des mé-

1. Voir M. Chaumeil, *Pédagogie psychologique*.
2. Voir les Principes de Herbart sur l'éducation, d'après M. Rœmch.

thodes à suivre. Tolstoï croit que la vraie liberté existe
avant toute culture, que la Providence suffit à tourner
vers le vrai et le bien les hommes abandonnés à eux-
mèmes. De là ce beau désordre dans son école qu'il décrit
d'une façon charmante. Le maître fait son entrée dans la
classe. Sur le plancher sont étendus, en tas, les enfants
piaillant et criant; — Vous m'écrasez, enfants. — Assez !
cesse donc de me tirer les cheveux ! Piotre Mikaïlovitch! crie au maître une voix partie du fond du tas,
commande-leur de me laisser? — Bonjour, Piotre
Mikaïlovitch! crient les autres en continuant leur tapage.
Le maître va prendre des livres, en distribue à ceux qui
l'ont suivi jusqu'à l'armoire. Les élèves couchés au sommet du tas en demandent à leur tour. Peu à peu le tas
diminue. En voyant les livres entre les mains de la plupart
de leurs camarades, les retardataires courent à l'armoire
en criant : — Et pour moi ?... Et pour moi ?... Donne-
moi le livre d'hier... Moi, je veux le livre de Koltzev...
etc... S'il en reste encore deux qui, dans la chaleur de la
lutte, continuent à se rouler sur le plancher, les autres,
déjà assis sur le banc, livre en main, leur crient : —
« Pourquoi tardez-vous tant? On n'entend rien... Assez ! »
Les combattants se soumettent; tout essoufflés, ils vont
prendre leurs livres et s'asseoir, non sans remuer un peu
la jambe dans le premier moment, par suite de leur agitation encore inapaisée. L'ardeur de la bataille s'évanouit,
et l'ardeur de la lecture commence à régner dans la classe.
Avec le même feu qu'il mettait tout à l'heure à tirer
les cheveux de la tempe de Michka. l'élève lit maintenant le
livre de Koltzev : ses lèvres sont légèrement entr'ouvertes,
ses petits yeux brillent, sans rien voir autour de lui en
dehors de son livre. « Il faut autant d'efforts pour l'arracher
au volume, que tantôt à la lutte ». Ils s'asseoient où bon
leur semble : sur les bancs, les tables, sur l'appui de la
fenêtre, sur le plancher, dans le fauteuil, qui est l'objet de
l'envie générale. Dès que l'un a l'idée de s'y installer, rien
qu'à son regard, l'autre a deviné son intention, et tous
deux se précipitent, et c'est à qui l'emportera. Le plus
leste s'étend, la tète beaucoup plus basse que le dossier;
mais il lit aussi bien que les autres, tant il prend cœur à
sa besogne. « Pendant la classe, je ne les ai jamais vus
chuchoter, ni se pincer, ni rire en sourdine, ni s'ébrouer
dans leurs doigts, ni se plaindre l'un de l'autre au maître.
Lorsqu'un élève, sorti de l'école du sacristain ou de celle

du district, vient faire une plainte, on lui dit : — Quoi donc ! Ne t'es-tu pas pincé toi-même ? »

Selon Tolstoï, les contraindre matériellement est chose impossible. Plus fort crie le maître — cela est arrivé — plus fort crient les élèves : ses cris ne font que les exciter. Si l'on réussit à les arrêter, à détourner leur attention d'un autre côté, cette petite mer va s'agitant de moins en moins jusqu'à s'apaiser. Mais la plupart du temps, il vaut mieux ne rien dire. Il semble que le désordre gagne, croisse d'instant en instant, ne connaisse plus de limite, il semble que rien ne puisse l'arrêter, sinon la contrainte « alors qu'il suffit d'attendre un peu pour voir ce désordre (ou ce feu) s'apaiser de lui-même et produire un ordre bien meilleur et plus stable que celui que nous lui substituerions ».

Le soir, on remarque un dégoût particulier pour les mathématiques et l'analyse, et une passion pour le chant, la lecture et surtout les narrations. — A quoi bon tant de mathématiques? disent-ils, raconter est bien mieux. Toutes les leçons du soir tranchent sur celles du matin, par un cachet spécial de tranquillité et de poésie. « Viens à l'école du crépuscule ; tu ne vois pas de lumière aux fenêtres, tout est paisible. La neige sur les marches de l'escalier, un faible et sourd murmure, un mouvement derrière la porte, un gamin qui, se tenant à la rampe, monte deux par deux les degrés, montrent seuls que les écoliers sont là. Tu t'avances dans la pénombre, tu regardes le visage de l'un des petits : il est assis, couvant des yeux le maître; l'attention lui fronce les sourcils; pour la dixième fois, il pousse de l'épaule le bras d'un camarade qui s'y appuie. Tu lui chatouilles le cou, il ne sourit même pas. Il secoue la tête comme pour chasser une mouche ; il s'absorbe tout entier dans le récit mystérieux et poétique, quand le grand rideau du temple se fendit de lui-même en deux, et que tout devint noir sur la terre : ce récit lui est pénible et doux... Mais voici que le maître a fini de conter. Tous se lèvent de leurs places, se pressent autour du maître, et, criant plus fort l'un que l'autre, tâchent de répéter tout ce qu'ils ont retenu. Ceux à qui l'on a défendu de parler, en leur assurant qu'ils savent, ne se tiennent pas plus tranquilles pour cela : ils s'approchent de l'autre maître, et, s'il n'est pas là, d'un camarade, d'un étranger, même de l'allumeur des poêles, vont d'un coin à l'autre, par groupes de deux ou de trois, en suppliant chacun de les écouter. Il est rare qu'un seul raconte. Ils se distribuent par groupes, chacun recherchant ses égaux en intelligence, et ils racontent, s'encourageant, se corrigeant l'un l'autre. — Eh bien, répétons ensemble ! dit un élève à un autre. Mais celui-ci, sachant qu'il n'est pas de taille, l'adresse à un troisième. Dès qu'ils ont tout dit, ils se calment enfin. On apporte des bougies, et leur pensée se porte sur un autre objet. Vers huit heures, les yeux se troublent ; on bâille fréquemment ; les bougies brûlent moins vives, on mouche moins souvent la mèche. Les aînés tiennent encore ; mais les cadets et les moins bons élèves commencent à s'endormir, les coudes sur la table, à la vague musique du maître ».

Quand les enfants sont fatigués, ou la veille d'une fête, tout d'un coup, sans dire un mot, à la deuxième ou troisième classe qui suit le dîner, deux ou trois écoliers s'élancent dans la salle et prennent vivement leurs chapeaux. « Où allez-vous ? — A la maison. — Mais la leçon ? Le chant ? — Les enfants ont dit : A la maison ! répond l'élève interpellé en se glissant dehors avec son chapeau. — Mais qui a dit cela ? — Les enfants sont partis. — Comment donc ? demande le maître ennuyé, en préparant sa leçon ; reste, toi. » Mais dans la classe accourt un autre garçon, le visage animé, avec un air d'embarras. — Pourquoi restes-tu ? dit-il d'un ton bourru à l'enfant retenu, qui, dans son hésitation, tortille entre ses doigts les flocons de son bonnet. — Les enfants, voilà où ils sont déjà ! A la forge peut-être. Et tous deux se précipitent au dehors, en criant de la porte au maître : — Adieu, Ivan Petrovitch ! » Et les petits pieds de frapper sur les marches ; et les écoliers, dégringolant, bondissant comme des chats, tombant sur la neige, se devançant l'un l'autre à la course, de s'élancer vers la maison avec des cris.

Ces scènes, dit Tolstoï, se reproduisent une et deux fois par semaine. C'est humiliant et pénible pour le maître, qui les tolère parce qu'elles donnent une plus grande signification aux cinq, six et jusqu'à sept leçons librement, volontairement écoutées chaque jour par les élèves. Si l'alternative se posait en ces termes : que vaut-il mieux, ou qu'il n'advienne aucune de ces scènes dans le courant de l'année entière, ou qu'elles se répètent pour la moitié des leçons ? — c'est ce dernier terme que Tolstoï choisirait. L'école s'est développée librement, dit-il, par la seule vertu des principes établis et par le maître et par les élèves. Malgré toute l'autorité du maître, l'élève avait toujours le droit de ne pas fréquenter l'école, et, même en fréquentant l'école, de ne pas écouter le maître. Le maître, en revanche, avait le droit de ne point garder l'élève chez lui, et le pouvoir d'agir, avec toute la force de son influence, sur la majorité des enfants, sur la société qu'ils forment toujours entre eux, chez eux. Selon Tolstoï, ce désordre, ou « ordre libre », ne nous paraît si effroyable que parce que nous sommes habitués à un tout autre système, d'après lequel nous avons été nous-mêmes élevés. En ce point, comme en beaucoup d'autres, l'emploi de la violence n'est fondé que sur une interprétation irréfléchie et irrespectueuse de la nature humaine. Les écoliers sont des hommes, des êtres soumis, tout petits qu'ils soient, aux mêmes nécessités que nous, des êtres pensants comme nous ; tous ils veulent apprendre, et c'est pourquoi ils vont à l'école, et c'est pourquoi ils arrivent sans effort à cette conclusion, que, pour apprendre, il leur faut se plier à de certaines conditions. Non seulement ils sont des hommes, mais ils constituent une société d'êtres réunis dans une pensée commune. « Et partout où trois s'assemblent en Mon nom, Moi je suis au milieu d'eux ». En cédant aux seules lois naturelles, aux lois dérivées de la nature, ils n'ont ni révolte, ni murmure ; en cédant à votre autorité intempestive, ils n'admettent point la légitimité de vos sonnettes, de vos emplois du temps, de vos règles.

A l'école de Yasnaïa Poliana, le printemps passé, sur trente et quarante écoliers, il n'y eut que « deux cas de contusion avec des marques apparentes » : un des garçons fut poussé au bas du perron, et se blessa à la jambe (la plaie guérit en deux semaines) ; un autre, on lui brûla la joue avec de la gomme allumée, et il eut une eschare pendant une quinzaine de jours. Tolstoï conclut que l'école n'a pas à intervenir dans l'éducation, pure affaire de famille ; que l'école ne doit ni punir ni récompenser, qu'elle n'en a pas le droit, que sa meilleure police et administration consiste à laisser aux élèves liberté absolue d'apprendre et de s'arranger entre eux comme bon leur semble.

On peut justement reprocher à Tolstoï comme à Spencer d'appeler *éducation morale* le système de discipline par les conséquences *naturelles* des actes. Ces réactions ne font connaître aux enfants que les rapports de causalité natu-

relle, et encore dans une mesure qui n'est pas toujours suffisante, mais elles n'ont pas de caractère moral. Spencer
croit pourtant que les réactions naturelles sont propres à
donner à l'enfant le sentiment de la responsabilité. — Oui,
mais d'une responsabilité purement utilitaire. Les vraies
sanctions pédagogiques ont pour but de former le jugement
moral, de faire naître, de soutenir et de développer
chez l'enfant les sanctions intérieures, le plaisir et le
déplaisir de la conscience, le contentement et le mécon-
tentement de soi-même. C'est en quoi elles se distinguent
des mesures purement disciplinaires. Elles consistent
essentiellement dans l'*approbation* et le *blâme*. Elles ne
peuvent pas toujours s'y réduire ; mais elles doivent
toujours s'y rapporter, comme le signe à la chose signifiée.
« La conscience morale de l'élève se développe, en quelque
sorte, au contact de celle du maître, manifestée par le
blâme et l'approbation[1] ».

Pourquoi, demanderons-nous à Tolstoï, l'école serait-
elle bornée à la seule instruction, laissant l'éducation aux familles, qui souvent la font mal ? Le système
anarchique de Tolstoï peut être applicable quand c'est un
Tolstoï qui dirige l'école ; généralisé, il serait intolérable.
Nous ne sommes pas du tout persuadé que, partout où il
y a trois enfants réunis, l'esprit de Jésus soit avec eux :
c'est trop souvent l'esprit du diable, — c'est-à-dire de la
barbarie primitive et ancestrale. En outre, l'école doit être
une préparation à la vie sociale. L'école de Tolstoï peut
bien préparer l'enfant à une société comme le grand écrivain la rêve, — sans juges, sans prisons, sans armée ; —
mais l'anarchie scolaire est une détestable préparation à la
vie organisée et *légale* des sociétés actuelles. Il ne faut pas,
dès l'école, persuader à l'enfant que sa seule loi soit son
bon plaisir, réprimé par celui des autres, que la vie soit
faite pour s'amuser, qu'on étudie et qu'on travaille quand
cela vous paraît bon, qu'on ne fait plus rien si l'idée
vous prend de ne rien faire. Ce n'est point par un semblable système d'éducation qu'on fait, je ne dis pas seulement des soldats, mais même des citoyens.

Que faut-il donc retirer des expériences scolaires de
Tolstoï ? — Cette conclusion que, si la discipline est nécessaire dans les écoles, elle ne doit pas cependant être
poussée jusqu'à un formalisme rigide. Toutes les fois que

1. M. Pillon.

l'influence morale du maître est suffisante, il faut s'en contenter ; mais aussi, toutes les fois que l'enfant abuse de sa liberté ou de sa force, il faut lui faire comprendre, par quelque sanction motivée et rationnelle, que toute société humaine est soumise à des lois et non abandonnée à l'anarchie que rêvent les Slaves.

IV. — A l'enseignement moral doit se rattacher l'enseignement civique.

Stuart Mill disait que, pour avoir droit de vote, il faudrait tout au moins être capable, au moment du scrutin, « de copier quelques lignes d'anglais et de faire une règle de trois ». Spencer dit avec plus de raison que la table de multiplication ne vous aidera pas à comprendre la fausseté des thèses socialistes. Qu'importe que le travailleur sache lire s'il ne lit que ce qui le confirme dans ses illusions ? Un homme qui se noie s'accroche à une paille ; un homme accablé de soucis s'accroche à n'importe quelle théorie sociale, pourvu qu'elle lui promette le bonheur. — Ce qui serait nécessaire, c'est une meilleure instruction civique. Quels sont, parmi les travailleurs de toute sorte, les plus instruits ? Les ouvriers ; et c'est d'eux précisément, avec leurs idées fausses, que nous vient le plus grand péril. « Le paysan ignorant, a-t-on dit avec raison, est moins absurde que l'ouvrier éclairé. Un peu d'instruction éloigne parfois du bon sens ; beaucoup d'instruction y ramène. Si on ne perfectionne pas l'instruction primaire, la diffusion de cette instruction amènera tous les travailleurs, y compris les paysans, au niveau des ouvriers, et leur donnera plus de force pour faire de mauvaise politique ou de mauvaise économie sociale[1] ». Spencer et Bluntschli se rencontrent dans cette assertion qu'il n'y a point, dans nos démocraties, de liberté possible, ni de vote possible, ni de sécurité possible pour la propriété « sans une bonne éducation politique ». L'école, et surtout l'école populaire, ne peut que préparer de loin cette éducation. « L'enfant saisit difficilement la notion de l'État. On ne peut lui donner sur la constitution politique et sociale que des notions très vagues, qui offrent un assez faible intérêt à d'aussi jeunes intelligences. C'est donc surtout la morale publique, la vertu civique, le patriotisme qu'il faut lui inspirer, et plus encore par des exemples que par des

1. A. Fouillée, *La propriété sociale et la démocratie*, p. 202.

préceptes ». Mais il reste toujours une grande lacune à combler : c'est le temps qui s'écoule entre la sortie des écoles, — vers quatorze ans, — et l'âge de la majorité politique. Dans cet intervalle, il est certain que l'adolescent se trouve livré à lui-même, qu'il est exposé à oublier une bonne partie de ce qu'on lui a appris, que l'enseignement civique, en particulier, sort de sa mémoire juste au moment où il deviendrait le plus nécessaire. Si on trouve légitime de demander trois ou cinq années aux jeunes gens pour recevoir l'instruction militaire, ne serait-il pas légitime de leur demander quelques heures par semaine pour acquérir des notions positives d'instruction politique et de droit constitutionnel? La défense contre « l'invasion des barbares à l'intérieur » est aussi essentielle, dans nos démocraties, que la défense contre les invasions de l'étranger. Nous sommes de ceux qui croient qu'il serait désirable, tout le temps que le jeune soldat est à l'armée, de lui apprendre non pas seulement sa « théorie » militaire, mais aussi ce qu'on a appelé la théorie civique : les principes de la constitution française, l'organisation de l'État, les devoirs et les droits des citoyens. Cet enseignement devrait être fait au moyen de livres écrits en dehors de tout parti, de toute préoccupation politique ou religieuse.

En Belgique, on a institué des examens par lesquels on est admis à participer au droit de suffrage : ce serait là peut-être un bon exemple à suivre [1].

1. La nouvelle loi belge prend pour base de l'électorat la capacité, non censitaire, mais intellectuelle et morale. Un jury fait passer aux candidats un examen électoral, comprenant des questions très simples sur la morale, l'histoire de la Belgique, les institutions constitutionnelles, la lecture, l'écriture, le calcul, la géographie.

Avant d'en arriver là, on avait fait des expériences sur les résultats de l'enseignement primaire : on a soumis les miliciens, restés à l'école quatre ou six ans, à un examen d'une extrême simplicité. On leur a demandé, par exemple, quelles sont les quatre grandes villes du pays et les cours d'eau sur lesquels elles sont situées. 35 pour 100 n'ont fait aucune réponse ; 44 pour 100 n'ont fait qu'une réponse partielle. — A cette question : « Par qui les lois sont-elles faites ? » 50 pour 100 n'ont rien pu répondre ; 82 pour 100 ont répondu que les lois sont faites par le roi, ou par le roi et la reine, ou par les ministres, ou par le gouvernement, ou par le sénat ; 15 pour 100 ont satisfait à la question. Quand il fallut citer un Belge illustre, 67 pour 100 ont cité des notabilités étrangères, prises dans tous les genres et dans tous les lieux ; 20 pour 100 n'ont pu citer que Léopold Ier ou Léopold II. Tels sont les effets insuffisants de la loi belge de 1842 sur l'instruction primaire.

Bluntschli, sans entrer dans ces détails, propose à l'État pour modèle « la

V. Il n'a point été fait jusqu'ici d'éducation vraiment *esthétique ; historique*, oui ; esthétique, non. Les notions de littérature elles-mêmes sont données au point de vue du temps et des dates, alors qu'en esthétique la date est une question secondaire. Il faut qu'on se préoccupe davantage du beau, aux divers degrés de l'instruction, et non seulement du beau littéraire, mais aussi du beau dans les arts. Il y a en tout homme un fond d'enthousiasme qui ne demande qu'à se répandre ; le malheur est qu'il se répand le plus souvent sur des choses qui n'en valent pas la peine. J'ai connu un brave homme qui avait quitté sa province. sa maison et ses habitudes pour faire le voyage des Pyrénées, à cette seule fin de manger des truites du lac de Gaube. Voilà de la gourmandise portée jusqu'à l'enthousiasme. Le but de l'éducation est non pas de supprimer l'enthousiasme, mais de le diriger vers des objets qui en soient dignes, qui soient *bons et beaux.*

Il y a deux sortes d'imagination : l'une consiste surtout à saisir les choses par leur ressemblance. C'est la fusion des images, d'abord involontaire, puis volontaire, qui aboutit à la métaphore. L'imagination des enfants et des peuples jeunes est essentiellement métaphorique ; leur langage même est fait de figures de toutes sortes. L'esprit analytique, au contraire, consiste à se représenter dans les choses plutôt les différences que les ressemblances, à préciser les contours des perceptions. L'esprit qui possède la plus haute forme d'imagination sait à la fois se représenter les ressemblances et les différences, distinguer parfaitement toutes ses perceptions ou conceptions, et cependant saisir le point où elles viennent se toucher, les traits qu'elles ont de commun. L'imagination créatrice est constituée par cette double faculté d'apercevoir les ressemblances et les différences. La perception des différences est ce qu'il y a de plus volontaire dans l'imagination : c'est la part du travail et même de l'effort dans le génie.

---

profonde habileté de l'Église », qui sait remplir les jeunes esprits de ses enseignements et qui consacre en quelque sorte l'entrée du chrétien dans la vie par ce qu'elle appelle la « confirmation ». Bluntschli voudrait, lui aussi, une sorte de « confirmation et de consécration civique ». — « Pour exercer les droits civiques, dit-il, il faudrait avoir reçu l'éducation civique ou subi un examen correspondant. Une fête nationale annuelle remémorerait au besoin cette consécration civique. Le sentiment de l'État grandirait ainsi dans les esprits, et la capacité intellectuelle ou morale de l'électeur serait mieux assurée.»

Créer, pour l'artiste ou le penseur, suppose deux choses, d'abord une synthèse spontanée et confuse, puis l'ordre et l'analyse apportés dans cette synthèse. Créer, c'est en un certain sens unifier (tout est un dans l'univers) ; mais c'est aussi voir la variété dans l'unité indistincte des choses. L'œuvre d'art et même de science est toujours plus ou moins une métaphore, mais une métaphore consciente d'elle-même, de ses divers termes et de la relation déterminée qui les relie. Il faut habituer l'enfant à régler son imagination, à la conduire, à la rendre par cela même analytique, à changer le jeu de l'imagination en un travail méthodique, en un art. L'excès d'imagination de l'enfant, comme des peuples primitifs, tient beaucoup à la moindre netteté des perceptions, qui, à volonté, se transforment plus facilement l'une dans l'autre. On voit ce qu'on veut dans ce qui est confus comme la forme des nuages. Le nom n'est pas encore abstrait pour l'enfant de l'objet qu'il exprime, et le langage n'est pas pour lui l'algèbre qu'il deviendra pour nous : il voit tout ce dont on lui parle et, quand il ne voit pas, il ne comprend plus. Il ne distingue nettement ni les temps, ni les lieux, ni les personnes. L'imagination des enfants a donc pour point de départ la *confusion* des images, produite par leur *attraction* réciproque ; ils mêlent ce qui a été, ce qui est ou sera ; ils ne vivent pas comme nous dans le *réel*, dans le *déterminé*, ne circonscrivent aucune sensation, aucune image ; en d'autres termes, ne distinguant et ne *percevant* rien très nettement, ils *rêvent* à propos de tout. L'enfant n'ayant pas encore développé l'art du souvenir, tout lui est présent. La confusion du présent et du passé est visible chez l'enfant. Un garçon de deux ans et demi a failli perdre l'autre jour son ballon du haut d'un balcon ; il l'a retrouvé, et depuis a joué cent fois avec ce ballon ; malgré cela, il me ramène tout d'un coup vers le balcon, puis, d'un ton lamentable, avec une expression non simulée, me raconte qu'il l'a perdu là. L'enfant retient et reproduit des images beaucoup plus qu'il n'invente et ne pense ; et c'est précisément à cause de cela qu'il n'a pas l'idée nette du temps : l'imagination reproductive, étant seule, ne se distingue pas, ne s'oppose pas à l'imagination constructive, qui n'est pourtant elle-même que son développement supérieur. L'enfant ou l'animal n'ont pas vraiment un passé, c'est-à-dire un ensemble de souvenirs mis en ordre et opposé au présent, opposé à l'avenir qu'on imagine et construit à sa guise. La faculté de généraliser, si grande chez les enfants, et tant de fois remarquée, vient de ce qu'ils aperçoivent beaucoup mieux les ressemblances que les différences. Pour le mien, qui a deux ans et demi, tout fruit est une pomme, toute couleur qui attire ses yeux est rouge, parce que le rouge est essentiellement la couleur voyante. Couché dans son berceau, il me dit en me montrant le fond du lit, puis le rebord : ceci est la route, et ceci est le fossé ; il imagine ces choses de lui-même, sans qu'on lui ait fait faire jamais un tel jeu. C'est qu'il est entraîné par des analogies superficielles, et avec une telle force que bientôt il ne voit plus les différences ; je suis persuadé qu'en s'endormant il se croit couché au beau milieu de la route blanche, avec les fossés à droite et à gauche. Les enfants se trompent aussi constamment sur les *personnes*. Si un objet a été brisé et que je demande à mon garçonnet : qui a brisé cela? il me répond presque toujours : Bébé. C'est qu'en général c'est lui qui fait les maladresses. D'ailleurs, il est le centre du monde à ses yeux, et il est porté à se considérer non seulement comme la fin, mais aussi comme la cause de tout ce qui s'y fait.

L'imagination, avons-nous dit, commence par une confusion involontaire d'images qui, d'abord inconsciente, devient consciente en se redressant, cause un certain plaisir, et ensuite est recommencée volontairement, pour jouer. Le jeu de l'imagination a été d'abord une erreur. Je ne saurais mieux le comparer qu'à une chute douce, sans douleur, qui amuse, et qui, après avoir été un accident, devient un jeu. Combien les enfants aiment à se rouler dans la mousse !

La fiction est naturelle aux enfants. C'est une erreur de dire qu'en général ils mentent artificiellement pour échapper par exemple à une punition. Le mensonge est le plus souvent le premier exercice de l'imagination, la première invention, le germe de l'art. L'enfant de deux ans et demi que j'observe se ment à lui-même, se raconte à haute voix des histoires dans lesquelles il retourne la réalité, la corrige, s'y donne en général une meilleure place que celle qu'il y a réellement. Tout à l'heure il se disait à lui-même : « Papa parle mal, il dit : *sévette* ; bébé parle bien, il dit : *serviette*. » Naturellement, c'était le contraire qui avait eu lieu et qui avait donné occasion à une remontrance. Toute la journée l'enfant invente ainsi, en transposant la réalité et en changeant lui-même les rôles. Le mensonge est le premier roman enfantin, et il a souvent le but d'embellir la réalité ; le roman du philosophe, qui est l'hypothèse métaphysique, et qui a d'ordinaire le même but, est parfois la plus élevée des fictions. Quant à la *sincérité*, c'est une conséquence *sociale* très complexe ; elle est née du respect humain, du sentiment de la dignité personnelle, de l'intérêt bien entendu, etc. L'enfant, lui, n'est sincère que par spontanéité, par transparence et clarté naturelle de l'âme ; mais, dès que la parole ne sort plus de ses lèvres sous la pression immédiate de l'émotion, elle ne fait plus que traduire le jeu d'images incohérentes qui hantent son cerveau. Il s'amuse avec les mots comme avec toutes choses : il les essaie, les met dans toutes les positions, combine les idées mêmes de la manière la plus imprévue, fait des phrases comme il fait des « maisons », des « jardins » et des « pâtés » avec du sable, sans aucun souci du réel. Et lorsqu'il a pris une fausse direction, il s'y obstine, pour bien marquer sa personnalité. En résumé, il confond sans cesse ce qu'il a fait réellement, ce qu'il aurait voulu faire, ce qu'il a vu faire devant lui, ce qu'il a dit avoir fait, ce qu'on lui a dit qu'il avait fait. Quant au passé, ce n'est pour lui que l'image dominante dans le fouillis de toutes les images enchevêtrées.

Autant l'enfant est naturellement *inventeur*, sans se soucier de la réalité de ce qu'il raconte, autant il est peu hypocrite ou dissimulé. La dissimulation, qui est le vrai mensonge, le *mensonge moral*, ne naît chez l'enfant que de la crainte ; elle est en raison directe de la sévérité mal placée des parents et, pour tout dire, de la mauvaise éducation. Loin de chercher naturellement à cacher ses désobéissances, l'enfant chercherait plutôt à les montrer, à les mettre en relief, parce qu'elles sont à ses yeux la manifestation de son indépendance personnelle. Mon gamin vient toujours me raconter, soit en se vantant, soit parfois d'un air contrit, les sottises de sa journée ; je me suis imposé comme règle de ne jamais le punir pour ce qu'il me révèle ainsi lui-même, mais uniquement pour les cas où je le prends sur le fait ; mon seul objectif est de remplacer chez lui le contentement de ses sottises par la contrition, et j'y réussis peu à peu, au moyen d'une réprimande douce et surtout très courte.

Reproduire un fait ou une histoire avec des changements est une vive récréation pour l'esprit des enfants ;

mais ils éprouvent beaucoup de peine à y réussir. C'est
tout un travail qu'on peut parfois prendre sur le fait. Une
petite amie de quatre ans me disait : « Écoutez, je vais
vous conter une histoire ; mais ce ne sera pas celle du
petit Poucet. Il y avait une fois dans une forêt un petit
garçon tout petit, qui était fils de bûcherons ; mais ce
n'était pas le petit Poucet, etc. » Et l'histoire continuait,
accompagnée toujours de cette parenthèse : « Cela ressemble à l'histoire du petit Poucet, mais ce n'est pas la
même chose [1]. »

La vraie culture de l'imagination est l'art à ses divers
degrés : il faut rendre l'enfant *artiste*, c'est-à-dire introduire
dans le jeu spontané de son imagination la règle du vrai et du
beau, qui fait pour ainsi dire la moralité même de l'imagination. L'éducation doit donc être profondément *esthétique*.
Savoir admirer ce qui est bon, devenir capable soi-même
d'imaginer des choses belles, jolies, gracieuses, c'est l'essentiel de l'instruction. Le savoir proprement dit, encore
une fois, ne vient qu'ensuite, et son influence moralisatrice
ne commence, comme on l'a dit, qu'au moment où il cesse
d'être seulement un outil pour devenir un objet d'art.

Pour l'enfant, pour tous peut-être, l'image est le meilleur moyen d'éclairer l'idée. Le poète est, entre tous, celui
qui saisit le mieux le rapport de la forme avec l'émotion
et la pensée ; il fait jaillir par l'image ce qui se cache et
s'ignore au fond de nous. C'est pour cela que les anciens
virent dans le poète un être presque divin, à tout le moins

---

1. Une fillette aime souvent mieux une vieille poupée abimée et défigu-
rée qu'une neuve d'une forme pourtant plus voisine du visage humain : c'est
que son imagination a plus de prise sur la première que sur la seconde,
elle la transfigure avec ses souvenirs ou ses inventions du moment. « Un
jour, me dit une personne d'après ses souvenirs, un jour où je voulais
jouer plus sérieusement à la petite mère (et j'étais déjà grandelette),
j'abandonnai toutes mes poupées, je fis un paquet de ma serviette et passai
la moitié de la nuit à bercer entre mes bras ce poupon improvisé. »
On dit que les petites filles n'aiment absolument dans leur poupée que la
représentation de l'enfant qu'elles auront plus tard, qu'elles jouent simplement à la « maman ». Ce n'est pas très exact. « J'avais, étant petite, un gros
ballon de diverses couleurs que j'aimais très réellement de tout mon cœur ;
je ne me lassais pas de le regarder ; je le serrais contre moi comme un
être cher, et je n'y jouais qu'avec la plus grande précaution dans la crainte
de l'abimer, de lui *faire mal :* j'avais en quelque sorte regret qu'un ballon
fût destiné à rebondir de tous côtés, et en réalité je ne l'aimais que parce
que c'était un compagnon, un véritable ami. Les yeux d'émail de la poupée
n'ont que l'expression que l'enfant leur prête, et l'enfant ne la leur prête
qu'avec le temps. Il faut vivre avec un être pour l'aimer ! cela est plus vrai
encore des poupées que des hommes. »

inspiré des dieux ; qu'ils imaginèrent Orphée éducateur de la Nature même, et firent de leurs propres poètes les premiers, les seuls éducateurs pour ainsi dire de la jeunesse. L'être moral, pensant et sentant, est à créer chez l'enfant ; et de même qu'on ne prétend pas lui laisser découvrir (en supposant qu'il en fût capable) les lois fondamentales de la science, de même on ne doit pas espérer qu'il parvienne seul et par lui-même à tous les sentiments élevés ; il faut l'amener peu à peu jusque-là ; il faut lui faire connaître de l'esprit humain non seulement les découvertes et les acquisitions, mais même les aspirations idéales, desquelles, somme toute, est née la science. Avant de parler à l'intelligence, surtout à l'intelligence des enfants, des jeunes gens même, il est nécessaire de parler au cœur, à l'imagination, aux sens ; et, pour que l'imagination voie, il faut que tout revête forme et couleur. Le cœur même a besoin d'être éclairé par les yeux. C'est ainsi que le jeune enfant, incapable de s'apercevoir seulement des soins dont il est entouré, prend néanmoins conscience de la tendresse de sa mère par l'adoucissement soudain du regard qu'elle arrête sur lui, par son geste enveloppant et l'accent de sa voix qui semble vouloir le bercer encore. Cela, c'est la tendresse de la mère rendue visible aux yeux comme au cœur ; et c'est aussi la poésie de l'amour maternel. Le propre de la poésie est d'être débordante comme la tendresse même, de dépasser les formes visibles où elle se manifeste, de laisser pressentir au delà quelque chose d'infini. Le poète ressemble au sculpteur. Quand le ciseau taille le marbre, ce n'est pas pour y « enfermer » l'idée, mais plutôt pour l'y faire naître et pour la faire sortir de l'immobile matière ; à mesure que la statue jaillit du bloc, que les contours s'accusent et que les traits se sculptent, l'expression — ce qui fait la vie et la réalité — semble en même temps surgir ; elle court et se joue, comme un rayon, impalpable et lumineuse, sur cette matière inerte dont elle émane, sur ces formes sensibles qu'elle dépasse, projetée par elles jusqu'à nos yeux, jusqu'à nos cœurs, au plus profond de nous-mêmes. La poésie est bien plus expressive encore. Par elle, le sens des mots devient plus large, les images atteignent au symbole. Comme elle dit beaucoup et laisse deviner plus encore, elle se trouve à la portée de tous les esprits, des plus jeunes comme des plus mûrs, qui la comprennent selon leur mesure. Interprétée dans son sens profond, elle nous apparaît comme le miroir où viennent se réfléchir et se confondre en une même image et ce que nos yeux embrassent du dehors et ce que notre pensée pressent, devine du monde intérieur et en apparence fermé. Enseignons donc à nos enfants à connaître, [à comprendre surtout cette poésie vers laquelle, à tous les âges de la vie, nous revenons tant de fois, pour lui demander tantôt d'oublier, tantôt d'espérer.

Les qualités esthétiques sont de celles qui se transmettent le mieux par hérédité dans la race, qu'il importe conséquemment de maintenir en leur pureté et de développer sans cesse. Un Grec naissait avec un goût naturel, avec du coup d'œil et de l'oreille, et il en est de même encore du Français. Les *sens*, en effet, et le *sentiment* jouent un rôle capital en esthétique. Or, la perfection, la finesse des sens, et aussi celle des sentiments, sont des qualités transmissibles par hérédité. Elles peuvent aussi se perdre : prenons garde de laisser périr un tel héritage en négligeant l'éducation esthétique.

Sur la question : « Les *beaux arts* sont-ils nécessaires au peuple ? » les pédagogues, remarque Tolstoï, hésitent d'ordinaire et s'embrouillent (le seul Platon a décidé hardiment et négativement la question). On dit : — Il le faut, mais avec de certaines restrictions ; donner à tous la faculté d'être artistes est nuisible à l'ordre social. On dit : — Certains arts ne peuvent exister à un certain degré que dans une certaine classe de la société. On dit : — Les arts doivent avoir leurs serviteurs exclusifs, adonnés à une tâche unique. On dit : — Les grands talents doivent avoir la faculté de sortir du milieu populaire pour s'abandonner tout entiers à l'art. — Tolstoï conclut que tout cela est injuste. Il estime que le besoin des jouissances artistiques et le culte de l'art existent dans chaque personne humaine, quelles que soient sa race et sa sphère ; que ce besoin est légitime et doit être satisfait. Et, érigeant cette maxime en axiome, il ajoute que, si les jouissances de l'art et son culte universel présentent des inconvénients et des dissonances, la cause en est dans le caractère et les tendances de notre art ; « nous devons donner à la jeune génération les moyens d'élaborer un art nouveau tant par la forme que par le fond. » « Chaque enfant du peuple a les mêmes droits, que dis-je ? a des droits plus grands aux jouissances de l'art que nous autres, enfants d'une classe privilégiée, nous que n'opprime point la nécessité de ce labeur obstiné, nous qu'entourent toutes les commodités de la vie. » De deux choses l'une, dit encore Tolstoï : ou les arts en général sont inutiles et nuisibles, ce qui est moins étrange qu'il ne semble au premier abord ; ou chacun, sans distinction de classes et d'occupations, a droit à l'art. Demander si les enfants du peuple ont droit aux arts, c'est comme si on demandait si les enfants du peuple ont le droit de manger de la viande, c'est-à-dire s'ils ont le droit de satisfaire les nécessités de leur nature humaine. — « Non. La question n'est pas là ; ce qui importe, c'est de savoir si cette viande est bonne, que nous offrons ou que nous refusons au peuple. Pareillement, en distribuant au peuple certaines connaissances qui sont en notre pouvoir, et en remarquant leur influence nuisible sur lui, je conclus, non que le peuple est mauvais parce qu'il n'accepte pas ces connaissances, non qu'il est trop peu développé pour les accepter et les utiliser, mais qu'elles sont mauvaises, anormales, et qu'il faut, à l'aide du peuple, élaborer des connaissances nouvelles, qui nous conviennent à tous, gens du monde et gens du peuple. Je conclus que telles connaissances, tels arts vivent parmi nous sans nous sembler nuisibles, mais ne peuvent vivre parmi le peuple et semblent lui nuire, uniquement parce que ces connaissances, ces arts, ne sont pas ceux qu'il faut en général ; nous vivons dans ce milieu uniquement parce que nous sommes dépravés, tout semblables aux gens qui, demeurant assis impunément, pendant des cinq heures, dans les miasmes de l'usine ou du traktir[1], ne sont pas incommodés par ce même air qui tue un homme fraîchement arrivé. On s'écriera : Qui donc a dit que les connaissances et les arts de notre classe intelligente sont faux ? pourquoi, de ce que le peuple ne les accepte pas, concluez-vous leur fausseté ? Toutes ces questions se résolvent très simplement : Parce que nous sommes des mille, et qu'ils sont des millions. Quant à ce paradoxe usé jusqu'à la banalité que l'intelligence du beau exige une certaine préparation, qui a dit cela, pourquoi, qu'est-ce qui le prouve ? Ce n'est qu'un faux-fuyant pour sortir de l'impasse où nous a acculés la fausseté de notre point de vue, le privilège de l'art exclusif à une classe. Pourquoi la beauté du soleil, la beauté d'un visage humain, la beauté d'une chanson populaire, la

1. Auberge.

beauté de l'amour et du sacrifice sont-elles accessibles à chacun et n'exigent-elles pas de préparation ? »

— Parce que nous sommes des mille et qu'ils sont des millions ! dit Tolstoï. Si ce n'est pas là la raison du plus fort, c'est à tout le moins la raison du plus grand nombre. Tenir pour faux ce que la majorité des hommes n'arrive pas à voir et à comprendre, n'est-ce pas ressembler un peu aux contemporains de Christophe Colomb qui nièrent l'Amérique ? devons-nous refuser de croire à l'existence des étoiles que nos yeux ne distinguent plus ? Certes, Tolstoï a raison de le dire, il y a dans l'art moderne des tendances malsaines, que nous n'acceptons en effet que parce que nous y sommes habitués, si habitués même que nous en faisons en quelque sorte abstraction ; nous écartons d'instinct cette convention d'un genre nouveau qui a remplacé ce qu'on pourrait appeler le cérémonial des œuvres classiques : nous ne voyons et ne voulons voir que le beau côté de l'œuvre, celui qui, somme toute, la fait œuvre d'art. Mais il semble qu'on puisse affirmer devant tout succès qui se montre durable que, par quelque endroit, l'œuvre qui en est l'objet est belle et vraie. Tolstoï rêve un grand art qui serait populaire, tout près de la nature, simple et élevé, sain comme l'air et la lumière, sans les affectations, les raffinements, le caractère maladif de nos arts. C'est un beau rêve et il est bon de faire ce rêve : le raffinement à outrance n'est pas la profondeur, et l'art ne peut que gagner à être, au moins en partie, accessible à tous, à tendre de la sorte vers l'universel. Mais aller jusqu'à vouloir condamner en lui tout ce qui n'éclate pas aux yeux de tous les hommes comme la lumière du jour, c'est vouloir au fond le limiter. Rien ne pourra faire que ce qu'une pensée réfléchie a été amenée par degrés à comprendre et à exprimer soit saisi d'emblée par les plus simples d'entre nous. Il faut refaire soi-même le chemin tracé par d'autres si on veut les suivre : l'éducation artistique du regard commence avec les petits enfants rien que pour la seule distinction des couleurs ; raison de plus, commençant si tôt, pour qu'elle se continue tard. Tolstoï, pour prouver son dire, rapproche à tort la beauté artistique de la beauté morale. S'il est vrai que chacun peut comprendre la beauté tout intérieure de l'amour et du sacrifice, la raison en est que la beauté morale sort du cœur même de l'homme pour rayonner au dehors, tandis que la beauté des choses doit, pour être comprise, y retourner en quelque sorte, rame-

née par l'émotion : l'une est déjà nòtre, la seconde doit le
devenir. Oui, nous voyons tous le soleil, mais l'admirons-
nous tous au même degré ? C'est un paradoxe que de pré-
tendre que nulle initiation ne soit nécessaire, même pour
comprendre l'art simple et naturel ; c'est malheureusement
celui qu'on comprend en dernier lieu. Croire que les enfants
et le peuple (cette réunion de pauvres grands enfants) ne se
plairont pas plus aux enluminures voyantes qu'à une belle
gravure, à la musique sautillante et dansante d'un qua-
drille qu'à un chant simple et sublime, c'est pousser
l'amour du peuple jusqu'à un touchant aveuglement. Qui
nous donnera un art à la fois grand et populaire, un art
vraiment classique et tout entier éducateur? En attendant,
choisissons dans nos œuvres d'art les parties les plus
saines, les plus simples, les plus élevées pour les mettre
à la portée de tous. Peut-être, après tous nos arts de
décadence, verra-t-on refleurir, en effet, un art jeune et
vivant, qui sera une des formes de la religion universelle.

« S'il est vrai, dit M. Ravaisson, que chez les enfants, et
chez ceux du peuple surtout, l'imagination devance la
raison, n'en résulte-t-il pas, non seulement qu'il devrait
être fait à la culture de l'imagination, dans l'instruction
primaire, une place qu'elle n'y a pas, mais encore que
cette culture devrait y être mise en première ligne? » Il
importe en effet de diriger toute faculté naissante, surtout
lorsqu'il s'agit de celle que l'on a pu appeler la folle du
logis. Établir l'ordre dans les images, c'est commencer les
idées, c'est préparer la voie à la raison. Chez les modernes, l'art au sens le plus général joue encore un
certain rôle dans l'éducation des classes supérieures ;
mais pour l'éducation des classes inférieures il n'en est
pas de même ; or l'enfance et la jeunesse de toute classe
devraient être élevées *in hymnis et canticis :* « c'est de la
sorte que la jeunesse chez les anciens était nourrie avant
tout dans une poésie à la fois religieuse et patriotique,
et dans un art émané des mêmes sources, nourrie ainsi
avant tout dans le culte de la plus haute beauté. Pourquoi l'éducation moderne, au lieu de se laisser envahir
presque entièrement par un prétendu utilitarisme qui
laisse sans culture les facultés d'où les autres devraient
recevoir l'impulsion ; pourquoi ne s'inspirerait-elle pas à
cet égard de la tradition antique ? Ajoutons que, par là,
serait résolu ce grand problème dont les systèmes péda-

gogiques modernes, depuis Rousseau et Pestalozzi, n'ont
donné qu'une solution insuffisante, c'est-à-dire la question
de savoir comment intéresser l'enfant aux études, et spécialement l'enfant des écoles populaires. » M. Ravaisson
a dit que la beauté est le mot de l'univers; il ajoute, avec
plus de vérité, que « la beauté est le mot de l'éducation[1] ».

Sans être aussi inquiet que M. Ravaisson des conséquences que peut avoir dans les écoles un travail purement manuel, nous pensons que cette sorte de travail,
qui, comme nous l'avons dit plus haut, s'exerce sur la
substance, a besoin d'être complété par le sentiment et
l'étude de la forme, par l'esthétique. Ce qui sert dans tous
les métiers, comme dans toutes les occurrences de la vie,
c'est ce que Léonard de Vinci appelait le bon jugement de
l'œil. « C'est l'œil, en effet, dit ce grand maître, qui a
trouvé tous les arts, depuis l'astronomie jusqu'à la navigation, depuis la peinture jusqu'à la menuiserie et la
serrurerie, depuis l'architecture et l'hydraulique jusqu'à
l'agriculture. »

Le dessin et le chant sont, par excellence, les arts
populaires, et ceux qui pourront ainsi le moins s'éloigner
de la nature. On dira : — Si l'on a le besoin d'apprendre le dessin à l'école populaire, ce ne peut être que
le dessin technique, applicable à la vie, le dessin d'une
charrue, d'une machine, d'un bâtiment, le dessin considéré seulement comme un art auxiliaire du dessin
linéaire. — L'expérience, répond avec raison Tolstoï, a
démontré l'inanité et l'injustice de ce programme technique. « La plupart des élèves, après quatre mois de ce
dessin restreint aux seules applications techniques,
exempt de toute reproduction de figures, d'animaux, de
paysages, finissaient par se dégoûter presque de la copie
des objets techniques, et poussaient si loin le sentiment
et le besoin du dessin d'art, qu'ils se faisaient des cahiers
où ils dessinaient en cachette des hommes, des chevaux
avec leurs quatre jambes partant du même point. »
Chaque enfant sent en lui un instinct d'indépendance qu'il
serait pernicieux d'étouffer dans n'importe quel enseignement, et qui, ici, se manifeste surtout par l'irri-
tation contre la copie de modèles. Si l'élève n'apprend
pas dès l'école à créer lui-même, il ne fera qu'imiter
toujours dans la vie, puisque, après avoir appris à copier,

1. Ravaisson. *Dict. de Pédagogie.* Art. Dessin.

bien peu sont capables de faire une application personnelle de leurs connaissances. « En observant toujours dans
le dessin les formes naturelles, en donnant tour à tour
à dessiner les objets les plus variés, comme par exemple
les feuilles d'un aspect caractéristique, les fleurs, la vais-
selle, les choses usuelles, les outils, je tâchai d'éviter la
routine et l'affectation. Grâce à cette méthode, plus de
trente élèves ont, en quelques mois, appris assez fonda-
mentalement à saisir les rapports des lignes dans les
figures et dans les objets les plus divers, et à reproduire
ces figures au moyen de lignes nettes et précises. L'art
tout mécanique du dessin linéaire se développe peu à peu
comme de lui-même. » Léonard de Vinci voulait également qu'on commençât le dessin par l'étude et l'indication des formes qui offrent le plus de caractère et de
beauté. Or, ce sont les formes savantes et non les formes
géométriques.

La musique doit devenir l'art populaire par excellence,
le grand délassement qui, en nous arrachant aux préoccupations matérielles, développe la sympathie et la sociabilité. Faire de la musique en commun, c'est faire
battre en commun tous les cœurs comme vibrent tous
les instruments, toutes les voix. Un concert, c'est une
société idéale dans laquelle on est transporté, où l'accord et l'harmonie sont réalisés, où la vie devient une
sympathie divine. On commence à le comprendre en
France, mais on ne comprend pas encore assez à quel
point il importe de développer le goût musical, si naturel
à tous, d'amener graduellement un peuple à l'amour de la
grande et de la belle musique, de celle qui moralise par
l'élévation de son caractère. Nos musiques militaires et
toutes celles qui dépendent des autorités centrales ont une
mission éducatrice qui ne doit être ni oubliée ni négligée.
La musique d'ailleurs est un des rares plaisirs que peuvent
goûter en commun toutes les classes de la société ; elle
devient ainsi un lien de sympathie universelle, alors qu'il
en existe si peu.

Les arts plastiques sont moins accessibles sans doute
à la jeunesse que la musique et la poésie. Il n'y a cependant
pas de raison suffisante pour négliger, même sur l'architecture, l'éducation artistique des enfants. A défaut des monu-
ments eux-mêmes, les maquettes de nos musées, les gra-

vures et les photographies, si nombreuses et si variées aujourd'hui. parlent aux yeux ; enfin, avec un peu de préparation, il n'est point trop difficile au maître de les commenter, d'en raisonner le détail et l'ensemble. Même, après initiation, l'enfant peut saisir suffisamment le caractère de la sculpture, comprendre le *Quand même*, de Mercier ou *la Défense de Paris*, de Barrias.

VI. Après l'enseignement moral, civique et esthétique, examinons l'instruction intellectuelle donnée dans les écoles. Les programmes de l'instruction primaire comprennent aujourd'hui la lecture et l'écriture, la langue et les éléments de la littérature française ; la géographie, particulièrement celle de la France ; l'histoire. particulièrement celle de la France jusqu'à nos jours ; quelques notions usuelles de droit et d'économie politique, les éléments des sciences naturelles, physiques et mathématiques ; leurs applications à l'agriculture, à l'hygiène, aux arts industriels ; les travaux manuels et l'usage des outils des principaux métiers ; les éléments du dessin. du modelage et de la musique ; la gymnastique, les exercices militaires. En voulant faire apprendre et comprendre aux jeunes gens, en quelques années, tant de choses à la fois, on use par une tension prématurée les ressorts délicats des jeunes esprits, et on risque d'affaiblir du même coup l'énergie intellectuelle et morale.

La partie littéraire, grammaticale, historique et scientifique, soumet nos écoles au système que les Anglais appellent le *cramming*. A-t-on accompli un grand progrès quand on a rempli les têtes de faits, de dates, de mots, de formules ? Ce ne sont pas les mots qui manquent dans la tête des enfants, mais les idées ; ce sont donc des idées qu'il faudrait leur donner. Par malheur, l'érudition envahit tout, même la grammaire, dans les écoles. Réservons pour l'enseignement secondaire, et plus encore pour l'enseignement supérieur, les commentaires historiques, la grammaire comparée, la lexicologie et la phonétique. N'embarrassons point nos enfants et leurs maîtres de hautes spéculations dont ils n'ont que faire. Craignons, en imitant trop les méthodes allemandes, de substituer un pédantisme lourd et sec à un « pédantisme frivole ».

A l'école comme au collège, l'enseignement scientifique devient un emmagasinage pour la mémoire, quand il devrait avoir pour but essentiel de développer l'observation et le raisonnement, pour but secondaire de fournir à l'élève quelques notions utiles et pratiques, en une proportion qui rende possible un souvenir durable. Comme le nombre des objets d'enseignement va croissant, il faudrait recourir, pour les diverses études, à d'autres procédés que ceux qui sont en usage : il faudrait confondre le plus souvent possible la leçon et la récréation ; c'est le moyen d'instruire sans fatiguer. De là l'utilité des promenades scolaires. Ce qu'il y a encore de meilleur dans la botanique, c'est qu'elle fait prendre l'air des champs. Si saint Louis rendait la justice sous un chêne, l'instituteur peut bien enseigner sous un chêne non seulement l'histoire naturelle, mais l'histoire de France, surtout celle du temps des Druides. Rien n'empêche, pour varier les sujets d'enseignement, de prendre aussi de temps à autre pour but de promenade une mine, une usine, un monument historique, enfin tout ce qu'il y a d'intéressant dans le pays.

VII. Tolstoï raconte d'une façon pleine d'humour son tâtonnement dans l'enseignement de l'histoire. Il commença l'histoire comme on la commence toujours, par l'ancienne. Mais les enfants ne se souciaient ni de Sésostris, ni des Pyramides d'Égypte, ni des Phéniciens. De l'histoire ancienne il leur arrivait bien de retenir et de goûter quelque passage, Sémiramis, etc., mais accidentellement, et non parce qu'il leur apprenait quelque chose, mais parce qu'il était conté avec art. De telles pages étant rares, Tolstoï essaya de l'histoire russe, il commença cette « triste *Histoire de Russie*, sans art, comme sans utilité, et qui, de Tchimov à Vodovozov, a subi tant de transformations ». Il s'embrouilla dans les Mstislav, les Vriatschislav, et les Boleslax[1]. Toutes les puissances intellectuelles des enfants entrèrent en jeu pour retenir ces noms « *merveilleux* » ; ce qu'avaient fait ces personnages, c'était pour les élèves une affaire secondaire. — « Voilà lui... — Comment l'appelle-t-on ? — Barikav, ou quoi ? commença un élève, — marcha contre... comment l'appelle-t-on ? — Mouslav, Léon Nikolaïevitch ? murmura une fillette. — Mstislav, répondis-je. — ... Et *tailla l'ennemi en pièces*, dit fièrement l'un. — Attends, toi ! Il y avait là une

1. Miecislas, Vratislas, Boleslas.

rivière. — Et son fils qui rassembla ses troupes et le *tailla en pièces*, comment l'appelle-t-on ?... L'étrange histoire ! dit Semka. — Mtislav, Tchislav ?... A quoi sert-elle ? Le diable la comprenne ! » — Ceux qui ont bonne mémoire essayaient de tenir encore, et disaient, il est vrai, des choses justes, pour peu qu'on les soufflât. Mais tout cela était tellement monstrueux, et ces enfants faisaient peine à voir : ils étaient tous « comme des poules à qui l'on jette d'abord du grain, puis tout à coup du sable, et qui se voient perdues, et gloussent et se démènent, prètes à se plumer l'une l'autre ». Mettez Clotaire, Lothaire, Chilpéric à la place de Tchislav et de Mstislav, et vous aurez une scène d'école en France.

Le goût de l'histoire, selon Tolstoï, se manifeste chez la plupart des enfants après le goût de l'art. Tolstoï fit encore d'autres essais d'enseignement de l'histoire en commençant par notre époque, et trouva, nous dit-il, des procédés fort satisfaisants. Il leur disait la campagne de Crimée, le règne de l'empereur Nikolaï, l'histoire de 1812. Le plus grand succès, comme il fallait s'y attendre, fut pour le récit de la guerre avec Napoléon. « Cette classe est restée, dit Tolstoï, l'un des moments mémorables de ma vie. » Dès qu'il eut montré le théâtre de la lutte reporté en Russie, de tous côtés partirent des exclamations, des paroles de vif intérêt. — « Quoi donc ! il va nous conquérir aussi ? — N'aie pas peur, Alexandre lui rendra la pareille, » dit un autre qui savait l'histoire d'Alexandre. Tolstoï dut les désenchanter ; « le temps n'était pas encore arrivé. » Ce qui les indignait, c'est qu'on voulût donner à Napoléon la sœur du czar en mariage, et que le czar s'entretînt avec lui d'égal à égal sur le pont. — Attends ! disait Petka avec un geste de menace. — Allons ! allons ! raconte !... Lorsque Alexandre refusa de se soumettre, c'est-à-dire déclara la guerre, tous les élèves exprimèrent leur approbation. Lorsque Napoléon, avec douze nations, marcha sur la Russie, soulevant l'Allemagne, la Pologne, tous furent bouleversés.

L'élève allemand se trouvait dans la pièce. — « Ah ! vous aussi, contre nous ? lui dit Petka (le meilleur conteur). — Allons, tais-toi ! crièrent les autres. La retraite des troupes russes fit souffrir les auditeurs ; de tous côtés partaient des : pourquoi ? des : comment ? On injuriait Koutouzov et Barklaï. — Ton Koutouzov est pitoyable ! — Attends un peu ! disait un autre. — Mais pourquoi s'est-il sauvé? demanda un troisième. Lorsqu'on en fut à la bataille de Borodino, et que Tolstoï dut finalement leur dire que les Russes n'avaient pas vaincu, les enfants lui firent de la peine : « on voyait que je leur portais à tous un coup terrible. » — « Si nous n'avons pas vaincu, eux non plus ! » Lorsque Napoléon vint à Moscou, attendant les clefs et les hommages, ce fut un long cri de révolte. L'incendie de Moscou fut approuvé, cela va sans dire.

Enfin arriva le triomphe. — la retraite.... — « Dès que Napoléon eut quitté Moscou, Koutouzov lui donna la chasse et commença à le battre », dit Tolstoï. — Il le lui a fait voir ! cria Petka qui, tout rouge, assis contre le conteur, crispait, dans son agitation, ses doigts noirs. Dès qu'il eut dit cela, un frémissement d'enthousiasme fier secoua la classe entière. Un petit manqua d'être écrasé sans qu'on s'en aperçût : — A la bonne heure ! — Tiens, les voilà, les clefs ! etc. Tolstoï continua en racontant comment on chassa les Français. Ce fut douloureux aux enfants d'apprendre que l'un des Russes arriva trop tard sur la Bérésina ; il fut conspué : Petka grommela même : — « Moi je l'aurais fusillé pour ce retard ! » Ensuite la pitié les prit pour les Français gelés. Puis on passa la frontière ; les Allemands, jusqu'alors contre les Russes, se déclarent pour eux.

De nouveau les élèves tombent sur l'Allemand qui se trouvait là : — « C'est donc ainsi que vous vous conduisez? D'abord contre nous, et, quand nous sommes les plus forts, avec nous? » Et soudain tous se lèvent, en poussant des « ouf! » dont l'écho va retentir jusque dans la rue.

Quand ils sont un peu calmés, Tolstoï reprend son récit ; il leur conte comment on a reconduit Napoléon jusqu'à Paris, comment on a rétabli le vrai roi sur son trône, et triomphé, et banqueté. Mais les souvenirs de la guerre de Crimée leur gâtent leur joie. — « Attends un peu, dit Petka en frappant du poing, attends, quand je serai grand, je leur rendrai la pareille ! Si nous nous retrouvions à la redoute de Schevardinski ou au mamelon de Malakof, nous les reprendrions ! » Il était déjà tard lorsque Tolstoï termina. A cette heure-là, les enfants ont l'habitude de dormir. Personne ne dormait. Comme Tolstoï se levait, de dessous son fauteuil, à l'étonnement général, sortit Taraska : il lui jetait des regards à la fois sérieux et animés. — « Comment t'es-tu fourré là?—Il y est depuis le commencement, » dit quelqu'un. Pas besoin de lui demander s'il avait compris; on le voyait à sa physionomie. — « Tu vas raconter? demanda Tolstoï. — Moi? — Il réfléchit. — ... Je raconterai tout. — Je raconterai à la maison. — Et moi aussi. — Et moi... — N'y en a-t-il plus?—Non. » —Et tous de s'élancer dans l'escalier, qui jurant de rendre la pareille aux Français, qui invectivant l'Allemand, qui répétant comment Koutouzov s'était revanché.

— « Vous avez raconté absolument à la russe, me disait le soir l'Allemand contre lequel on avait poussé des « ouf! » Si vous l'entendiez raconter chez nous, cette histoire! Vous n'avez rien dit des batailles allemandes pour la liberté. — Je tombai d'accord que mon récit n'était pas de l'histoire, mais un conte propre à éveiller le sentiment national. »

Tolstoï finit par en venir à cette conviction que, en ce qui touche l'histoire, tous ces personnages, tous ces événements intéressent l'écolier non pas en raison de leur signification historique, mais en raison de leur attrait dramatique, en raison de l'art déployé par l'historien, ou, plus souvent, par la tradition populaire. L'histoire de Romulus et Rémus intéresse, non point parce que ces deux frères ont fondé le plus puissant empire de l'univers, mais parce qu'elle est attrayante, jolie, merveilleuse..., la louve qui les allaitait! etc. L'histoire de Gracchus intéresse parce qu'elle est aussi dramatique que celle de Grégoire VII et de l'empereur humilié, à laquelle il est possible de s'intéresser. « En un mot, pour l'enfant et en général pour quiconque n'a pas encore vécu, le goût de l'histoire en soi n'existe pas; il n'y a que le goût de l'art. »

Selon Tolstoï, l'antique superstition abolie, il n'y a rien de bien terrible à penser que des gens grandiront sans apprendre dans leur enfance ce que c'était que Iaroslav, Othon, ou qu'il y a une Estramadure, etc. Inspirer le désir de savoir comment vit, a vécu, s'est transformé et développé le genre humain dans les différents royaumes, de savoir les lois suivant lesquelles l'humanité évolue éternellement; inspirer d'autre part le désir de comprendre les lois des phénomènes naturels dans l'univers entier et de la distribution du genre humain sur la surface du globe, — cela c'est une autre chose. « Peut-être, dit

Tolstoï, est-il utile d'inspirer de pareils désirs, mais ce ne
seront ni les Ségur, ni les Thiers, ni les Obodovski, qui
permettront d'atteindre ce but, Je ne vois pour cela
que deux éléments : le sentiment de l'art et le patriotisme. »

Le patriotisme, en effet, doit être l'âme de l'histoire,
il faudrait faire de l'enseignement historique un grand
répertoire moral ; mais la première condition, lorsqu'il est
question de morale, c'est de respecter la vérité. Est-il
donc vraiment besoin, comme le croit Tolstoï, d'altérer
l'histoire pour la rendre intéressante ? Si les enfants
aiment les contes, ils aiment peut-être mieux encore une
histoire vraie, qui *est arrivée*, comme ils disent. Faire de
l'histoire une série de drames, c'est méconnaître la grandeur et l'unité de son caractère, c'est déplacer son intérêt,
le morceler, pour ainsi dire, afin de le partager entre
quelques héros, lesquels en effet, pour mériter cette part
d'intérêt, seront tenus de satisfaire à toutes les règles de l'art
dramatique.

Non, ce que nous appelons l'histoire, ce n'est pas
celle de quelques hommes, mais bien celle de tout un
peuple, de tous les peuples ; et comme de semblables héros
sont éternellement debout, l'intérêt ne doit pas tomber à
chaque page avec tel ou tel personnage donné. L'intérêt
de l'histoire, encore une fois, est tout entier dans les idées,
les sentiments et les efforts des hommes, non de quelques
hommes ; la poésie de l'histoire est celle de la vie en
général, non de quelques vies. Si les enfants s'attristent
de trouver des défaites là où ils voudraient des victoires,
devons-nous regretter que la vie, qu'il n'est pas en notre
pouvoir de changer pour eux, leur apparaisse dans sa
réalité. La seule chose à considérer, c'est l'âge des
enfants.

Tant qu'ils sont très jeunes, on ne peut évidemment songer qu'à feuilleter le livre, non à le lire ; l'histoire sera pour eux une simple succession d'images auxquelles se rattachera ce qu'ils peuvent comprendre des
événements. Mais, à aucune époque, dans l'étude de l'histoire, il ne pourra être question d'une nomenclature fasti-
dieuse de faits, de menus faits non raisonnés dans leurs
causes, ni déduits dans leurs conséquences. Que se passe-
t-il, demande M. Lavisse, après quelques années écoulées,
dans ces têtes mal instruites ? Les vagues souvenirs deviennent plus vagues ; les rares traits connus des figures histo-

riques s'effacent : les compartiments du cadre chronologique cèdent : « Clovis, Charlemagne, saint Louis, Henri IV tombent de leur place, comme des portraits suspendus par un clou fragile à un mur de plâtre. » Il faut donc mieux choisir les faits, laisser tomber les menus et les inutiles, jeter toute la lumière sur ceux dont la connaissance importe, et en dérouler la série, de façon que l'écolier sache comment a vécu la France. L'histoire des mœurs et des institutions ne peut être enseignée à des écoliers par termes abstraits, par des phrases et des théories : mais il est possible de décrire simplement les conditions des individus et des peuples, en se servant des mots connus, des notions élémentaires que possède tout enfant[1].

---

1. M. Lavisse arriva dans une école primaire de Paris au moment où un jeune maître commençait une leçon sur la féodalité. Ce jeune maître n'entendait pas son métier, car il parlait de l'hérédité des offices et des bénéfices, qui laissait absolument indifférents les enfants de huit ans auxquels il s'adressait. Entre le directeur de l'école ; il s'interrompt et s'adresse à toute la classe. — « Qui est-ce qui a déjà vu ici un château du temps de la féodalité ? » Personne ne répond. Le maître, s'adressant alors à un de ces jeunes habitants du faubourg Saint-Antoine : « Tu n'as donc jamais été à Vincennes ? — Si, monsieur. — Eh bien, tu as vu un château du temps de la féodalité. » Voilà le point de départ trouvé dans le présent. « Comment est-il, ce château ? » Plusieurs enfants répondent à la fois. Le maître en prend un, le conduit au tableau, obtient un dessin informe, qu'il rectifie. Il marque des échancrures dans la muraille. « Qu'est-ce que c'est que cela ? » Personne ne le savait. Il définit le créneau. « A quoi cela servait-il ? » Il fait deviner que cela servait à la défense. « Avec quoi se battait-on ? avec des fusils ? » La majorité : « Non, monsieur. — Avec quoi ? » Un jeune savant crie du bout de la classe : « Avec des arcs. — Qu'est-ce qu'un arc ? » Dix voix répondent : « Monsieur, c'est une arbalète. » Le maître sourit et explique la différence. Puis il dit comme il était difficile de prendre avec des arcs et même avec les machines du temps un château, dont les murailles étaient hautes et larges, et continuant : « Quand vous serez ouvriers, bons ouvriers, que vous voyagerez pour votre travail ou pour votre plaisir, vous rencontrerez des ruines de châteaux. Il nomme Montlhéry et autres ruines dans le voisinage de Paris. « Dans chacun d'eux il y avait un seigneur. Que faisaient tous ces seigneurs ? » Toute la classe répond : « Ils se battaient. » Alors le maître dépeint devant ces enfants, dont pas un ne perd une de ses paroles, la guerre féodale, mettant les chevaliers en selle et les couvrant de leurs armures. Mais on ne prend pas un château avec des cuirasses et des lances. Alors la guerre ne finissait pas. Et qui est-ce qui souffrait surtout de la guerre ? Ceux qui n'avaient pas de châteaux, les paysans qui, dans ce temps-là, travaillaient pour le seigneur. C'est la chaumière des paysans du seigneur voisin qu'on brûlait. « Ah ! tu me brûles mes chaumières, disait le seigneur attaqué ; je vais te brûler les tiennes. » Il le faisait, et il brûlait, non seulement les chaumières, mais encore les récoltes. « Et qu'arrive-t-il quand on brûle les récoltes ? Il y a la famine. Est-ce qu'on peut vivre sans manger ? » Toute la classe : « Non, monsieur. — Alors, il a bien fallu trouver un remède. » Le voilà qui parle de la trêve de Dieu ; puis il commente : « C'est une singulière

« Qui enseignera en France ce qu'est la patrie française ? demande M. Lavisse. Ce n'est pas la famille, où il n'y a plus d'autorité, plus de discipline, plus d'enseignement moral; ni la société, où l'on ne parle des devoirs civiques que pour les railler. C'est à l'école de dire aux Français ce qu'est la France. La fin dernière de l'enseignement historique sera de mettre dans le cœur des écoliers de toutes les écoles un sentiment plus fort que cette « vanité frivole et fragile », insupportable dans la prospérité, mais qui, s'effondrant dans les calamités nationales, fait place au désespoir, au dénigrement, à l'admiration de l'étranger et au mépris de soi-même [1].

soi, par exemple. Comment! on a dit à des brigands : « Restez tranquilles du samedi soir au mercredi matin, mais le reste du temps, ne vous gênez pas, battez-vous, brûlez, pillez, tuez! » Ils étaient donc fous, ces gens-là ? » Une voix : « Bien sûr. — Mais non, ils n'étaient pas fous. Écoutez-moi bien. Il y a ici des paresseux. Je fais ce que je puis pour qu'ils travaillent toute la semaine ; mais je serais à moitié content de les voir travailler jusqu'au mercredi. L'église aurait bien voulu qu'on ne se battît pas du tout ; mais, comme elle ne pouvait l'obtenir, elle a essayé de faire rester les seigneurs tranquilles une moitié de la semaine. C'était toujours cela de gagné. Mais l'église n'a pas réussi. Il fallait la force contre la force, et c'est le roi qui a mis tous ces gens à la raison. » Alors le maître explique que les seigneurs n'étaient pas égaux les uns aux autres, qu'il y avait au-dessus du maître de tel château un seigneur plus puissant et plus élevé, habitant dans un autre château. Il donne une idée, presque juste, de l'échelle féodale, et tout en haut, il place le roi. « Quand des gens se battent entre eux, qui est-ce qui les arrête ? » Réponse : « Les sergents de ville. — Eh bien, le roi était un sergent de ville. — Qu'est-ce qu'on fait de ceux qui ont battu et tué quelqu'un ? » Réponse : « On les juge. — Eh bien, le roi était un juge. Est-ce qu'on peut se passer de gendarmes et de juges ? — Non, monsieur. — Eh bien, les anciens rois ont été aussi utiles à la France que les gendarmes et les juges. Ils ont fait du mal dans la suite, mais ils ont commencé par faire du bien. Qu'est-ce que je dis ? aussi utiles ? Bien plus : car il y avait alors plus de brigands qu'aujourd'hui. C'étaient des gens féroces que ces seigneurs, n'est-ce pas ? » La classe : « Oui, monsieur. — Et le peuple, mes enfants, valait-il mieux ? » Réponse unanime, d'un ton convaincu : « Oui, monsieur. — Eh bien, non, mes enfants. Quand ils étaient lâchés, les gens du peuple étaient des gens terribles. Ils pillaient, brûlaient, tuaient, eux aussi ; ils tuaient les femmes et les enfants. Pensez qu'ils ne savaient pas ce qui était bien, ni ce qui était mal. On ne leur apprenait pas à lire. »

« Sur ce mot, qui n'est qu'à moitié juste, dit M. Lavisse, finit une leçon qui avait duré à peine une demi-heure. Formons des maîtres comme celui-là. Mettons dans leurs mains des livres où ils trouvent, simplement exposés, les principaux faits de l'histoire de la civilisation. Ne deviendront-ils pas capables d'enseigner aux enfants l'histoire de la France ? »

1. « Négligez les vieilleries, répète-t-on souvent. Que nous importent Mérovingiens, Carolingiens, Capétiens mêmes? Nous datons d'un siècle à peine. Commencez à notre date. » Belle méthode, pour former des esprits solides et calmes, répond M. Lavisse, que de les emprisonner dans un

VIII. On a beaucoup exagéré, avec le rôle du maître d'école, le rôle de la géographie dans les victoires des Allemands en Autriche et en France. Si la discipline des troupes allemandes a été exemplaire, il paraît qu'il y a à rabattre considérablement sur le degré d'instruction des soldats. Pour gagner des batailles, il ne suffit pas d'ailleurs de savoir lire, écrire, consulter une carte. L'auteur du *Traité sur la discipline au point de vue de l'armée, de l'Etat et du peuple*, M. Hœnig, nous révèle que les recrues enrôlées dans sa compagnie ont peu conservé de ce qu'elles apprennent sur les bancs de l'école. Pendant des années, il s'est efforcé de constater le degré d'instruction de ses recrues. Or, souvent, les faits les plus simples de leur propre pays étaient ignorés par les jeunes gens arrivés au régiment. « Nous réunissions de nombreuses questions sur la patrie d'origine, dit M. Hœnig. Les réponses étaient incroyables. Après la guerre de 1870-1871, beaucoup ne savaient même pas le nom de l'empereur d'Allemagne. »

— Cela ne nous empêche pas, en France, de croire que les connaissances en géographie étaient assez étendues, chez les simples soldats allemands, pour leur faire trouver tous les chemins sur le territoire envahi. La géographie, de nos jours, ce n'est plus la géographie; c'est, comme on l'a remarqué, une encyclopédie, la science universelle : astronomie et géologie; minéralogie, botanique, zoologie, physique, histoire et économie politique; anthropologie, mythologie, sociologie; linguistique, phonétique; histoire des races, des religions; de l'agriculture, du commerce et de l'industrie, etc., etc. A ce compte, la géographie sera ce qu'il y a de plus utile.

Tolstoï nous raconte encore ses perplexités au sujet de

siècle de luttes ardentes, où tout besoin veut être assouvi et toute haine satisfaite sur l'heure! Méthode prudente, que de donner la Révolution pour un point de départ et non pour une conclusion, que d'exposer à l'admiration des enfants l'unique spectacle de révoltes, même légitimes, et de les induire à croire qu'un bon Français doit prendre les Tuileries une fois au moins dans sa vie, deux fois s'il est possible, si bien que, les Tuileries détruites, il ait envie quelque jour de prendre d'assaut, pour ne pas démériter, l'Élysée ou le Palais-Bourbon! « Ne pas enseigner le passé! mais il y a dans le passé une poésie dont nous avons besoin pour vivre. » — Une poésie, et, ajouterons-nous, un enseignement. Sans le passé, le présent n'est ni expliqué, ni mis à sa véritable place dans l'enchaînement des temps ; on ne doit pas ignorer que les causes qui feront l'avenir existent, non point uniquement dans le présent, mais déjà dans le passé, où l'on peut, en quelque sorte, les juger à l'œuvre. S'il est un moyen de ne pas retomber dans les fautes déjà commises, c'est à coup sûr d'en avoir connaissance.

la géographie. Après avoir expliqué, disait-il, le froid et le chaud, il se perdit dans l'explication de l'hiver et de l'été. De nouveau il répéta l'explication, et, à l'aide d'une bougie et d'une sphère, il se fit comprendre parfaitement, « à ce qu'il lui semblait ». On l'écoutait avec beaucoup d'attention et d'intérêt (ce qui les intéressait le plus, c'était de savoir ce que leurs pères se refusaient à croire, et de se vanter de leur science). A la fin de son explication sur l'hiver et l'été, le sceptique Semka, le plus intelligent de tous, arrêta Tolstoï par cette demande : — « Mais comment donc la terre marche-t-elle, et notre isba est toujours à la même place ! Elle devrait se déplacer ! » Tolstoï fit cette réflexion : « Si mon explication dépasse de mille verstes la portée du plus intelligent, qu'est-ce que les obtus y doivent comprendre ? » Il reprit la question, expliqua, dessina, cita toutes les preuves de la rondeur du globe : les voyages autour du monde, l'apparition du mât avant le tillac d'un navire, et les autres preuves : puis, se berçant de la pensée qu'on l'avait compris, il fit écrire la leçon. Tous écrivirent : — « La terre est comme une boule... » Ici la *première preuve*, puis la *seconde*. « La *troisième preuve*, ils l'avaient oubliée, et vinrent me la demander. On voyait que leur principal souci était de se rappeler les *preuves*. Non pas une fois, non pas dix fois, mais des centaines de fois je revins sur mes explications, et toujours sans succès. A un examen, tous les élèves répondraient et répondront maintenant d'une manière satisfaisante, mais je sens qu'ils ne comprennent pas, et, me rappelant que moi-même j'étais arrivé à trente ans sans comprendre, je les excuse. Comme moi dans mon enfance, eux croient maintenant sur parole que la terre est ronde, etc., et ne comprennent pas. Moi, jadis, je comprenais encore moins, car dans ma première enfance, ma niania[1] me contait qu'au bout de l'univers le ciel se rencontre avec la terre, et que là les babas, au bord de la terre, lavent leur linge dans la mer et l'étendent sur le ciel. Nos élèves ont grandi et, maintenant encore, persévèrent dans les idées absolument inverses de celles que je veux leur inculquer. Il faudra encore un long temps pour effacer ces explications et l'image qu'ils se forment de l'univers, avant qu'ils puissent comprendre. »
— A ceci nous répondrons qu'il ne faut pas se flatter d'être jamais absolument compris des enfants en ce qui concerne

1. Bonne d'enfant.

des matières qui, somme toute, dépassent leur portée.
Seulement, la faculté de comprendre se développe comme
toutes les autres avec le temps; l'essentiel est donc le premier pas, le seul qui coûte, et c'est toujours une bonne
avance que de l'avoir fait. Remettre à plus tard ce qui ne
peut être entièrement compris aujourd'hui est un mauvais calcul : plus tard il y aura tant à apprendre! et surtout,
il faut y être préparé. Pour plier l'esprit comme le corps
à une certaine gymnastique, on doit s'y prendre de bonne
heure.

De même que pour l'histoire l'idée de commencer par
la fin, de même, pour la géographie, l'idée a germé et
grandi de commencer par la description de l'école, par le
village. On en a fait l'essai en Allemagne. Tolstoï, décou-
ragé par l'insuccès de la géographie ordinaire, se mit, lui
aussi, à décrire la classe, la maison, le village. « Comme le
tracé des plans, de pareils exercices ne sont pas sans utilité ; mais savoir quelle terre vient après notre village ne
les intéresse guère, parce qu'ils savent tous que c'est
Téliatinkis, et savoir qu'est-ce qui vient après Téliatinkis ne les intéresse guère, parce que c'est, sans
aucun doute, un village du genre de Téliatinkis, et Téliatinkis avec ses champs ne les intéresse pas du tout. —
J'ai essayé de prendre des points de repère, comme Moscou, Kiev; mais tout cela se brouillait si bien dans leur
tête qu'ils étaient obligés de l'apprendre par cœur. — J'ai
essayé de dessiner des cartes, et cela les amusait, aidait
leur mémoire ; mais de nouveau apparaissait la question :
— Pourquoi aider la mémoire ? — J'ai encore essayé de
leur parler des terres polaires et équatoriales; ils écou-
taient avec plaisir, et racontaient ensuite, mais ils rete-
naient tout de ces récits, sauf ce qu'il y avait de géogra-
phique en eux. En fait, le tracé des plans du village était
le tracé des plans, mais pas la géographie; le dessin des
cartes était le dessin des cartes, mais pas la géographie :
les récits d'animaux, de forêts, de glaces et de villes,
étaient des récits, mais pas la géographie. La géographie
était uniquement ce qui s'apprenait par cœur. » Les
enfants, ajoute Tolstoï, racontent, mais ils retiennent
rarement le nom et la position sur la carte du pays où
se passe l'événement raconté; l'événement seul leur reste
dans l'esprit la plupart du temps. « Quand Mitrofanouchka
étudie la géographie, sa mère lui dit : A quoi bon
apprendre toutes les terres? Le cocher te mènera bien

où il te faudra aller. » Jamais, selon Tolstoï. rien de plus
fort n'a été dit contre la géographie, et tous les savants
de l'univers ne sauraient rien répondre à un argument
aussi invincible. Je parle très sérieusement. À quoi
bon connaître la situation de Barcelone. du moment
que je suis arrivé à l'âge de trente-trois ans sans avoir
jamais éprouvé une seule fois le besoin de cette connaissance ? La description la plus pittoresque de Barcelone
et de ses habitants ne pouvait, ce me semble, contribuer
à développer mes facultés intellectuelles. Que sert à
Semka et à Fedka d'apprendre le canal Mariine et sa
navigation, si, comme tout le porte à le supposer, ils
n'auront jamais à y venir? Et s'il arrive à Semka d'y venir
jamais, il est indifférent qu'il l'ait appris ou non : il connaîtra cette navigation par la pratique, et la connaîtra
bien. »

On peut se demander jusqu'à quel point il est profitable
de s'appesantir, durant de nombreuses leçons, sur l'école
et le village. Il n'est jamais bon de rapetisser le monde, et
les hommes par suite, même dans l'esprit des enfants. Du
moment que l'on fait de l'école, du village et d'eux-mêmes
le centre de tout intérêt, les enfants tiendront pour parfaitement inutile de s'occuper des autres terres, lesquelles ne
les touchent pas directement. On répondra que ces leçons
préalables et exclusives n'étaient qu'un point de départ ;
pour vous, oui ; mais les enfants, dont l'esprit est court
comme leurs jambes, se hâtent, si on n'y met ordre, de
limiter le monde à la ligne de l'horizon et de former un
tout du peu qu'ils voient. Bien plus sûr serait-il de se servir
de cet amour du merveilleux qui les possède pour les
intéresser aux pays lointains. Puisqu'ils retiennent si
bien, au dire de Tolstoï. les récits d'animaux, de forêts,
de glaces, il n'est pas impossible, par de fréquentes répétitions, d'attacher à ces choses quelques noms géographiques. La mémoire des enfants est un bon petit servi-
teur, toujours prêt à l'ouvrage, pourvu toutefois qu'on
ne lui en demande pas bien long. J'ai vu un petit garçon
de trois ans et demi s'intéresser à l'Amérique et en
retenir parfaitement le nom. depuis qu'on lui avait conté
que la nuit le soleil allait y briller, de telle sorte que les
petits enfants de ce pays extraordinaire se mettaient à
jouer quand lui songeait à dormir. Ajoutons qu'il n'est
pas aussi indifférent que le croit Tolstoï, d'ignorer
absolument tout des pays qu'on ne doit point voir.

Puisque c'est un fait reconnu qu'à voyager on gagne une grande ouverture d'esprit, à tout le moins devra-t-on prêter l'oreille aux récits de toutes sortes faits sur les différentes contrées et leurs habitants. Tolstoï, d'ailleurs, concédera plus tard que la lecture des relations de voyage ne peut être que profitable. Et enfin, — surtout peut-être, — il est sage d'apporter dans l'enseignement une certaine méthode permettant de ménager les forces, de les diriger aussi, d'empêcher qu'elles ne s'égrènent le long du chemin. Une suite dans les idées et les efforts n'implique d'ailleurs nullement le prosaïsme. N'oublions pas, seulement, que discuter l'intérêt d'une chose, c'est presque toujours le lui refuser ; que, tout au contraire, au travail accompli sans arrière-pensée s'attache une sorte d'intérêt d'office, — intérêt que les enfants trouveront toujours tant bien que mal à leur service, s'ils ne sont pas laissés juges de ce qui est utile ou non, s'ils ne sont pas laissés maîtres d'abandonner ou de poursuivre le travail entrepris.

On ne peut assurément prendre pour guide Tolstoï, qui est un poète à la poursuite d'une méthode d'éducation utopique, sans règle et sans discipline. Pourtant, il y a encore du vrai dans ses observations psychologiques sur la géographie. La géographie est un prétexte à apprendre une foule d'autres choses : par elle-même, elle est fort ingrate et doit être réduite au nécessaire. En s'y prenant comme Tolstoï, et avec des élèves moins dilettantes, on pourrait, de l'endroit où l'on se trouve, passer à la description de pays de plus en plus éloignés, en racontant comment ils ont été découverts, les mœurs, les coutumes des races qui les peuplent, les productions de leur sol. En définitive, c'est la vie humaine, nationale et internationale, qu'il faut montrer par l'intermédiaire de la géographie.

Concluons que, quelle que soit la science qu'il s'agisse d'enseigner à l'école, tout enseignement ne doit jamais être une affaire de mémoire, d'érudition, de pur savoir, mais une question de culture intellectuelle, morale, civique. Maintenir la balance en équilibre entre les diverses branches de l'enseignement, ne prendre de chacune d'elles que les données essentielles et repousser sans merci les détails envahisseurs, telle est la tâche de l'éducation. Son but et son but unique, encore une fois, est de développer l'esprit, non dans un sens, mais dans tous les sens : de l'amener, d'une façon générale, à la hauteur de la science contemporaine, de le « mettre à flot » enfin. Par la suite soufflera le vent ; toute direction sera bonne à l'esprit ainsi préparé.

CHAPITRE VI

L'ENSEIGNEMENT SECONDAIRE ET SUPÉRIEUR

1. L'éducation secondaire classique doit développer harmonieusement les facultés des jeunes gens *pour elles-mêmes*. Elle prend comme moyens les grandes vérités, les beautés de la poésie et de l'éloquence, enfin la part de moralité et de bonté qui est inhérente aux œuvres des meilleurs moralistes, philosophes, historiens, littérateurs et poètes. Il faut, pour cela, deux conditions : des modèles et des exercices personnels. Les modèles doivent être vraiment classiques, c'est-à-dire offrant les beautés littéraires dans leur pureté et dans leur parfaite harmonie. Il ne s'agit pas de rechercher où il y a le plus de puissance *géniale*, mais où il y a le plus de ces qualités qui peuvent s'imiter, le moins de ces défauts qui peuvent s'éviter. Nous n'espérons pas inculquer aux enfants le génie ; donnons-leur le goût, donnons-leur l'amour du beau, le sens critique et, en même temps, un certain talent de pensée, de composition et de style. Or, les modèles en question sont tout

trouvés. Là-dessus, il n'y a pas de contestation : si on peut apprendre aux enfants assez de grec et de latin pour leur faire étudier les chefs-d'œuvre de l'antiquité, personne ne nie qu'il y ait là la meilleure éducation littéraire, comme l'étude de la sculpture grecque ou de la peinture italienne est la meilleure éducation pour les arts plastiques.

L'antiquité greco-latine a une qualité d'importance majeure au point de vue pédagogique : elle n'est pas *romanesque*. Elle ne risque donc pas de développer chez les jeunes gens une imagination vagabonde, tantôt à la poursuite de chimères, tantôt perdue dans le vague des rêveries ; elle ne risque pas non plus de développer une sensiblerie plus ou moins factice. En transportant les enfants dans un milieu lointain et différent du nôtre, elle les empêche de saisir prématurément ce qu'il peut y avoir de trop passionné et de trop passionnant dans la littérature. A cette distance, tout s'apaise, tout se réduit à une beauté plus intellectuelle qu'émouvante. La *raison* est d'ailleurs la caractéristique de la littérature ancienne, surtout de la romaine, et les enfants ont besoin avant tout de raison, de bon sens et de bon goût.

On objecte la difficulté et la longueur des études greco-latines, et on propose de les remplacer par les langues vivantes. Nous répondrons que, dans la pratique, ce dernier enseignement dériverait malgré lui vers l'utilitarisme : il a pour but surtout d'apprendre à *parler* les langues étrangères, qui offrent une utilité trop immédiate et trop visible. En outre, les grands génies allemands et anglais n'ont pas assez les qualités classiques. Les littératures modernes sont tantôt un peu barbares, tantôt trop raffinées et déséquilibrées, presque toujours trop passionnées, trop envahies par ce que Pascal appelait les *passions de l'amour*. La femme est la muse inspiratrice des littératures modernes, et il y a danger à introduire trop tôt dans l'esprit des enfants l'obsession de l'éternel féminin. Les amours grecques et romaines sont si loin, et si vagues, qu'elles n'ont généralement pas la même influence perturbatrice. Encore faut-il passer là-dessus rapidement et choisir plutôt dans les auteurs anciens l'expression des sentiments relatifs à la patrie ou à la famille. Enfin, nous nous rattachons historiquement et héréditai-

rement à l'antiquité latine et grecque : rien de plus naturel
que de maintenir ce lien, puisque les grecs et les latins
demeurent, après tout, des maîtres incomparables de littérature. Ils n'ont pas démérité, que nous sachions,
pour être chassés par les Tudesques et par les Anglo-
Saxons. Qu'y gagneriez-vous ? Vous verriez reparaître,
après les sept ou huit années de collège qui seraient toujours nécessaires à une éducation complète, la même ignorance de l'allemand ou de l'anglais, au lieu de l'ignorance
du latin et du grec. Ce ne sont pas, d'ailleurs, les connaissances linguistiques acquises qu'il faut considérer, mais le
développement acquis de l'esprit et du goût. À ce point
de vue, restons à l'école des classiques anciens, qui ont
été les maîtres des classiques français.

On a adopté dans nos collèges les traductions cur-
sives et orales, au lieu des longs devoirs écrits, les exercices demi-passifs au lieu des exercices actifs, thèmes,
vers, discours. En cela, selon nous, on a fait fausse route.
On a cru qu'il fallait avant tout *connaître* d'un bout à l'autre
le plus grand nombre possible d'ouvrages anciens ; mais
ce n'est point ici une affaire de quantité. D'ailleurs les
anciens, — et non pas seulement Homère, mais presque
tous les autres, — dorment beaucoup. Mieux vaut un
fragment antique étudié à fond que tout un livre lu à
la hâte. S'attacher à un auteur, pénétrer sa pensée
dans chaque phrase, la suivre en comparant les phrases
les unes avec les autres, voilà qui donne à l'intelligence
force et logique. Il y a de plus ici le travail de la
forme : il faut interpréter fidèlement un auteur sans
rien lui ôter, sans lui prêter rien, traduire le sens, le
mouvement, la couleur, l'harmonie : la langue s'assouplit
à ce travail. Le discours, quand on donne seulement le
sujet et quelques notions d'histoire qui s'y rapportent,
apprend à trouver les idées et les sentiments qui conviennent à une situation particulière, à un caractère. C'est un
exercice psychologique. Le professeur, bien entendu, doit
inspirer aux élèves le mépris de la déclamation, l'amour de
la vérité, mettre le plus souvent sous leurs yeux les discours
réels que fournit l'histoire[1]. Il doit chercher pour les compositions françaises des sujets familiers aux élèves, où ils

1. Voir Bersot, *Questions d'enseignement.*

mettront leurs observations, leurs impressions, leurs sentiments, où ils se mettront eux-mêmes. Bersot objecte au
discours latin que, pour y réussir, il faut penser en français avec beaucoup de peine, puis traduire avec beaucoup
de peine sa pensée en latin; dans cette gêne extrême
de penser et d'écrire, l'élève pense et écrit par à peu
près. — Nous répondrons que toute œuvre d'art et de style
exige des efforts et des tâtonnements: c'est même ce qui la
rend profitable. — Le latin des élèves, dit-on encore, est un
recueil d'expressions et de tours qui assiègent leur mémoire et se battent aux portes pour trouver place; ces
expressions et ces tours sont de tous les auteurs, de toutes
les dates; les élèves notent de préférence ce qui les a le
plus frappés, comme étant le plus éloigné de l'habitude, si
bien que le courant uni de la langue leur échappe. —
Qu'importe? On n'apprend pas le latin pour parler en latin,
ni pour écrire la langue pure d'une seule époque : il y a
là une simple gymnastique. C'est moins le résultat qu'il
faut considérer que l'effort d'arrangement, de composition
et d'expression. Les vers latins sont meilleurs encore :
c'est une initiation, imparfaite sans doute, mais très utile,
au langage de la poésie, à ses associations d'images, à
son harmonie et à son rythme. Les versions écrites sont
un très bon essai de logique et de style. Les narrations
sont excellentes, « pourvu, a-t-on dit, que les narrations
d'histoire soient historiques, et que les autres ne demandent pas qu'on parle de ce qu'on ne connaît pas. » Les
dissertations scientifiques, littéraires, philosophiques et
morales, habituent à juger et à raisonner; les analyses
littéraires, à distinguer dans un ouvrage ce qui est essentiel et caractéristique. Ces divers travaux alternés fortifient
et assouplissent: mais les vers surtout, les vers latins,
sont par excellence l'exercice littéraire ; un élève qui n'a
jamais fait un seul vers n'est pas vraiment un lettré. Le
vers latin développe l'esprit poétique sans persuader aux
enfants qu'ils sont des poètes en herbe, sans les enivrer
d'avance des succès de salon.
    Aucun exercice ne peut donc remplacer ni le vers, ni le
discours, ni la narration, ni la dissertation dans l'éducation *littéraire*. On a fait tantôt un crime, tantôt un
honneur aux Jésuites de les avoir inventés. Mais, à vrai
dire, la poésie et l'éloquence ont toujours servi de base à

l'enseignement littéraire. Ainsi faisaient les antiques éducateurs de l'Inde, de l'Égypte. de la Grèce. de Rome ; ainsi
avons-nous fait nous-mêmes jusqu'à ces derniers temps.
M. Manœuvrier dit. avec beaucoup de justesse. qu'il y a
essentiellement. en chacun de nous. un poète et un orateur : ce poète ou cet orateur surgit à un moment
donné, pour exprimer nos émotions. nos passions. nos
ambitions. C'est à ces formes intimes de notre être. à ces
éléments essentiels de notre humanité que s'adresse la
culture littéraire : et c'est là ce qui a fait dire qu'elle est
l'intérêt suprême de l'éducation. Or, par quelle méthode
initier les jeunes gens à la poésie. à l'éloquence ? Suffira-t-il de leur en raconter l'histoire ? Suffira-t-il de
les faire lire ? Forme-t-on un sculpteur ou un peintre « en
racontant Michel-Ange et Raphaël. en montrant le Moïse
et la Sainte-Famille ? » Non. il faut composer. fabriquer
des vers, même de mauvais vers, et des discours. même
de mauvais discours. et des narrations. et des descriptions.
C'est en apprenant à mettre de l'ordre dans ses idées
qu'on finit par acquérir de nouvelles idées. résultats de
l'association et de la suggestion.

Sans doute il ne faut pas tomber dans le culte *exclusif*
de la forme, mais pour cela il y a un sûr moyen : introduire de bonne heure dans nos classes les études morales,
civiques, esthétiques, en un mot philosophiques. En y joi-
gnant un enseignement des sciences d'un caractère également philosophique et même esthétique, qui montrera le
côté grand et beau des vérités, on habituera les élèves à
penser et à sentir, à ne pas parler pour ne rien dire. Pour
unir, coordonner en les simplifiant les études littéraires et
les études scientifiques, il faut un moyen terme, qui est
l'étude des sciences morales et sociales, de la philosophie
de l'art, de la philosophie de l'histoire. de la philosophie
des sciences. L'enseignement philosophique est utile non
seulement aux esprits supérieurs, mais aussi aux esprits
peu cultivés. incapables d'agir par eux-mêmes. Ce n'est
pas qu'un esprit médiocre ne puisse retenir un certain
nombre de détails précis, bien au contraire ; mais ce sont
les grandes lignes reliant les faits les uns aux autres
qui lui échappent. Ces grandes lignes, un enseignement
scientifique même approfondi sur un point déterminé ne
les lui fera point connaître ; l'enseignement littéraire. pas

davantage; seul l'enseignement philosophique, en élargis-
gissant son esprit, les lui découvrira.

II. On a appelé avec raison l'histoire « un grand cime-
tière » : l'historien le plus érudit est celui qui connaît le
mieux le nom des morts, qui a déchiffré le plus d'épi-
taphes des tombeaux humains. L'histoire peut rester, pour
l'esprit qui en fait son étude exclusive, stérile comme la
mort même. Elle aussi vaut surtout par ce qu'elle contient
de philosophique et de social.

On tend à augmenter sans cesse la place de l'histoire,
comme celle des sciences, dans les études classiques. C'est
là une erreur contraire à l'opinion même de nos meilleurs
historiens. Quand M. Fustel de Coulanges inaugura ses
leçons à la Sorbonne par une étude des institutions romaines depuis l'origine, sa séance d'ouverture fut en partie consacrée à écarter le lieu commun qui vante la haute
utilité de l'histoire. « Nous étudierons l'histoire, purement
pour elle-même, disait-il, et pour l'intérêt des faits que
la connaissance de son développement comporte. » Quant à
la prétendue utilité d'expérience dont cette connaissance
serait pour les hommes d'État et les *leaders* politiques.
M. Fustel de Coulanges déclarait en faire bon marché. « Un
homme d'État qui connaîtra bien les besoins, les idées et
les intérêts de son temps, n'aura rien à envier à une érudition historique plus complète et plus profonde que la sienne,
quelle qu'elle soit. Cette connaissance lui vaudra mieux que
les leçons trop préconisées de l'histoire. » L'histoire, selon
M. Fustel de Coulanges, peut même égarer, si on ne tient
pas assez compte de la différence des temps. « Je ne demande point, dit M. Lavisse, que le monde soit gouverné
par des historiens. Il y a entre la politique et l'histoire des
différences essentielles, en ce pays surtout où ne subsiste
aucune force historique léguée par le passé et dont il faille
étudier la puissance pour la ménager. Le politique peut se
passer d'être un érudit en histoire, ajoute à son tour M. Lavisse : il suffit qu'il connaisse les idées, les passions, les
intérêts qui sont les mobiles des opinions et des actes dans
la France contemporaine. Même, j'imagine qu'un véritable
historien serait un homme d'État médiocre, parce que
le respect des ruines l'empêcherait de se résigner aux
sacrifices nécessaires. » Il ne faudrait pas, en effet, confier

l'assainissement de Paris à la Société de l'histoire de Paris et de l'Ile de France; des archéologues sont capables de respecter la fièvre, quand elle habite un vieux palais. Toutefois, si l'histoire ne donne aucune notion précise qui puisse être employée dans telle ou telle partie de l'art du gouvernement, n'explique-t-elle point les qualités comme les défauts du tempérament français, qu'il faut ménager sous peine de mort; n'avertit-elle point les diverses formes de gouvernement des dangers qui leur sont propres; ne nous instruit-elle pas à la modération, à la patience, à la « longueur de temps », et enfin ne nous fait-elle point connaître nos relations avec les peuples étrangers?

L'enseignement de l'histoire et de la géographie se fait encore trop par les méthodes *passives:* c'est un monologue du maître, une leçon de faculté suivie d'interrogations sommaires sur la leçon précédente : les élèves prennent des notes et sténographient; puis ils les recopient et les apprennent en partie par cœur. Il serait bon d'enseigner aux élèves ce que c'est qu'un document et un monument; comment on vérifie, comment on contrôle et critique les témoignages divers[1]. Il faudrait les guider dans des excur-

---

1. On ne se figure pas toute la difficulté d'établir la vérité historique, même pour des faits récents et qui ont eu de nombreux témoins. M. d'Harcourt cite un exemple curieux de cette difficulté ou plutôt de cette quasi-impossibilité de connaître les faits tels qu'ils se sont réellement passés. Il s'agit du rapport du maréchal de Mac-Mahon sur la bataille de Solférino.

« C'était le lendemain même de la bataille, raconte M. d'Harcourt; nous étions encore sur le sommet du coteau où la lutte s'était terminée. Couchés ou assis dans un très petit espace, nous ne pouvions rien faire à l'insu des uns des autres. Le maréchal dit au général, son chef d'état-major, de lui soumettre un projet de rapport. Celui-ci donna l'ordre à deux de ses officiers de rédiger ce document, et ces officiers se mirent immédiatement à l'œuvre. La chose paraissait facile. On embrassait d'un coup d'œil le champ de bataille. Tous les officiers de l'état-major qui avaient porté les ordres étaient réunis dans l'espace de quelques mètres. On était à la source des renseignements les plus complets et les plus certains. Les officiers rédigèrent donc leur rapport en conscience; mais, quand il fut présenté au chef d'état-major, celui-ci se récria, il prétendit que les choses s'étaient passées fort différemment... l'ennemi était alors en face et non à gauche... il avait été culbuté par tel corps et non par tel autre... un mouvement dont on ne parlait que superficiellement avait décidé de la journée, etc. Bref, il fallut remanier du tout au tout le rapport d'après les indications du chef. Les rectifications faites, le rapport fut porté au maréchal; mais à peine celui-ci l'eut-il parcouru qu'il le déclara inexact d'un bout à l'autre. — Vous vous trompez absolument,

sions historiques, analogues à celles que font les bota-
nistes et les géologues : champs de bataille, vieilles rues
des cités, toiles et marbres des musées, cathédrales
et hôtels de ville, manuscrits et vieux livres des biblio-
thèques. On distribuerait une besogne personnelle aux
divers élèves, on leur apprendrait à se faire eux-mêmes
une opinion, à ne pas croire légèrement, à ne pas affirmer
trop vite.

III. En dehors de la somme de science étroite et positive indispensable dans la pratique de la vie, tout enseï-
gnement scientifique restreint est stérile. Qu'il soit plutôt
vague, mais large, car la science vaut plus encore par les
vues générales, par les perspectives qu'elle nous ouvre sur
les choses que par la connaissance de ces choses en elles-
mêmes ; elle vaut plus par les inductions tirées des faits
que par les faits acquis. En un mot la science même de

---

s'écria-t-il, le mouvement tournant a eu lieu beaucoup plus tard, je me
rappelle parfaitement les ordres que j'ai donnés et pourquoi je les ai donnés.
— Mais, disait celui à qui il s'adressait, c'est moi à qui vous les avez donnés,
et je crois bien me les rappeler aussi. Bref, le projet, rectifié une première
fois, le fut une seconde ; de sorte qu'il ne resta rien du rapport primitif.
Ajoutons que, pour faire un rapport général sur la bataille, il a fallu toucher
à tous les rapports partiels, ajouter ici, rogner là, afin de les ajuster ensemble.
Ainsi, ajoute le narrateur de cet épisode, pour un fait qui n'a duré que
quelques heures, où tout s'est passé en plein soleil, les documents en
apparence les plus véridiques, écrits sans aucun esprit de parti par les
hommes les mieux placés pour connaître la vérité, ne peuvent nous inspirer,
quant aux détails, qu'une très médiocre confiance. Que sera-ce donc quand
il s'agira d'événements politiques où l'intrigue jouera son rôle et où tous les
acteurs seront portés par la passion à présenter l'histoire d'une manière
différente ? M. d'Harcourt conclut de cette difficulté d'avoir la connaissance
exacte des faits que l'histoire donne à la science sociale une base peu solide.
Selon lui, l'expérience individuelle, c'est-à-dire la connaissance d'un très
grand nombre de faits, tels que le cours naturel des événements les amène,
la connaissance acquise non par des récits ou des lectures contradictoires,
mais par l'observation personnelle, sans intermédiaire, par suite la maturité
de l'âge et la pratique des affaires, constituent la plus sûre voie d'investi-
gation dans toute étude faite sur les sociétés humaines et dans la plupart
des études historiques. « Aucun livre ne remplace l'expérience. C'est elle
qui éclaire le mieux les actions des hommes ; elle permet d'en pénétrer
les mobiles bien plus sûrement que l'histoire, toujours incertaine en elle-
même, *toujours obscure pour l'homme qui n'a eu aucune pratique des
affaires.* » On ne peut méconnaître qu'il y a une grande part de vérité dans
ces paroles.

la nature vaut surtout, pourrait-on dire, par ce qu'elle contient *d'humanités*.

L'enseignement scientifique développe moins qu'on pourrait le croire le raisonnement, car il fournit à l'esprit des faits et des formules préparées ; il n'exerce pas à penser par soi-même, il ne communique pas l'initiative, qui est le fond de toute pensée personnelle. D'autre part, il ne cultive guère l'imagination, qui est surtout exercée par l'éducation esthétique. L'enseignement philosophique seul développe le raisonnement, ainsi que l'enseignement littéraire bien entendu. Les mathématiques avec leur rigueur et leur précision apparente, peuvent apprendre à cacher la faiblesse des raisons sous la force des raisonnements ; elles donnent des formules simples qui sont incapables d'enserrer la réalité et détruisent « cet esprit de finesse » qui est le sens droit de la vie. Les mathématiciens s'imaginent avoir des formules infaillibles parce qu'elles sont tirées des mathématiques, et ils en ont sur toute chose ; tout est classé, étiqueté, et d'une manière indiscutable : discute-t-on avec une formule ? Même dans les sciences physiques, l'enseignement exclut toute possibilité de douter des faits admis et enregistrés par la science. Il est vrai qu'en certains cas le maître, s'il a les appareils nécessaires, pourra faire, sous les yeux de l'élève, une démonstration pratique des principes qu'il enseigne. Mais cette démonstration est une simple «illustration» qui ne développe en rien le mécanisme du raisonnement inductif ? Herbart a raison de le dire, l'enseignement des sciences, dans les collèges, favorisera toujours avant tout la faculté déductive : pour que le contraire eût lieu, il faudrait que l'élève pût, comme dans les exercices de grammaire et de littérature, vérifier et contrôler sans cesse telle loi qui ne fût pas évidente par elle-même ou qui ne s'imposât pas à l'esprit avec une force irrésistible. Il est permis de douter de la justesse d'une application grammaticale et d'une expression ; l'élève peut sans inconvénient la critiquer, la tenir pour hasardée, hésiter sur l'application de la règle ; mais on ne se le figure pas « doutant de l'exactitude de la table de logarithmes ou des lois de la gravitation universelle. »

L'essentiel, dans l'enseignement scientifique, c'est la méthode même d'enseignement ; or, elle est passive et

aboutit à cette œuvre le plus souvent machinale, la rédaction, — travail de manœuvre et de copiste. Il faudrait y
substituer les méthodes actives. Enseignons peu de sciences, mais enseignons-les scientifiquement, c'est-à-dire en
refaisant la science et en la faisant refaire aux élèves.
Ce sont les élèves qui devraient, à tour de rôle, faire les
manipulations et les expériences; ce sont les élèves qui
devraient entretenir, soigner les machines, faire les col-
lections de plantes, de minéraux, herboriser[1]. On ne donne
pas assez aux élèves le lien qui relie la théorie et la pratique, les habitudes de précision et d'observation. Il faudrait commencer par l'étude des sciences physiques et naturelles, sans oublier celles d'un usage journalier dans la vie,
comme l'hygiène, avec les notions de physiologie sur lesquelles elle repose. Il n'est guère de personne, dit Spencer,
qui n'avoue, si vous l'interrogez, qu'elle s'est, dans le cours
de sa vie, attiré des maladies dont la plus simple notion
de physiologie l'aurait préservée. « Ici c'est une maladie
de cœur, conséquence d'une fièvre rhumatismale amenée
par une imprudence. Une personne boite parce qu'en
dépit de la douleur elle a continué à se servir d'un genou
légèrement blessé. Une autre personne a dû rester cou-
chée pendant des années, parce qu'elle ignorait que
les palpitations dont elle souffrait étaient un des effets
de la fatigue de son cerveau. Tantôt c'est une blessure
incurable qui provient de quelque sot tour de force; tantôt
c'est une constitution qui ne s'est jamais relevée des
suites d'un travail excessif entrepris sans nécessité. »
Les « péchés contre l'ordre physique », tant ceux de nos
ancêtres que les nôtres, en altérant la santé, font de la
vie une infirmité et un fardeau, au lieu d'un bienfait
et d'une jouissance.

IV. Le nouvel enseignement spécial annexé aux lycées,
écrivait autrefois Bersot, a ceci de fâcheux que les autres
élèves le méprisent et « marquent ce mépris par le nom
qu'ils lui donnent... Ils sont si bien convaincus de leur
supériorité, qu'ils en convainquent ceux-là même qu'ils
en accablent... Le préjugé établi est qu'on n'entre pas de
soi-même dans les cours professionnels, mais qu'on y

---

1. Voir sur ce sujet M. Manœuvrier et M. Blanchard.

tombe ». Il y avait selon nous, dans ce dédain, un sentiment fort juste, — le sentiment d'un danger qui menace
aujourd'hui de plus en plus les études classiques. M. Frary
lui-même reconnaît que c'est « une expérience man-
quée ». Si on persiste dans cette voie, on arrivera à
désorganiser tout l'enseignement classique pour essayer
d'organiser l'autre. Nous verrons alors se dérouler toute
la logique des conséquences. On ne considérera plus,
dans l'instruction, que ce qui servira ou ne servira pas
pour la profession future. Le latin et le grec seront donc
inutiles. La plupart des parents diront : à quoi bon ? Ce
qui accommodera fort la paresse des enfants. Bientôt la
France entière sera couverte d'utilitaires à courte vue, et
les lettres classiques auront vécu. L' « élite », qu'on prétendait constituer au profit de ces études, en rejetant le
commun des élèves dans l'enseignement spécial, sera
introuvable ou réduite à l'infiniment petit.

D'ailleurs, toute spécialisation précoce est dangereuse.
Un individu donné n'est jamais un, mais plusieurs :
certains enfants ressemblent d'abord à leur père, puis à
leur mère, et représentent ainsi successivement une série
de types distincts, au moral comme au physique. On ne
peut donc jamais se flatter de saisir l'homme définitif
dans l'enfant ni même dans le jeune homme ; on ne peut
jamais prévoir dans un caractère toutes les possibilités
qu'il renferme, toutes les aptitudes qu'il développera. De
là le danger de toute éducation qui préjuge trop les tendances de l'enfant. L'instruction professionnelle, par
exemple, ne doit avoir pour but que d'éveiller des aptitudes, jamais de répondre à des aptitudes qu'on suppose.
Sans cela, elle est une mutilation dont on peut souffrir
toute une vie. Encore une fois, ce n'est pas un individu
fixé et cristallisé que l'éducateur a entre les mains ; c'est
une série mouvante d'individus, une *famille*, au sens
moral du mot comme au sens où le prend l'histoire naturelle. Un spécialiste est bien souvent un utopiste ; il a la
vue faussée par la petitesse de l'horizon qu'il est habitué à
considérer. Toute spécialisation précoce est une déséquilibration. Faire un soldat, un ingénieur, un musicien, ce
n'est pas nécessairement faire un homme en pleine possession de toutes ses facultés. De plus, il faut tenir compte
des coups manqués, du refus des élèves aux examens

d'admission, etc. Sur des milliers de candidats à l'École
polytechnique, par exemple, 300 seulement sont admis ;
or, si un bon polytechnicien n'est pas nécessairement
un homme accompli, que sera-ce d'un polytechnicien
manqué ?

V.—On connaît les inconvénients des *concours* et surtout
des examens à *longs programmes*, qui sont des dépenses
difficilement réparatrices et, de plus, ne mettent guère en
activité dans le cerveau qu'un organe spécial, la mémoire ;
les examens ne fortifient même pas cet organe, ils l'usent.
Ce qu'il y a de bon dans les concours, c'est l'émulation
qu'ils développent ; mais cette émulation ne se tend et ne
se dépense que pour un résultat souvent fictif, une supériorité d'un jour sur un point particulier. Très souvent l'émulation s'arrête là, croit le classement définitif ; le concours
est un jugement qui arrête les vainqueurs en leur donnant
une conscience outrée de leur valeur, les vaincus en les
décourageant. C'est de l'émulation discontinue, désor-
ganisée, au lieu d'être, comme il le faudrait, une organisation de l'émulation. Il n'est pas mauvais, pourrait-on
dire, qu'il y ait de temps en temps des premiers, mais il
est mauvais qu'il y ait des derniers. Le baccalauréat ne
devrait être, suivant une heureuse définition, que le dernier des examens de passage, l'examen de passage du
collège à la faculté. L'usage en a fait autre chose : trop
souvent on réussit à s'y préparer par des moyens artificiels
et hâtifs. Il en résulte dans les classes des troubles de
toute sorte : nombre d'élèves se figurent volontiers qu'il
sera possible de réparer en rhétorique et en philosophie
le temps perdu ou mal employé depuis la sixième ;
nombre de maîtres sont conduits à prendre les besoins de
l'examen pour régulateurs de leur enseignement, dont
ils diminuent ainsi la liberté, l'élévation, la portée générale et généreuse. Certains esprits passionnés ne voient de
salut que dans la suppression même du baccalauréat. Ils
veulent le remplacer par des examens spéciaux placés à
l'entrée des grandes écoles, des facultés et des adminis-
trations. Cette solution ne ferait qu'accélérer la ruine des
études classiques. Les écoliers ne s'intéresseraient plus
qu'aux connaissances particulières qui sont exigées à l'entrée des diverses carrières. L'unité des études secondaires

serait rompue, le collège serait transformé en un groupement confus d'écoles préparatoires, dont le savoir primaire formerait le seul lien. Il faut simplement combiner le baccalauréat avec des examens de passage, comme cela a lieu en Allemagne.

VI. — D'après la théorie adoptée en Allemagne, les écoles spéciales n'étudient qu'une partie du savoir, les universités ont pour objet de rapprocher toutes ces parties, d'en composer la synthèse. Les écoles recherchent l'application de la science, les universités aspirent à la science pure ; les écoles forment les ouvriers qui appliquent les découvertes, les universités forment les chercheurs qui vont à la découverte. « Les écoles sont le règne de l'action, dit le père Didon dans son livre sur les Allemands, les universités sont le règne de la lumière. » En un temps où les limites du savoir reculent sans cesse, un esprit isolé désespérerait de retrouver par ses seules forces l'unité de la science : les universités, groupe d'hommes associés pour cette œuvre rendent cette unité visible à tous les yeux. « Comme les circonvolutions du cerveau se replient sur elles-mêmes et arrivent à former l'organe de la pensée, les diverses sciences doivent se rapprocher en un seul faisceau, qu'on nomme les Facultés, lesquelles se resserrent dans l'Université pour former le grand organe de la science collective et nationale. »

Cet idéal, les universités allemandes commencent à s'en écarter. Chaque université, dit le député Lasker, se démembre en écoles spéciales, les spécialités mêmes se morcèlent. « L'étudiant devient un écolier, et, depuis que les leçons obligatoires sont abolies, il s'accorde tacitement avec son professeur sur un maigre programme de cours généraux, indispensables pour les examens. Il ne veut pas être tiré en plusieurs sens et, par crainte d'éparpiller son travail dont la matière grossit sans cesse, il s'attache d'une manière étroite aux cours directement pratiques. Quiconque n'étudie pas les sciences naturelles quitte l'université sans avoir une idée des découvertes les plus importantes des naturalistes. Les principes élémentaires d'économie politique, de littérature, d'histoire sont, à un degré effrayant, étrangers à la plupart de ceux que leurs études spéciales n'y ont pas amenés. Les salles de confé-

rences sont à côté les unes des autres ; les instituts appartiennent à un ensemble : les professeurs sont encore liés
par les facultés et le sénat, le personnel, par des statuts et
une organisation extérieure ; mais le lien intellectuel fait
défaut ; les rapports personnels se relâchent, et les étudiants
se séparent, comme si l'université était déjà divisée en un
système d'écoles spéciales, entièrement distinctes[1]. »
Un autre écrivain, anonyme, que l'on sait être un
professeur d'une des grandes universités de l'Allemagne,
a confirmé l'opinion de Lasker. D'après lui, les étudiants
ne se mêlent pas au pied des chaires professorales, et
chaque faculté a son auditoire distinct. Entrez dans un
auditoire où le gentleman domine, vous êtes à la faculté
de droit. Voyez, dans cette autre salle, « une réunion
étrangement mêlée de têtes de moutons et de quelques
figures à caractère ; » vous êtes chez les théologiens. Dans
une troisième salle, « les lunettes trônent sur le nez de la
plupart des assistants ; la coupe des cheveux varie entre
la coiffure à la brebis et les boucles à la Raphaël ; on n'a
pas ici l'ambition de précéder la mode, mais on a la mauvaise fortune de donner une collection presque complète
des modes des quinze dernières années. On y voit des
chapeaux roussis, des devants de chemise et des cravates
rebelles, de grandes oreilles, de grosses pommettes, des
coudes longs. Il y a des exceptions, mais rares : dans ces
auditoires se font des cours de philologie, d'histoire, de
mathématiques, de sciences naturelles. » Ces auditoires
sont ceux de la « faculté de philosophie », qui correspond
à nos deux facultés des sciences et des lettres ; ces étudiants sont de futurs professeurs de gymnases. Chacun
vit donc chez soi, et même la faculté de philosophie se
divise et se subdivise en compartiments : les philologues
n'étudient pas la littérature, les historiens n'étudient pas
la philologie ; à plus forte raison, littéraires et scientifiques
vivent-ils isolés les uns des autres. C'est ainsi que l'université, qui, comme son nom l'indique, devrait tendre à l'universalité du savoir, tend à une spécialisation exclusive.

En France, jusqu'à ces dernières années, nos facultés
n'avaient pas d'élèves réguliers. Aujourd'hui elles ont une
clientèle d'étudiants. De là la querelle des cours ouverts

1. *Deutsche Rundschau*, 1874.

et des cours fermés, qui divise le personnel enseignant. Les uns se prononcent pour le maintien des cours accessibles au grand public; les autres entendent réserver les leçons aux seuls étudiants. Les deux choses ne semblent pas inconciliables et, en fait, sont conciliées. L'enseignement public « convie la nation entière et les étrangers mêmes à l'étude des sciences et des lettres, sans cesse renouvelée et rajeunie par l'autorité du monde savant. Le cours public est une école intellectuelle, largement ouverte ».

Dans les universités allemandes, le professeur travaille entouré d'élèves et de disciples. Plusieurs fois par semaine, il les réunit pour entendre ses leçons, qu'il peut multiplier sans effort parce qu'elles ne sont qu'une causerie familière sur la science dont il est perpétuellement occupé ; il élargit ou rétrécit son cadre, sans être gêné par aucun autre programme que l'intérêt de l'auditoire. Ce contact fréquent, souvent quotidien, du maître et des élèves, permet, selon M. Bréal, d'atteindre rapidement de grands résultats. Ce système avait été introduit à l'École pratique des hautes études ; il a passé dans la plupart de nos facultés. Il ne reste qu'à le généraliser en annexant aux cours publics des conférences privées, dont chaque professeur aura la latitude de régler l'objet spécial, de fixer le nombre et la durée. La faculté des lettres de Paris n'a point changé ses habitudes anciennes; elle a procédé « par addition », sans se croire obligée à rien supprimer. Elle n'avait autrefois que des auditeurs, ou du moins elle ne reconnaissait pas « d'existence légale » à ses élèves perdus dans la foule ; elle a aujourd'hui des élèves organisés en un corps régulier. Les crédits inscrits au budget pour les boursiers de licence et d'agrégation ont assuré l'existence et le développement d'une institution qui rendra des services, ne fût-ce qu'au point de vue d'un meilleur recrutement du personnel enseignant. Malheureusement ces auditeurs, dit M. Bréal, ne sont pas encore des étudiants; ce sont toujours des candidats. « Ils en portent le nom; ils en ont l'humeur inquiète, le manque de liberté d'esprit, le désir de finir et de s'en aller. » Tandis qu'en d'autres contrées, les années passées à l'Université sont l'époque heureuse de la vie, qu'on la prolonge volontiers et qu'on la recommence avec joie, « nos boursiers de licence et d'agrégation n'ont qu'une idée : passer leur examen aussitôt prêts. » Les facultés redeviennent ainsi des réunions d'écoles spéciales.

Aussi, à côté de ces élèves qui forment déjà le noyau du personnel des étudiants, il importe de laisser une large place pour les jeunes gens de bonne volonté. Un grand nombre de jeunes gens ne savent comment employer leur temps au sortir du lycée : — « Il va toujours faire son droit, dit le père de famille en parlant de son fils, et nous verrons après ! » — C'est ainsi, dit M. Lavisse, que beaucoup de jeunes gens ont *fait leur droit,* faute de pouvoir faire autre chose, sans se destiner pour cela aux carrières juridiques, et alors que l'enseignement des facultés des sciences ou des lettres leur aurait été bien plus profitable. « Chacun de nous connaît nombre de cultivateurs, d'industriels, de commerçants, d'oisifs qui ont encombré dans leur jeunesse, sinon les salles des cours, au moins les registres d'inscription des facultés de droit, et dont la place était dans les laboratoires ou dans les auditoires de la Sorbonne. Ils y auraient reçu et des notions plus utiles à leur vie et cette culture générale qui est trop rare dans notre pays. »

Notre classification des facultés est artificielle ; leur division avec des frontières distinctes nuit à l'unité de la science. Il faudrait revenir, pour les lettres et pour les sciences, à l'ancien usage, encore maintenu dans la plupart des universités étrangères : il faudrait réunir les facultés actuellement séparées en une *Faculté des arts,* comme on disait autrefois, ou en une *Faculté de philosophie,* comme on dit en Allemagne. La séparation des facultés a pour la première fois trouvé place dans l'Université napoléonienne ; elle a eu pour effet de nuire à une foule d'enseignements et de produire une sorte d'anarchie.

VII. — Les grandes écoles sont à la fois nécessaires et dangereuses. A l'École polytechnique, on ne fait que de la science pure ; les cours forment comme une large encyclopédie physico-mathématique ; l'instruction qu'on y reçoit est une instruction générale, destinée à développer l'esprit scientifique et à fournir à chacun l'outil qui lui servira plus tard dans ses travaux personnels. En un mot, l'école ne produit ni des ingénieurs ni des officiers ;

son rôle est à la fois plus élevé et plus restreint ; il consiste uniquement à préparer des élèves pour les écoles spéciales chargées de former les ingénieurs et les officiers. C'est dans ces écoles spéciales, à l'École de Fontainebleau, à l'École du génie maritime, etc., pendant deux ans; c'est aux Écoles des mines, des ponts et chaussées, etc., pendant trois ans, que se donne l'instruction technique.

Par malheur, il est certain qu'on surmène les polytechniciens avant et pendant leur séjour à l'école. S'il est bon de faire une *sélection*, il ne faut pas que cette sélection aboutisse à une sorte d'*extermination* physique. Le nombre des malades et des fous produit par le régime de l'école est notable, selon M. Lagneau. De plus, le concours fait une place au hasard comme à la capacité. Une fois entrés à l'école, les élèves conservent rarement leur rang d'examen ; ce sont des bouleversements presque complets. Les exigences du programme augmentent sans cesse, et aujourd'hui elles sont telles qu'il faut s'épuiser pour passer un examen convenable. Ce n'est pas, disent MM. Cournot et Simon, que l'École elle-même ait besoin de toutes ces connaissances ; mais l'examinateur, ne sachant plus comment choisir, augmente la part du hasard pour diminuer d'autant la sienne. S'il n'y a que vingt questions, tout le monde les étudiera ; s'il y en a deux cents, le meilleur élève en possédera cent cinquante. Assurément, c'est un malheur pour lui de tomber sur ce qu'il ne sait pas; mais la conscience du juge est à couvert. On en vient peu à peu à chercher les questions les plus captieuses, qui sont loin d'être les plus importantes.

Le premier malheur qui en résulte, c'est l'invention d'un « art de préparer aux examens », qui se substitue à « l'art d'enseigner la science ». Pendant que l'examinateur torture son candidat et lui propose des énigmes en guise de questions, il est lui-même examiné, étudié, percé à jour par les préparateurs qui composent l'auditoire. On a bien vite découvert ses ruses et noté ses formules, deviné ses fantaisies. Si on avait toujours le même examinateur, on le battrait à coup sûr. Ce n'est plus la science qu'on apprend, c'est la façon de répondre à telle personne. On va donc à l'établissement qui fait recevoir beaucoup d'élèves. On commence l'étude du programme de bonne heure, et on se présente avant d'être tout à fait prêt, pour s'accoutumer à l'examen. « Avec cette triple recette, dit M. Jules Simon, si l'on n'est pas décidément stupide, si on ne tombe pas malade, et si on ne joue pas de malheur, on est à peu près sûr d'entrer à l'École polytechnique. » L'Université a des professeurs, non des préparateurs ; mais, si elle refuse d'entrer dans ce système d'entraînement, elle perdra tous ceux de ses élèves qui se destinent aux écoles du gouvernement ; elle est donc obligée de se mettre à l'unisson par nécessité. Et il en résulte cette singulière contradiction, signalée par M. Cournot, « que l'État paye des préparateurs pour faire prendre le change aux examinateurs sur la valeur réelle des candidats, et des examinateurs pour déjouer les artifices de ces préparateurs ». On dit quelquefois que la concurrence est une bonne chose, qu'elle est un aiguillon pour chacun des concurrents, qu'elle les oblige à mieux faire. Cela n'est pas aussi certain qu'on veut bien le dire, répond M. Jules Simon, surtout en matière d'enseignement ; cela est absolument faux en matière de préparation ; car on ne lutte pas à qui fera les meilleurs élèves, mais à qui fera recevoir le plus de candidats. L'Université subit ici un régime dont elle n'est pas responsable. Par malheur, l'École polytechnique, comme l'École de Saint-Cyr, dépend du ministre de la guerre, ordinairement incompétent en matière d'instruction. Une réforme que toutes les familles appellent de leurs vœux consisterait à reculer de deux ou trois ans la limite d'âge maximum. Le ministre de la guerre la refuse aujourd'hui parce qu'il l'a refusée hier. On comprend une limite sévère pour la marine, car il faut s'habituer de bonne heure à la mer ; et pourtant les jeunes gens qui deviennent élèves de première classe en sortant de l'École polytechnique ne sont pas pour cela de mauvais marins. Mais pour les autres carrières, où est la difficulté d'y entrer deux ou trois ans plus tard ? On n'est reçu à l'École polytechnique que jusqu'à vingt et un ans, à moins d'avoir deux ans de service effectif dans l'armée ; dans ce dernier cas, il suffit de n'avoir pas, au 1er juillet de l'année du concours, dépassé l'âge de vingt-cinq ans : donc l'École polytechnique peut, sans inconvénient pour elle, recevoir des élèves de vingt-cinq ans ; donc elle a tort de fixer la limite d'âge à vingt ans, à son propre détriment, au détriment des études et de la santé des élèves [1]. Ces trois ou quatre ans ne seraient pas perdus, s'ils permettaient de faire une préparation solide au lieu d'une préparation hâtive. « Les écoles de l'État y gagneraient ; et ce serait pour nos collèges un bienfait immense, car nous serions libres alors d'étudier pour étudier ; au lieu qu'aujourd'hui les élèves qui se destinent aux carrières civiles imitent l'exemple, subissent le sort des candidats aux écoles de l'État, les uns et les autres échapperaient aux méthodes de bourrage et d'entraînement, et seraient instruits et élevés comme des hommes [2]. » L'École polytechnique veut une élite ; pour la trouver elle élimine le plus qu'elle peut, mais au nom d'un appareil de programmes, d'une série de questions, de problèmes et, comme disent les élèves, de « colles ». Mieux vaudrait choisir son élite non pas parmi ceux qui se sont le plus chargé la mémoire, mais parmi ceux qui ont le plus de talent et d'élévation dans l'esprit. Le moyen le plus simple, c'est que l'École polytechnique exige d'abord de ses candidats le baccalauréat ès lettres, puis dresse elle-même le programme scientifique sur lequel elle interrogera.

1. Voir Jules Simon, *Réforme de l'Enseignement*, p. 361.
2. *Ibid.*

CHAPITRE VII

L'ÉDUCATION DES FILLES ET L'HÉRÉDITÉ

Toute la question de l'éducation féminine nous semble devoir être dominée par les principes suivants : 1° La femme est physiologiquement plus faible que l'homme ; elle a moins de force en réserve pour suffire à la dépense considérable qu'entraîne le travail cérébral poussé au delà de certaines limites. 2° La fonction génésique occupe une place beaucoup plus importante dans l'organisme féminin que dans l'organisme masculin ; or, cette fonction, selon tous les physiologistes, est en antagonisme avec la dépense cérébrale : la déséquilibration produite chez la femme par le travail intellectuel sera donc nécessairement plus forte chez la femme que chez l'homme. 3° Les conséquences de cette déséquilibration sont encore plus graves pour l'espèce lorsqu'il s'agit de la femme que lorsqu'il s'agit de l'homme. La vie de la femme, d'habitude sédentaire et peu hygiénique, ne permet pas au tempérament épuisé par une éducation irrationnelle de se refaire, comme il arrive pour l'homme ; et d'autre part, cette santé de la mère serait encore plus nécessaire pour l'enfant que la santé du père. La dépense de l'homme pour la paternité est insignifiante à côté de celle de la femme ; il faut à celle-ci, pour la grossesse et la maternité, puis pour l'éducation première de l'enfant, une réserve de forces physiques et morales considérable. Les mères de Bacon et de Gœthe, toutes deux très remarquables, n'eussent pourtant pu écrire ni le *Novum organum*, ni *Faust ;* mais, si elles avaient affaibli tant soit peu leur puissance génératrice

13

par une dépense intellectuelle exagérée, elles n'auraient pu avoir pour fils ni Bacon ni Gœthe. Si, au cours de leur propre vie, les parents dépensent trop de la force qu'ils ont puisée dans leur milieu, il en restera bien peu pour leurs enfants. Coleridge a dit le plus sérieusement du monde : « l'histoire d'un homme dans les neuf mois qui précèdent sa naissance serait probablement plus intéressante et contiendrait des événements d'une plus grande importance que tout ce qui a suivi. »

De hautes autorités estiment que plus l'éducation de la femme est raffinée, plus ses enfants sont faibles. Spencer dit, dans ses *Principes de biologie*, que le travail physique rend les femmes moins fécondes ; puis il ajoute que la même stérilité relative ou absolue est généralement aussi le résultat des travaux intellectuels. Si l'on considère que les filles riches sont beaucoup mieux nourries que celles des classes pauvres et qu'à tous égards leur hygiène est ordinairement meilleure, on ne peut attribuer leur infériorité au point de vue de la reproduction qu'à la dépense intellectuelle à laquelle elles sont astreintes et qui réagit très sensiblement sur le physique. Cette infériorité n'éclate pas seulement dans la fréquence plus grande de la stérilité proprement dite et dans l'abaissement de la limite d'activité reproductrice ; elle se montre aussi dans l'incapacité très générale de ces femmes à la fonction secondaire de la mère, celle qui consiste à allaiter son enfant. « La définition complète de la maternité est le pouvoir de porter à terme un enfant bien développé et de fournir à cet enfant un aliment naturel pendant la période normale. C'est une double fonction à laquelle sont généralement peu propres *les filles au sein plat* qui survivent à une éducation à haute pression. En admettant même qu'elles eussent la moyenne ordinaire d'enfants, elles devraient encore être considérées comme relativement infécondes. » Le docteur Hertel, médecin danois, a constaté dans les écoles supérieures de son pays que 29 0/0 des garçons et 41 0/0 des filles sont dans un état de santé précaire dû au travail ; l'anémie, la scrofule et les maux de tête sévissent tout spécialement. Le professeur Bystroff, à Saint-Pétersbourg, rassemble des constatations analogues.

De ces faits et d'un grand nombre d'autres du même

genre, on peut conclure que le travail excessif imposé par
les concours et les examens de l'enseignement supérieur,
dangereux pour la race chez les garçons, l'est encore infiniment plus chez les filles. Les fatigues de cet ordre, répé-
tées sur plusieurs générations successives, finiraient par
rendre la femme absolument impropre à sa fonction de
mère. Le danger d'une instruction trop scientifique est
d'autant plus grand pour les filles que, plus disposées que
les garçons au travail sédentaire, elles se donnent tout
entières au travail d'esprit et y montrent en moyenne plus
d'assiduité. En même temps que le travail intellectuel, il
faut rendre responsables de ces perturbations dans la
santé la claustration, le mauvais régime, l'insuffisance des
exercices corporels. Ajoutez encore les veillées qui, dans
les familles riches, se passent en « soirées », et, dans les
familles pauvres, en travaux de toutes sortes. M. Clarke,
un Américain, conclut que si l'on continue encore ainsi
pendant un demi-siècle, il n'est pas besoin d'être prophète
pour prédire, d'après les lois de l'hérédité, « que les
femmes appelées à devenir les mères de nos futures
générations devront venir d'au delà de l'Atlantique ». Il
se produit donc, par l'hérédité, une sorte de sélection
à rebours, désastreuse dans ses conséquences ; car les
jeunes filles des classes instruites, qui devraient contribuer justement à élever le niveau des races futures, sont
incapables d'être mères ou mettent au monde des êtres
chétifs, laissant ainsi aux femmes peu cultivées, mais
robustes, le soin de perpétuer l'humanité.

Les mères, préoccupées du soin de rendre leurs filles
agréables, n'en pourraient choisir plus mal les moyens
qu'en sacrifiant ainsi le corps à l'esprit. Ou elles ne tiennent point compte des goûts des hommes, ou elles se
méprennent étrangement sur ces goûts. Les hommes,
remarque Spencer, se soucient peu de l'érudition chez
les femmes ; ce qu'ils prisent beaucoup, c'est la beauté,
le bon caractère et le sens droit. « Quelles sont les con-
quêtes qu'a jamais faites un bas-bleu par sa vaste
connaissance de l'histoire ? Quel homme est jamais devenu
amoureux d'une femme parce qu'elle savait l'italien ? Où
est l'Edwin qui est tombé aux pieds d'Angélina parce
qu'elle parlait l'allemand ? Mais des joues roses et des
yeux brillants, ce sont là de grands attraits. La gaieté et

la bonne humeur que produit la bonne santé ont formé
bien des attachements conduisant au mariage. Tout le
monde a connu des cas dans lesquels la perfection des
formes a fait naître, en l'absence de toute autre recommandation, une passion irrésistible ; mais bien peu de
gens ont vu l'instruction d'une jeune personne exciter,
en dehors de ses mérites physiques et moraux, un pareil
sentiment. » Selon Spencer, de tous les éléments qui
se combinent dans le cœur de l'homme pour produire l'émotion complexe qu'on appelle amour, les plus
puissants sont « ceux qui naissent des avantages extérieurs »; en seconde ligne viennent « ceux que fournissent
les qualités morales»; les plus faibles sont ceux qui sont
produits par « les attraits intellectuels»; et ceux-ci dépendent moins de l'instruction acquise que de facultés naturelles, telles que la vivacité d'esprit, la finesse, la pénétra-
tion. « Si quelque personne trouve que notre assertion a
quelque chose de dégradant pour l'homme et s'indigne que
le caractère masculin puisse se laisser dominer par de
pareils motifs, nous répondrons qu'on ne sait guère ce
que l'on dit. Une des fins de la nature, ou plutôt sa fin
suprême, est le plus grand avantage de la postérité; en ce
qui concerne cette fin, une intelligence cultivée, accompagnée d'une mauvaise constitution physique, est de peu de
valeur, puisque les descendants mourront faute de santé
dans une génération ou deux; à l'inverse, un beau et
robuste physique, quoiqu'il ne soit accompagné d'aucun
talent, mérite d'être conservé, parce que, dans les générations à venir, l'intelligence pourra être indéfiniment
développée : donc nous voyons combien est importante
cette direction imprimée aux instincts de l'homme. Mais,
quoi qu'il en soit de ce côté de la question, les instincts
existent, et c'est en conséquence une folie que de persister dans un système qui détruit la santé d'une jeune
fille, pour le plaisir de surcharger sa mémoire[1].»

S'ensuit-il que la femme ne doive pas être instruite ?
Loin de là, nous irons même jusqu'à dire qu'elle doit être
le plus instruite possible dans les limites de la force dont
elle dispose. Mais autre chose est l'instruction, autre chose
la dépense intellectuelle; le problème, dans toute édu-

1. Spencer, *De l'Éducation.*

cation et principalement dans celle de la femme, c'est de communiquer le plus de connaissances nécessaires et belles, en usant le moins de forces cérébrales chez l'enfant. La femme a dans la famille un rôle auquel elle ne peut jamais se soustraire : elle doit faire l'éducation morale et physique des enfants. C'est à cette fonction que nous devons le mieux la préparer. La pédagogie pratique, avec l'hygiène de la famille qu'elle comprend, est presque la *seule science* nécessaire à la femme, et c'est précisément la seule, peut-être, qui ne lui est pas transmise. Remarquons d'ailleurs que la pédagogie, étant l'art d'enseigner, implique par cela même la connaissance des matières d'enseignement ; si de plus on admet que, pour donner une juste notion des choses, il faut commencer par en avoir une connaissance approfondie, voilà la porte rouverte toute grande à l'activité et à l'extension intellectuelles de la jeune fille.

Un autre ordre de connaissances correspond à un autre rôle de la femme, non plus dans la famille, mais dans la société. La femme représente dans la psychologie humaine l'être en qui sont le plus vivaces et le plus puissants tous les sentiments de pitié, d'affection, d' « altruisme », de dévouement ; elle devrait être la tendresse vivante, la sœur en charité de tout homme. Faire de la politique serait pour la femme une occupation bien stérile et peu pratique ; faire de la philanthropie est tout à fait dans son rôle. Or la philanthropie constitue déjà aujourd'hui une science qui touche aux parties essentielles de l'économie politique. C'est la science de toutes les institutions bienfaisantes ; c'est la science des directions dans lesquelles il faut marcher pour soulager tous les maux humains, alléger un peu la grande misère éternelle. C'est par la philanthropie que la femme devrait aborder l'économie politique.

A la mère incombe surtout la tâche de développer le cœur. La religion maternelle est la plus inoffensive et la plus utile des religions. Le respect attendri de l'enfant est une piété. Le soir, sur les genoux, petit examen de conscience (d'une minute, c'est assez) : « J'ai eu honte de mon enfant ; je veux en être fière demain... » Après une correction, la mère doit toujours être plus peinée d'avoir sévi que l'enfant d'avoir subi le châtiment. C'est le grand art de la mère que de condenser toute la moralité dans l'amour filial, qui en est nécessairement la première forme. La crainte de « faire de la peine à sa mère » est le premier remords de l'enfant, il est longtemps le seul ; il faut que ce remords naïf soit affiné par les soins de la mère, rendu profond comme l'amour, et que dans cette formule rentrent les sentiments les plus hauts. Le cœur de sa mère est sa conscience ; il faut donc en effet que ce cœur soit toute la conscience humaine en raccourci.

En somme, dans l'éducation de la femme il s'agit de concilier deux grands principes opposés. Si, d'une part, disposant d'une moindre force que l'homme, la femme ne peut fournir à une égale dépense de travail intellectuel ; d'autre part, étant destinée à être la compagne de l'homme et l'éducatrice de l'enfant, elle ne doit être *étrangère* à aucune des occupations, à aucun des sentiments de l'homme.

Par cela seul qu'il s'impose de plus en plus au jeune homme, le travail intellectuel s'impose aussi à la jeune fille. Vouloir le supprimer presque totalement pour cette dernière, dans la crainte d'entraver son développement physique et dans l'intention de restituer un jour à l'homme, par sa mère, la force corporelle que la culture intellectuelle de son père lui retire, c'est rêver une œuvre boiteuse. L'enfant hérite non seulement des bonnes qualités physiques et intellectuelles de ses père et mère, mais aussi des mauvaises, et l'on risque, en nombre de cas, d'ajouter à la délicatesse de santé paternelle la paresse et la lenteur d'esprit d'une mère peu cultivée. La mère qui transmet à son enfant une robuste constitution lui fait certes un don inappréciable, mais c'est le doubler que de savoir développer cette belle santé native et, des forces vives de son enfant, faire sortir intelligence, énergie, volonté. Or cette seconde maternité, qui est celle du cœur et de l'esprit, est plus difficile encore à préparer que la première : c'est pourquoi elle doit préoccuper l'éducateur au moins dans une égale mesure. Avant de songer aux fils futurs d'une fillette, il est rationnel de s'occuper de la fillette en elle-même, et cela d'une façon complète, c'est-à-dire au triple point de vue physique, moral et intellectuel. « A vouloir marcher plus vite que les violons, dit le proverbe populaire, on perd la mesure ; » une prévision à trop longue portée en est réduite à imaginer ce qu'elle ne peut voir encore. Qu'ils songent bien d'ailleurs, ceux qui ne veulent considérer dans une jeune fille que ses joues rouges, qu'il est de toute nécessité, au moins dans les classes aisées, d'ouvrir un champ d'activité suffisant à l'intelligence de la jeune fille — intelligence que la nature ne lui a pas refusée, et qui s'emploiera d'une façon ou d'une autre, ne fût-ce que dans les mille niaiseries et frivolités que comporte la vie mondaine. Or on s'use et on pâlit dans une existence vaine autant et même plus que dans une existence sérieuse et réfléchie. De plus, l'élargissement de l'intelligence ne peut que donner un appui et un élan nouveau au développement des qualités morales, qui transparaissent, plus qu'on ne l'imagine, sous la fraîcheur des dix-huit ans. Enfin c'est folie que de se figurer qu'à un homme instruit il suffira d'une compagne aux joues vermeilles : l'accoutumance en diminue l'éclat ; au contraire, les qualités morales sont à toute heure les bienvenues : un esprit cultivé se fait insensiblement un compagnon journalier. Le rôle de la femme, il y a longtemps qu'on l'a dit, ne commence guère qu'après son mariage[1]. N'oublions pas

---

1. « Quel excellent conseiller, dit Stendhal, un homme ne trouverait-il pas dans sa femme si elle savait penser !.., » — « Les ignorants sont les ennemis-nés de l'éducation des femmes. » — « Le dernier des hommes, s'il a vingt ans et les joues bien roses, est dangereux pour une femme qui ne sait rien, car elle est toute à l'instinct ; aux yeux d'une femme d'esprit, il fera justement autant d'effet qu'un beau laquais.., » — « Il est relativement fréquent qu'une fille jolie ait mauvais caractère et se montre paresseuse. Elle sent de bonne heure que son visage lui donne des droits, des privilèges aux yeux des hommes, qu'il lui est inutile de faire effort pour acquérir d'autres qualités alors qu'elle a naturellement celle-ci : la beauté. » — « Le désir de plaire, dit encore Stendhal, met à jamais la pudeur, la délicatesse et toutes les grâces féminines hors de l'atteinte de toute éducation quelconque. C'est comme si l'on craignait d'apprendre à l'oiseau à ne pas chanter au printemps. » Les grâces des femmes ne tiennent pas à l'ignorance ; voyez les dignes épouses des bourgeois de notre village, voyez en Angleterre les femmes des gros marchands. » — « La plupart des hommes ont un moment dans leur vie où ils peuvent faire de grandes choses : c'est celui où rien ne leur semble impossible. L'ignorance des femmes fait perdre au genre humain cette chance magnifique. L'amour fait tout au plus aujourd'hui bien monter à cheval, ou bien choisir son tailleur. » — « Toutes les premières expériences doivent nécessairement contredire la vérité. Éclairez l'esprit d'une jeune fille, formez son caractère, donnez-lui enfin une bonne éducation dans le vrai sens du mot : s'apercevant tôt ou tard de sa supériorité sur les autres femmes, elle devient pédante, c'est-à-dire l'être le plus désagréable et le plus dégradé

non plus que bien des fils ressembleront à leur mère :
la valeur morale et intellectuelle de cette dernière n'est
donc pas sans importance dans le développement de leur
caractère. De toutes ces considérations, il ressort qu'il
ne saurait être question d'enrayer le mouvement de l'éducation intellectuelle chez les jeunes filles, mais simplement de le réformer et de le diriger. Nous avons mis nos
filles comme nos garçons au régime du travail à outrance
sans nous préoccuper de subvenir à la dépense de forces
que nécessite un effort continu : c'est s'embarquer pour les
mers lointaines sans avoir rien prévu. Une mauvaise hygiène est de règle à peu près partout, mais, dans les classes
moyennes de notre société, où précisément les jeunes
filles sont portées à travailler le plus sérieusement (car il
s'agit peut-être d'un gagne-pain pour elles), on en ignore
les premiers éléments. De là épuisement systématique
des enfants, garçons et filles, qui ont à subvenir au double développement du corps et de l'esprit. Or le remède
ici est simple. Nul n'est plus scrupuleux qu'une femme
dans l'exacte observance des règles qui lui ont été présentées comme absolues. Enseignez-lui l'hygiène de même
que vous lui enseignez à tenir une maison, et vous la verrez
s'opposer à toute infraction à l'hygiène, comme à l'enva-
hissement de la poussière sur les meubles. Donner aux
fillettes tous les moyens possibles de retrouver d'un côté
ce qu'elles perdent de l'autre — bonne nourriture, exercices
variés au grand air, long sommeil, — sera déjà énorme,
car c'est une loi naturelle que toute force dépensée ne
demande qu'à se réparer chez les individus bien portants.
Dans l'organisation actuelle de l'enseignement, le côté
moralisateur des examens, tant pour les filles que pour
les garçons, c'est qu'ils assignent un but au travail des
jeunes gens, accoutument ces derniers à l'effort et à l'effort
continu : il leur faut vouloir enfin et persévérer, et cela
seul crée une supériorité pour ceux qui s'en montrent
capables. Seulement, il faut convenir que le résultat total

qui existe au monde. Il n'est aucun de nous qui ne préférât, pour passer la
vie avec elle, une servante à une femme savante. Plantez un jeune arbre au
milieu d'une épaisse forêt, privé d'air et de soleil par ses voisins, ses feuilles
seront étiolées, il prendra une forme élancée et ridicule qui *n'est pas celle de
la nature*. Il faut planter à la fois toute la forêt. Quelle est la femme qui
s'enorgueillit de savoir lire? »

laisse fortement à désirer si nombre de nos jeunes
gens, de nos jeunes filles surtout, sacrifient le meilleur de
leurs forces pour obtenir des brevets la plupart du temps
inutiles.

Si l'on a raison de protester contre la surcharge des
études, c'est ici ou jamais, quand il s'agit des filles, qui
ont moins de forces à dépenser. Il faut s'élever contre toute
connaissance d'une utilité non générale. D'ailleurs rien
n'est fatigant comme ce qui est irrationnel ou fastidieux,
car l'esprit cesse de s'y intéresser et, la curiosité absente,
l'effort seul reste, en se doublant encore de tout l'ennui
éprouvé. Une jeune fille, ne se destinant à aucun emploi
déterminé d'avance, doit acquérir une vue d'ensemble sur
les principales connaissances de l'esprit humain, non se
confiner dans une érudition ardue et nécessairement restreinte. Le but de son éducation, c'est de l'amener à n'être
étrangère à rien, afin que, le cas échéant, elle puisse s'appliquer à tel ou tel objet donné. Car, plus encore que le
jeune homme, la jeune fille ignore de quel côté la vie la
poussera. Une femme peut être appelée à seconder son
mari dans ses occupations, à surveiller les études de ses
fils, au moins à leur début, à faire l'éducation de ses
filles; enfin restent les éventualités de la vie, et il se peut
qu'elle n'ait à compter que sur son travail pour élever
sa jeune famille. Il ne s'agit pas, bien entendu, de tout
lui apprendre, mais de la rendre propre à tout apprendre
en lui donnant le goût de l'étude et l'intérêt pour toutes
choses.

Des mobiles du même genre, dit M. Rochard, poussent
les enfants des deux sexes dans la voie du travail à
outrance. Pour les jeunes gens, ce sont des diplômes
à conquérir, ce sont les lauriers du grand concours,
c'est l'entrée dans une école de l'État. Pour les jeunes
filles, c'est le brevet d'institutrice, c'est l'admission dans
les écoles normales. Le développement que l'enseignement primaire a pris, depuis quelques années, surtout
dans les grandes villes, en a fait une carrière attrayante.
C'est, pour les jeunes filles, un moyen de s'élever au-dessus de leur condition, de sortir de la situation d'infériorité
dans laquelle se trouve leur famille, et de satisfaire « les
goûts de plaisir que tout contribue à développer en elles
et qu'on semble prendre à tâche de surexciter ». Pour

atteindre le but, il n'est pas d'efforts ni de sacrifices qu'elles ne fassent. Elles délaissent les soins du ménage et s'adonnent, avec une ardeur croissante, à ces études qui usent leur vie et qui le plus souvent ne les conduisent qu'à une déception. La carrière de l'enseignement, en raison même de l'attrait qu'elle excite, est aujourd'hui tellement encombrée que ce n'est plus qu'un leurre. Le 1er janvier de l'année 1887, il y avait en France 12 741 jeunes filles aspirant aux fonctions d'institutrice, et, dans ce nombre, 4174, c'est-à-dire près du tiers, pour le département de la Seine. Or, à Paris, on ne disposait, pour 1887, que de soixante places d'institutrices, dont vingt-cinq attribuées par avance aux élèves sortant de l'École normale. Le reste devait être partagé entre les suppléantes à traitement fixe, qui ne sont pas moins de quarante. On peut juger par là du sort qui attend en province les 8 567 jeunes filles convoitant ces positions. Le nombre toujours croissant des aspirantes a mis l'Université dans l'obligation de multiplier les difficultés. On a placé le concours à tous les degrés de l'enseignement, et les programmes sont devenus de plus en plus hérissés. Les jeunes filles qui aspirent à entrer à l'École normale mènent la même existence que les candidats aux écoles spéciales. Mêmes émotions, mêmes angoisses, mêmes efforts désespérés au moment suprême de la lutte; et elles ont moins de force pour les supporter. Sur quatre à cinq cents jeunes filles de quinze à dix-huit ans qui se présentent chaque année au concours pour l'École normale du département de la Seine, on en reçoit vingt-cinq. Comme elles sont internées, qu'on les défraie de tout, qu'on leur garantit à la sortie une place dans les écoles primaires du département, on conçoit l'ardeur qu'elles déploient dans la lutte pour y arriver quand même.

A Paris, où les lois nouvelles portent leurs premiers fruits, l'administration dispose annuellement de cinquante places, pour lesquelles il y a déjà trois mille postulantes. Que deviendront les neuf dixièmes de ces jeunes filles à qui l'État avait semblé promettre une carrière en leur délivrant un brevet? Il faudrait vraiment se préoccuper de créer des positions pour les femmes partout où elles peuvent remplacer l'homme avantageusement, ce qui est encore assez fréquent. Dans l'instruction primaire et secondaire il pourrait leur être fait une plus large place. Rien n'empêcherait de les employer plus qu'il n'est encore d'usage dans les bureaux de poste, de télégraphe et autres. Enfin il serait désirable que, dans l'industrie ou le commerce, elles trouvassent davantage à s'occuper. D'abord, la compétition pour les places de l'État en deviendrait moins acharnée ; en outre on n'aurait pas à redouter de voir grossir chaque année le nombre de ces pauvres filles qui ont travaillé en vain, se trouvent sans ressources et deviennent des déclassées. On a souvent gémi sur le sort de la petite ouvrière dans sa mansarde. L'institutrice sans position et sans espoir est-elle moins à plaindre, et ne faudrait-il pas regretter les lois nouvelles sur l'instruction des filles si elles avaient nécessairement pour conséquence « de les arracher à la condition naturelle de leurs familles pour en faire des gouvernantes? » L'instruction est chose excellente sans doute, quand elle nous prépare au travail que nous devons faire, mais elle ne doit pas servir à nous dégoûter des seuls devoirs qui soient à notre portée et dans notre destination. Elle ne doit pas, en multipliant le nombre des déclassés et des mécontents, devenir une cause de corruption morale et de perturbation sociale, tandis qu'elle serait, dans un état de choses bien ordonné, un moyen d'amélioration et de progrès. Si l'instruction dont on se plaint et dont on redoute les effets produit de mauvais résultats, c'est qu'elle n'est pas ce qu'elle devrait être. Il faudrait une instruction de telle nature que, au lieu de dégoûter de la vie réelle et d'en faire sortir, elle y aboutît et y ramenât, mieux armés et plus habiles, ceux qu'elle a la mission d'y préparer ; moins de raffinement dans les idées, moins d'érudition dans la mémoire, moins d'histoire et de théories littéraires ; plus d'idées morales et esthétiques, plus d'apprentissage de la main, plus d'énergie dans la volonté, plus de savoir-faire pratique et plus d'ingéniosité inventive.

Le *Gegenwart* de Berlin trouve aussi qu'en Allemagne l'éducation donnée aux filles, quoique réalisant un immense progrès, laisse encore beaucoup à désirer. « On leur enseigne trop de choses inutiles, de dates, de noms et de règles dont elles n'auront plus tard que faire, tandis qu'on néglige ce qu'il y a de véritablement important : former et développer la mère future. » On forme « de petites

encyclopédies vivantes », parfois même des femmes spiri-
tuelles, mais point de femmes réellement utiles au corps
social.

Il n'y a qu'un remède à cet état de choses, supprimer une bonne moitié des matières qui figurent au programme et leur substituer des connaissances plus véritablement fondamentales.

Un des préjugés devenus aujourd'hui classiques, c'est de
supposer l'éducation comme ayant un objectif parfaitement
arrêté, un terme, et comme se fermant par un examen au
delà duquel l'éducateur n'a plus rien à désirer, l'élève
plus rien à ambitionner. Cet inconvénient est encore
plus sensible pour la jeune fille que pour le jeune homme,
car, si l'examen ouvre en général une carrière au jeune
homme, il est la plupart du temps tout à fait stérile pour
la jeune fille. Après avoir pris au sérieux son travail d'éco-
lière, s'y être donnée de tout cœur, la jeune fille, une fois
rentrée chez ses parents, voit brusquement s'arrêter cette
impulsion donnée ; de là un vide qui se produit dans sa
vie, la suppression brusque de toute ambition autre que
celle de la coquetterie, de toute distraction autre que les
commérages de la vie bourgeoise. Il serait pourtant
essentiel, aussi bien pour la jeune fille que pour le jeune
homme, de se représenter l'éducation comme continue,
sans interruption, destinée à embrasser la vie tout
entière.

Il ne doit pas y avoir d'époque où l'on cesse d'apprendre.
L'examen, qui n'est qu'un procédé grossier pour constater
par à peu près ce que vous savez, devrait être surtout un
moyen de vous montrer ce que vous ne savez pas encore.
Un programme n'est jamais bon qu'à condition de ne pas
être pris trop au sérieux, de ne pas constituer pour l'élève
une barrière, de ne pas être comme une limite de la taille
intellectuelle. La croissance du corps se continue souvent
jusqu'à plus de vingt ans, la croissance de l'intelligence
doit être absolument indéfinie jusqu'à la mort. Inspirez
donc aux enfants, et surtout aux jeunes filles, le goût de la
lecture, de l'étude, des choses d'art, des nobles délasse-
ments ; ce goût vaudra mieux que tout *savoir* proprement
dit, artificiellement introduit dans les têtes : au lieu d'un
esprit *meublé* de connaissances mortes, vous aurez un esprit
vivant, mouvant, progressif. Au lieu d'atrophier le cerveau

par excès de dépense, vous aurez un cerveau de plus en plus large, capable de transmettre à la race des dispositions intellectuelles et morales plus hautes, et cela sans préjudice de ce qui est le fondement du reste, l'énergie physique et vitale.

CHAPITRE VIII

L'ÉDUCATION ET L'ASSOLEMENT

DANS LA CULTURE INTELLECTUELLE

Danger de la prolongation d'une race dans la même condition sociale, surtout da .s les conditions élevées, — Nécess.té du changement d'occupations et de milieux. — En quoi les supériorités intellectuelles peuvent être dangereuses pour une race. — Règle de l'*assolement* dans la culture intellectuelle. — Le choix des professions.

La prolongation d'une race dans une même condition sociale est généralement fatale pour la vie de cette race. En effet, toute condition sociale renferme une part de conventionnel, et si l'ensemble des conventions est contraire *en un seul point* au développement sain de la vie, fût-il favorable sur tous les autres, cette action nuisible, multipliée par le temps, déséquilibrera la race d'une manière d'autant plus sûre qu'elle se sera mieux accommodée à ce milieu artificiel. L'issue sera la folie ou l'extinction de la race. Donc, à moins de rencontrer un milieu social hygiéniquement parfait de tous points, il n'y a de ressource pour la vitalité d'une race que dans le changement des milieux, qui corrige telle influence mauvaise par des influences en sens contraire. Le progrès des voies de communication, en facilitant pour ainsi dire la combustion et le tirage dans les grands foyers sociaux, ne fait que rendre le danger plus pressant. Un des résultats est l'effroyable accroissement de la folie dans les villes : 530 pour 100 de la tuberculose-méningée. Londres, sous ce rapport, dépasse la moyenne de l'Angleterre de 39 pour 100. De même, les suicides vont chaque jour s'accentuant :

les suicides de Paris sont le septième des suicides de toute
la France, et ceux du département de la Seine, le dixième.
— Excès de la lutte pour l'existence, travail dans les ateliers malsains, alcoolisme, débauche rendue facile, contagion nerveuse, atmosphère immonde : tels sont les périls.
La vie de l'organisme social, comme celle de tous les autres
organismes, se maintient par la combustion ; mais ce qui
se brûle aux foyers les plus actifs de la vie, ce ne sont pas
des matériaux étrangers, ce sont les cellules vivantes elles-
mêmes. L'ordre social actuel crée d'une part des oisifs,
de l'autre des surmenés, et donne pour idéal aux surmenés l'état des oisifs. État pourtant peu enviable. Ne
rien faire, cela mène à tout désirer sans avoir la force de
rien accomplir ; de là l'immoralité fondamentale des oisifs,
— c'est-à-dire de toute une classe de la société. Le meilleur moyen de limiter et de régler la passion, c'est
l'action continue ; et en même temps c'est le moyen de
la satisfaire dans ce qu'elle a de raisonnable et de conforme
aux lois sociales.

Ce ne peut être la supériorité intellectuelle *en elle-même*
qui est dangereuse pour une race, car elle lui crée au
contraire un avantage dans la sélection naturelle. Le danger n'est dans aucune supériorité, quelle qu'elle soit, mais
dans les *tentations* de toutes sortes qu'amènent avec elles
les supériorités. La tentation à laquelle il est le plus difficile de résister dans notre société moderne, c'est celle
d'*exploiter* entièrement son talent, d'en tirer tout le profit
pratique, de le transformer en la plus grande somme
d'argent et d'honneur qu'il puisse donner. C'est cette
exploitation sans mesure des supériorités qui les rend
périlleuses. La chose est si incontestable, qu'on en peut
voir une vérification jusque dans les formes mêmes de supériorité qui semblent le gage le plus sûr de la survivance :
celles de la force physique et de la force musculaire. Si
un homme est d'une force assez remarquable pour songer
à en tirer parti et qu'il se fasse athlète, par exemple, il
diminue beaucoup les chances d'existence pour lui-même,
et conséquemment pour sa race. Pourtant la force physique se confond, dans une certaine mesure, avec les
conditions mêmes de la vie ; mais vouloir exploiter les
conditions de la vie, c'est les altérer. Le meilleur principe
de toute hygiène morale serait donc d'engager l'individu

à s'épargner soi-même, à ne pas considérer chez lui ou chez ses enfants un talent quelconque comme une poule aux œufs d'or qu'il faut tuer, à regarder enfin la vie comme devant être non *exploitée,* mais *conservée,* augmentée et propagée.

La conséquence de ce principe d'épargne physiologique en éducation, c'est l'art de mesurer et de diriger la culture, surtout la culture intellectuelle, de ne pas la rendre trop *intensive,* trop limitée à un seul point de l'intelligence, mais d'en proportionner toujours l'extension à l'intensité. Un principe non moins important doit être l'alternance des cultures elles-mêmes dans la race. L'*assolement en éducation* devrait être une règle aussi élémentaire qu'en agriculture, car il est absolument impossible de cultiver toujours avec succès telle plante dans la même terre, ou telle aptitude dans la même race. Il viendra un jour, peut-être, où on distinguera les occupations susceptibles d'*épuiser* ou d'*améliorer* une race, comme on distingue en agriculture les plantes épuisantes ou améliorantes du sol. L'occupation saine par excellence, c'est bien évidemment celle de laboureur ou de propriétaire campagnard, et le moyen de conserver une suite de générations robustes et brillantes tout ensemble, ce serait de faire alterner pour elles le séjour des villes et celui des champs, de les faire se retremper dans la vie végétative du paysan, toutes les fois qu'elles se seraient dépensées dans la vie intellectuelle et nerveuse des habitants des villes. Cet idéal, dont nous sommes loin dans notre pays, serait facilement réalisable, car nous le voyons réalisé le plus souvent en Angleterre, où l'importance de la propriété territoriale, où les habitudes d'une vie un peu plus sauvage que la nôtre font que l'aristocratie et la bourgeoisie anglaises passent la plus grande partie de leur existence séculaire dans des manoirs ou des cottages, livrées à ces occupations de la campagne qui sont une détente de tout l'organisme.

Sans vouloir tracer la moindre ligne de conduite à suivre dans des conjonctures aussi complexes que le choix d'une profession, nous croyons que c'est un devoir pour l'éducateur de ne jamais presser le fils de suivre la profession du père, toutes les fois du moins que cette profession, comme celle d'artiste, d'homme politique, de savant, ou

14

simplement d'«homme occupé», d'«homme distingué»,
a exigé une dépense nerveuse trop considérable. Rien de
plus naïf, pour qui regarde de haut, que la peur de l'obscurité, la peur de ne pas être « quelqu'un ». Les qualités
réelles d'une race ne se perdent pas pour n'être pas mises
au jour immédiatement; elles s'accumulent plutôt, et le
génie ne sort guère que des tire-lires où les pauvres ont
amassé jour à jour le talent sans le dépenser en folies. Ce
n'est pas sans quelque raison que les Chinois décorent et
anoblissent les pères au lieu des fils : les fils célèbres sont
des enfants prodigues, et le capital qu'ils dépensent ne
vient pas d'eux. La nature acquiert ses plus grandes
richesses en dormant. Aujourd'hui, dans notre impatience,
nous ne savons plus dormir : nous voulons voir les générations toujours éveillées, toujours en effort. Le seul
moyen, encore une fois, de permettre cet effort sans repos,
cette dépense constante, c'est de la varier sans cesse : il
faut se résigner à ce que nos fils soient autres que nous,
ou à ce qu'ils ne soient pas.

Le but de toute réforme sociale et pédagogique ne doit
pas être de diminuer dans la société humaine l'*effort*,
condition essentielle de tout progrès, mais au contraire
d'augmenter l'effort productif par une meilleure organisation et distribution des forces, comme on augmente
souvent la quantité de travail produit dans une journée en
ramenant de douze à dix les heures de travail. Pour cela,
la première chose à faire est de placer l'humanité et surtout les enfants dans de meilleures conditions hygiéniques,
— assainissement des maisons, des lieux de travail, diminution du travail et de l'étude, etc.; deuxièmement, il faut
substituer pendant un certain temps, chez les masses,
un travail intellectuel *bien dirigé* au travail matériel ;
chez les classes aisées, on doit au contraire compenser par
un minimun de travail matériel la déséquilibration qu'entraîne soit le travail exclusivement intellectuel, soit l'oisiveté. Malheureusement, de nos jours, l'augmentation
de la prévoyance sociale se produit surtout dans la
sphère économique; or la prévoyance économique est
souvent en opposition avec la prévoyance vraiment sociale
et hygiénique. Amasser un capital d'argent, et même
d'honneurs, est souvent tout le contraire d'amasser
la santé et la force pour sa race. Voici un jeune homme

pauvre, il attend pour se marier que sa position sociale soit suffisamment élevée, il se surcharge de travail, (examens, préparation aux écoles du gouvernement, etc.). Il se marie déjà âgé, avec un système nerveux surmené, dans les conditions les plus propres à la dégénérescence de sa race. De plus, en vertu de la prévoyance économique qui l'a guidé jusque-là, il restreindra le nombre de ses enfants ; autre chance de dégénérescence, les premiers nés étant loin d'être en moyenne les mieux doués. La conclusion, c'est qu'il y a souvent antinomie entre la prévoyance économique, qui a deux termes, — épargner l'argent à outrance, dépenser ses forces à outrance, —et la prévoyance hygiénique ou morale, qui consiste à épargner sa santé et à ne dépenser ses forces que dans la mesure où la dépense, rapidement réparable, constitue un exercice au lieu d'un épuisement.

D'après ce qui précède, l'accroissement trop rapide de l'épargne, qui représente une quantité de travail physique rendue inutile, est toujours dangereux chez un peuple, lorsqu'il ne s'est pas produit un accroissement proportionnel de la capacité intellectuelle et morale, qui permette d'employer d'une autre manière la force physique mise en liberté par l'épargne. Toute épargne économique peut être une occasion de gaspillage moral. Le vrai progrès consiste dans la transformation méthodique du travail physique en travail intellectuel bien réglé, non dans la cessation ou la diminution du travail. L'idéal social consisterait dans une production absolue, croissante, grâce à l'assolement bien entendu, tandis que l'idéal purement économique n'est que la diminution de la *nécessité de produire*, qui amène le plus souvent une diminution de fait dans la production. Il s'agit de substituer aux *nécessités externes* (faim et misère) qui ont forcé jusqu'ici l'homme à un travail parfois démesuré, une série de *nécessités internes*, de *besoins intellectuels* et *moraux*, correspondant à des *capacités* nouvelles, qui le pousseront à un travail *régulier, proportionné à ses forces.* Ce serait la transformation de l'effort physique et de la tension musculaire en tension nerveuse et en *attention,* mais en attention réglée, variée, s'appliquant à des objets divers avec des intervalles de repos.

CHAPITRE IX

LE BUT DE L'ÉVOLUTION ET DE L'ÉDUCATION

EST-IL L'AUTOMATISME DE L'HÉRÉDITÉ OU LA CONSCIENCE

Quelques partisans de l'évolution, outrant les thèses de MM. Maudsley et Ribot et de Spencer lui-même, arrivent à cette conclusion que le degré le plus élevé de perfection pour l'homme, conséquemment le type le plus accompli d'idéal moral et le terme de l'éducation, ce serait un état complet d'automatisme, où les actes intellectuels et les sentiments les plus compliqués seraient également réduits à de purs réflexes. « Tout fait de conscience, a-t-on dit, toute pensée, tout sentiment suppose une imperfection, un retard, un arrêt, un défaut d'organisation ; si donc nous prenons, pour former le type de l'homme idéal, cette qualité que toutes les autres supposent et qui ne suppose pas les autres, l'organisation, et si nous l'élevons par la pensée au plus haut degré possible, notre idéal de l'homme est un automate inconscient, merveilleusement compliqué et unifié[1]. » Cette théorie de l'idéal humain repose, selon nous, sur des conceptions inexactes du monde et de l'esprit.

L'automatisme inconscient ne pourrait être que l'organisation parfaite des expériences ou perceptions *passées ;* mais ces perceptions passées ne peuvent, dans l'individu et dans la race, coïncider entièrement avec les percep-

---

1. Paulhan. *Le devoir et la science morale, Revue philosophique,* décembre 1886.

tions *à venir* que si on suppose l'homme placé éternellement dans un milieu identique, c'est-à-dire le monde
arrêté dans son évolution. Or, un tel arrêt n'est ni admissible scientifiquement ni pratiquement souhaitable ; il
n'offre aucun des caractères de l'idéal. L'idéal pour l'homme
n'est donc pas l'*adaptation une fois pour toutes* au milieu,
adaptation qui aboutirait en effet à l'automatisme et à l'inconscience ; c'est une facilité croissante à *se réadapter* aux
changements du milieu, une flexibilité, une éducabilité
qui n'est autre chose qu'une intelligence et une conscience
toujours plus parfaites. Si, en effet, s'adapter aux choses
est œuvre d'habitude inconsciente, s'y réadapter sans cesse
est la caractéristique de l'intelligence consciente et de la
volonté, l'œuvre même de l'éducation. La conscience n'est
pas purement et simplement un acte réflexe *arrêté*, comme
les psychologues contemporains la définissent si souvent ;
c'est un acte réflexe *corrigé*, remis en rapport avec les
changements du milieu, plutôt *remonté* qu'arrêté. Et l'idéal
n'est pas de supprimer cette réadaptation au milieu, mais
de la rendre *continue* par la prévision consciente des changements que doit amener la double évolution de l'homme
et du monde. Cette prévision consciente supprimera les
chocs, les surprises, les douleurs, non pas en augmentant
la part de l'automatisme, mais en augmentant celle de
l'intelligence : l'intelligence seule peut nous préparer pour
l'avenir, nous adapter à l'inconnu partiel du temps et de
l'espace. Cet inconnu, quoique non présent encore à nous,
est préfiguré par des idées, par des sentiments ; de là un
milieu moral et intellectuel, un milieu conscient auquel
nous ne pouvons pas échapper, et qui nous garantira toujours contre l'automatisme.

Il est très superficiel de croire que la science et l'éducation scientifique tendent à l'automatisme parce qu'elles
se servent de la mémoire pour y emmagasiner et y organiser
les faits, et que d'autre part la mémoire, étant automatique,
aboutit au souvenir inconscient, à l'habitude ; en d'autres
termes à l'acte réflexe. La science aurait ainsi pour idéal
la routine, conséquemment son contraire même. On oublie
que la science n'est pas constituée seulement par le savoir
acquis, mais par la manière dont on emploie ce savoir
pour connaître toujours davantage et aboutir à des actions
nouvelles. Le progrès augmente constamment le nombre

des machines, des instruments sous la main de l'homme, et parmi ces instruments, le premier de tous est le savoir organisé en habitude, l'instruction. Mais la possession de machines toujours plus compliquées ne tend nullement à transformer l'homme en machine ; au contraire, plus s'accroît le nombre de nos instruments externes ou internes, plus monte en nous la masse de nos perceptions inconscientes et du savoir emmagasiné, plus augmente aussi notre puissance d'attention volontaire : notre puissance et notre conscience se développent simultanément. Il serait naïf de croire que la part de l'inconscient soit plus forte chez un savant que chez un paysan, par exemple ; chez le savant, l'inconscient est sans doute beaucoup plus compliqué, il offre, comme son cerveau, des circonvolutions et des sinuosités sans nombre, mais la conscience est aussi développée dans des proportions plus fortes. Il est étrange, en somme, d'avoir à démontrer que l'ignorance seule est routine, et non pas la science. Comme la sphère du savoir, en s'accroissant, augmente toujours les points de contact avec l'inconnu, il s'ensuit que toute adaptation de l'intelligence au connu ne fait que lui rendre plus facile et plus nécessaire une réadaptation à une autre connaissance plus étendue. Savoir, c'est être entraîné tout ensemble à *apprendre* davantage et à *pouvoir* davantage. C'est pour cela d'ailleurs que la curiosité augmente avec la science et l'instruction : l'homme inférieur n'est pas curieux dans le vrai sens du mot, curieux d'idées nouvelles, de généralisations plus hautes. Ce qui sauvera la science, c'est ce qui l'a constituée et la constituera encore, la curiosité éternelle. Et quoique la science tende à se servir toujours davantage de l'habitude et de l'acte réflexe, à élargir ses bases dans l'inconscient comme on élargit toujours les fondations d'un haut édifice, on peut affirmer qu'elle est la conscience toujours plus lumineuse du genre humain, que le savoir pratique et le pouvoir pratique de l'homme auront toujours pour mesure sa puissance de réflexion intérieure.

M. Ribot déclare que notre pédagogie est tout entière fondée sur une immense erreur, parce qu'elle espère le relèvement du pays d'une meilleure organisation de l'enseignement. L'action ne dépend pas, ajoute-t-il, de l'intelligence, mais du vouloir et du sentiment, et l'instruction

n'a de prise ni sur l'un ni sur l'autre. M. Fouillée, au
contraire, attribue aux idées une force, et croit que toute
idée qui répond à un sentiment tend à quelque action.
De même, selon M. Espinas, lorsque la volonté et les
émotions sont, chez un peuple, atteintes de maladies
irrémédiables, liées elles-mêmes à l'usure organique ou
à quelque altération profonde du tempérament, dans ce
cas il est sans doute chimérique d'espérer que le salut
viendra des connaissances enseignées dans les écoles ;
mais, tant qu'il reste quelque espoir (et nul n'a le droit
de désespérer de la patrie), si une action efficace peut
être exercée sur ce peuple, si la volonté peut être raffermie
en lui et le jeu des émotions redevenir normal, c'est par
les idées, et par des idées vraies, c'est-à-dire par la science,
que la guérison et le relèvement peuvent être obtenus [1].
Examinons donc de plus près le rôle de la conscience
dans l'évolution psychique en général et dans l'évolution
morale en particulier.

1. « Qu'est-ce en effet que le sentiment, dit M. Espinas, sinon l'ébran-
lement résultant d'une vue plus ou moins obscure des dangers ou des avantages qui peuvent nous venir des choses? Qu'est-ce que le vouloir, aussi
instinctif qu'on le suppose, sinon l'impulsion de celle de nos idées à laquelle
le sentiment le plus fort a été attaché par l'hérédité ou par l'habitude? Or,
ne dépend-il pas, dans une certaine mesure, de l'éducateur de communiquer
à certaines idées une force prépondérante, en montrant leurs liaisons avec
les intérêts les plus pressants, puis de plier le vouloir par l'habitude à subir
l'ascendant de ces idées? Et le caractère ne peut-il être ainsi modifié à la
longue, enfin le tempérament, pour autant que la vitalité dévolue à la race
le comporte? Si cela est faux, qu'on nous montre le moyen d'agir directement sur le vouloir et sur ses sources émotionnelles! Peut-être dira-t-on
que, par l'émotion communicative de la parole inspirée, par l'exemple, par
l'autorité de l'accent et du geste, par les beaux-arts, on peut susciter des
sentiments nouveaux; mais encore faudra-t-il admettre que l'éloquence et la
poésie comptent parmi les beaux-arts, que l'accent est celui d'une voix qui
se sert de mots, que l'exemple est commenté par des discours, et que l'émotion de l'éducateur va remuer le cœur du disciple après avoir traversé sa
pensée ; sans quoi on se trouverait en présence d'une pédagogie mystérieuse
qui opérerait dans le silence comme la grâce et laisserait l'enseignement
pour la prière. Il faut choisir : ou on essaiera de modifier le vouloir par
l'idée, ou on renoncera à réformer le vouloir. Ainsi donc, pour élever la jeunesse, pour constituer des méthodes d'éducation, la science psychologique et
sociale, c'est-à-dire la connaissance exacte des lois de l'esprit et des conditions d'existence où il se meut, ne peut pas tout, mais elle peut tout le
possible. Là où la science paraîtra impuissante, c'est qu'il n'y aura eu
rien à tenter. Ce n'est pas la faute du levier si le bras qui le saisit le trouve
trop lourd. »

Le terme de conscience sert à désigner un état mental qui, dans ses conditions physiologiques, est certainement plus complexe que l'état d'inconscience; cet état, une fois produit, constitue (même au point de vue physiologique) parmi les forces composantes qui agissent en nous, une nouvelle unité de force. C'est pour cette raison qu'on a soutenu la théorie des « idées-forces », à laquelle les pages suivantes sont une contribution.

Le phénomène conscient ne se comporte pas absolument de la même façon, dans la chaîne des phénomènes physiologiques, qu'un phénomène purement inconscient, et il y introduit une force nouvelle.

En effet, 1° la conscience est d'abord un *complément d'organisation*, par lequel un phénomène vient se rattacher dans le temps à un autre comme antécédent ou conséquent. L'idée de temps est évidemment postérieure à la conscience même; or il n'y a pas d'organisation complète, même pour une intelligence conçue comme purement automatique, en dehors du temps, qui introduit une *suite* dans les phénomènes, un lien au moins apparent de causalité empirique[1]. Le fait d'avoir conscience nous permet de « reconnaître les phénomènes comme ayant occupé une position précise entre d'autres états de conscience[2]. » Enfin, il nous fournit cette idée essentielle que ce qui a été fait une fois peut être recommencé, que nous pouvons nous imiter nous-mêmes, ou au contraire nous différencier de nous-mêmes, nous modifier.

2° La conscience, constituant une organisation meilleure et, à certains égards, une concentration des phénomènes psychiques, constitue aussi un centre d'attraction pour les forces psychiques. Il en est de l'esprit comme de la matière sidérale, qui attire en raison de sa condensation en noyau. La conscience est de l'action concentrée, solidifiée, cristallisée en quelque sorte. De plus, cette action est transparente pour elle-même : c'est une formule qui se sait; or, tout acte formulé nettement acquiert par là-même une force nouvelle d'attraction et de séduction. Toute tentation vague et mal déterminée pour la conscience reste facile à vaincre; dès qu'elle se détermine, se formule et prend les

---

1. Voir notre étude sur la *Genèse de l'idée de temps.*
2. Voir M. Ribot, *Maladies de la mémoire.*

contours d'un acte conscient, elle peut devenir irrésistible [1].

3° La conscience peut agir par elle-même comme excitateur général de l'organisme. M. Féré a cherché à démontrer, par des expériences psycho-physiologiques, que toute sensation non pénible est un stimulant de la force. Si l'on admet ainsi une puissance dynamogène de la sensation, il n'est pas illogique d'admettre que la conscience, qui fait le fond de toute sensation et même n'est à l'origine qu'une sensation, participe à cette puissance dynamogène. « Nous aimons les sensations », dit Aristote ; si nous les aimons, c'est qu'elles ont sur nous, semble-t-il, un véritable effet tonique ; mais nous aimons aussi à avoir conscience, et il est probable que nous en retirons un avantage immédiat de force générale.

4° La conscience simplifie, dans de grandes proportions, ce que j'appellerai la circulation intérieure, le cours des idées, leur relation l'une avec l'autre, qui rend possible leur comparaison, leur classification.

Comme l'idée fait la vie de l'intelligence, elle fait aussi la vie de la volonté, qui est proprement la vie morale. La force d'une idée, en effet, est en raison directe du nombre d'états de conscience que l'idée se trouve dominer et régler. Celui qui agit conformément à une idée sentira cette force intellectuelle et régulatrice en raison inverse de l'impulsion toute physique et aveugle à agir qu'il subira au même moment. Or, agir selon des idées, c'est par cela même vouloir, c'est le commencement de la vie morale. Grâce à l'idée, toute action est aussitôt *formulée* devant l'agent moral et *classée* par lui ; elle va d'elle-même se ranger dans la série d'états de conscience caractérisée par tel sentiment ou telle sensation, tandis que les signes particuliers et objectifs de cette action sont considérés comme secondaires : cette classification devient presque instantanée par l'effet de l'habitude ; elle a même lieu dans le sommeil somnambulique comme dans la veille. Penser une action, c'est déjà la *juger* sommairement, se sentir attiré ou repoussé par tout un groupe de tendances auxquelles elle se rattache. La caractéristique des peuples très primitifs et des enfants en bas âge, c'est que les impulsions morales n'ont chez eux rien de constant

---

1. Voir plus haut notre chapitre sur la suggestion.

ni de durable ; pour mieux dire, ils n'ont pas en moyenne
d'impulsion constante, et presque toutes les impulsions qui
les font agir prennent le caractère intermittent des besoins
physiques, de la faim, de la soif; l'amour même n'existe
pas chez eux à l'état de passion exclusive et insatiable.
Toutes leurs émotions sont réduites à l'état momentané.
La conséquence, c'est qu'ils ne peuvent ressentir qu'excep-
tionnellement l'influence d'une idée-force. la dictée d'une
« obligation ». Les sentiments que nous appelons moraux ne leur manquent pas absolument, mais ces sentiments n'agissent que dans l'instant présent; à vrai dire,
l'homme primitif a des *caprices* moraux, il n'a pas de
moralité organisée : il peut être héroïque beaucoup plus
facilement que droit et équitable. Et ces caprices, satisfaits
ou non, tendent à s'éteindre sans laisser de trace profonde
en lui, parce que la même raison qui l'empêche de se *con-
tenir* sous la pression d'un mobile, l'empêche aussi de *retenir* ce mobile présent à son esprit; il est distrait comme il
est impuissant, parce qu'il est incapable d'un effort : sa
conscience n'est pas assez complexe pour que des mobiles
puissent s'y balancer longtemps sans que leur force
se dépense et s'épuise aussitôt en mouvements spontanés. Il ignore ce que c'est qu'une ligne de conduite, et
il ne l'apprendra que par une très lente évolution.

Le progrès qui, à ce règne des caprices, des impulsions passagères et discordantes, substitue par degrés le
règne des impulsions tenaces, en harmonie les unes avec
les autres, tend à former le *caractère;* c'est le même
progrès qui tend à constituer aussi la moralité. Avoir du
caractère, c'est conformer sa conduite à certaines règles
empiriques ou théoriques, à certaines idées-forces bonnes
ou mauvaises, mais qui y introduisent toujours de l'harmonie et de la beauté en même temps qu'une valeur morale. Avoir du caractère, c'est éprouver une impulsion assez
forte et assez régulière dans sa force pour se subordonner
toutes les autres. Chez l'individu, une telle impulsion peut
être plus ou moins antisociale; on peut avoir du *caractère,*
et en tant que tel offrir une certaine beauté intérieure, par
là même présenter une moralité élémentaire avec une
conduite réglée, et n'être néanmoins qu'un déclassé au sein
de l'humanité actuelle, un brigand peut-être. Au contraire,
quand il s'agit d'une race, surtout de la race humaine en

général, le *caractère* doit coïncider en moyenne avec le triomphe des instincts sociaux, puisque la sélection exclut tout individu réalisant un type de conduite anti social. Le poème de la vie exclut les Lara et les Manfred ; dès aujourd'hui on peut affirmer que les hommes qui ont le plus de volonté sont en général ceux qui ont la volonté la meilleure; que les vies les mieux coordonnées sont les plus morales ; que les caractères les plus admirables au point de vue esthétique le sont aussi en moyenne au point de vue moral ; qu'enfin il suffit de pouvoir établir en soi une autorité et une subordination quelconques pour y établir plus ou moins partiellement le règne de la moralité.

La conscience n'est donc pas seulement une complication, mais aussi, à d'autres égards, une simplification : c'est pour cela qu'elle devait naître, et c'est pour cela qu'elle ne peut pas disparaître par le progrès de l'organisation mécanique. Figurez-vous, d'une manière sensible, la lutte des penchants et des impulsions inconscientes par une bataille corps à corps entre des hommes luttant à tâtons, dans la nuit : le jour se lève, montre l'état respectif des armées et du même coup décide la bataille. Même quand le résultat final du combat ne serait pas changé, il est avancé de beaucoup, une dépense considérable de force et de vie est ainsi évitée : c'est précisément ce qui se produit quand la conscience met au jour la lutte obscure des penchants. Elle nous permet de saisir immédiatement la force respective de chacun d'eux, force le plus souvent proportionnelle à la généralité des idées que chaque penchant représente, et elle nous épargne le lent tiraillement intérieur, le déchirement de luttes inutiles. Remarquons d'ailleurs que l'inconscience, comme la nuit, est toujours relative : il est probable qu'il y a partout des degrés inférieurs de conscience, comme il y a de la lumière en toute ombre. Si l'idée ne crée pas de force à proprement parler, elle en économise beaucoup. Mais, dire qu'elle ne fait qu'avancer le résultat, ce n'est peut-être pas assez : elle peut modifier les relations des forces. L'influence d'une idée ou, si l'on veut parler physiologiquement, d'une certaine vibration du cerveau, est d'habitude proportionnelle au nombre d'états du système nerveux dont elle est concomitante. Or, dans la réalité, pour qu'un être inconscient expérimente cette force d'une idée, il faut qu'il passe successivement par la série d'états du système nerveux où se manifeste la vibration en question. Au contraire, quand la conscience intervient, il lui suffit de se représenter ces états pour prendre sur le fait la force réelle de l'idée. On voit quelle simplification apporte la conscience. C'est l'avenir devenant présent, c'est la durée, avec l'ensemble de l'évolution, se résumant dans un moment. La pensée est de l'évolution condensée en quelque sorte. On peut considérer l'idée comme un abstrait du sentiment, le sentiment comme un abstrait de la sensation, enfin la sensation même comme un abstrait et un schème d'un état objectif très général, d'une sorte de *nisus* vital plus ou moins indéterminé en lui-même. Ainsi, par une série d'abstractions successives, dont chacune est en même temps une détermination (car l'abstrait a toujours des linéaments plus simplement définis que le concret, et il existe entre eux la différence de l'esquisse au tableau), on s'élève de la vie plus ou moins informe à la pensée la plus définie, et chaque progrès vers l'abstrait marque une économie de force, une simplification dans le mécanisme intérieur, dans cette sorte de « nombre mouvant et vivant » qui constitue la vie et que Platon appelait ψυχή. La pensée est comme l'algèbre du monde, et c'est cette algèbre qui a rendu possible la mécanique la plus complexe, qui a mis la plus haute puissance entre les mains de l'homme. Les progrès de l'évolution se mesurent à la part croissante qu'y prend l'abstrait par rapport au concret. Plus le concret se dissout, s'efface, se subtilise, plus il laisse place à des lignes régulières ; la pensée, comme telle, n'est que l'esquisse des choses, mais c'est à force de raffiner cette esquisse qu'on approche du chef-d'œuvre idéal poursuivi par la nature. C'est que toute ligne nettement arrêtée dans la conscience devient une direction possible dans l'action, et que tout possible est une force. De telle sorte que la pensée abstraite, — objet suprême de l'instruction intellectuelle, — qui semble ce qu'il y a de plus étranger au domaine des forces vives, peut être cependant une très grande force sous certains rapports et peut même devenir la force suprême, à condition qu'elle marque la ligne la plus droite et la moins résistante pour l'action. Les voies tracées dans le monde par la pensée sont comme ces larges percées qu'on

aperçoit d'en haut à travers les grandes villes : elles
semblent vides au premier abord, mais l'œil ne tarde pas
à y découvrir le fourmillement de la vie : ce sont les
artères de la ville, où passe la circulation la plus intense.

S'il y a dans la conscience même d'un phénomène une
certaine force additionnelle qui augmente la force anté-
rieure et propre de ce phénomène, il en résulte qu'il
existe réellement des « idées-forces ». Par idée-force il
faut entendre ce surplus de force qui s'ajoute à une idée
par le fait seul de la conscience réfléchie, et qui a pour
corrélatif, physiquement, un surplus de force motrice. Le
surplus de force est le résultat de la *comparaison de cette
idée* avec les autres idées présentes dans la conscience.
Cette confrontation des idées, cette sorte de pesée intérieure suffit à faire monter les unes et descendre les autres.
Celles qui tendent à l'emporter sont toujours : 1° les plus
générales, qui en conséquence s'associent avec le plus
grand nombre des autres idées, au lieu d'être repoussées
par elles ; l'idée-force est alors celle dont la puissance est
proportionnelle à son degré de rationalité et de conscience, et qui n'emprunte pas cette puissance au domaine
des habitudes inconscientes, mais à son rapport avec les
autres idées conscientes, à sa généralité même. 2° Viennent
ensuite les idées les plus *affectives*, qui éveillent les sentiments les plus vifs sans provoquer par opposition aucun
état dépressif. Il résulte de ces deux lois comme une
simplification des difficultés intérieures au profit des idées
les plus générales ou les plus affectives.

De toutes les considérations précédentes, résulte la
confirmation, non de l'impuissance des idées, mais de la
force des idées et de l'éducation. Aussi, loin que toute
organisation parfaite doive aboutir à l'inconscient, est-il
impossible de se figurer une organisation parfaite sans
conscience. L'état de conscience entre comme chaînon
même dans les raisonnements en partie « inconscients »
qui peuvent s'opérer pendant les éclipses de la lumière
intime.

Chez les espèces supérieures, l'évolution et l'éducation
de la conscience individuelle, beaucoup plus complexe et
plus vaste, est aussi bien plus longue et plus continue ;
elle s'étend jusqu'aux limites extrêmes de la vie. Un des

traits qui caractérisent l'homme par rapport à l'animal et l'homme civilisé par rapport au sauvage, c'est que son intelligence reste plus longtemps capable d'acquisitions nouvelles, ne s'arrête pas dans sa croissance, ne se referme pas sur le savoir acquis. comme certaines fleurs sur les insectes qu'elles étouffent. De même, un des traits essentiels qui caractérisent l'homme de génie, suivant Galton et James Sully, c'est aussi que son intelligence, plus parfaite que celle du commun, a une évolution plus longue. Le génie produit plus tôt et plus tard ; le cerveau du grand homme se fatigue moins vite que ses membres ; sa fécondité ne se suspend pas, elle subsiste jusqu'auprès du tombeau : il sent moins que d'autres venir la mort, comme s'il était moins fait pour elle. L'évolution de la conscience humaine tend donc, chez les types supérieurs de l'humanité, à emplir toute l'existence. C'est ainsi que la nature tend à diminuer toujours davantage cette longue nuit de l'enfance inconsciente et de la vieillesse imbécile qui existe aux degrés inférieurs de l'humanité. Aussi, en voyant reculer pour la conscience humaine les limites de sa fécondité et de son éducation continues, ne serait-il pas antiscientifique d'espérer qu'un jour peut-être, après bien des siècles, pourront reculer aussi les limites de son existence : notre cerveau deviendra plus vivace que le reste de notre corps. Non seulement par ses idées les plus universelles et les plus impersonnelles, mais par la courbe même de son évolution, par la puissance et la durée toujours grandissantes de sa fécondité intérieure, la conscience humaine portera toujours davantage en elle, pour ainsi dire, plus d'immortalité.

FIN.

APPENDICES

Nous donnons en appendice deux études de Guyau. La première est une note adressée à la *Revue philosophique* en 1883. Guyau y signale le premier la possibilité de créer des instincts artificiels ou de modifier les instincts naturels au moyen de la suggestion hypnotique. La deuxième étude, sur le stoïcisme et le christianisme, est une œuvre de jeunesse, — ou plutôt, toutes les œuvres de l'auteur ayant été écrites depuis la dix-neuvième année jusqu'à la trente-troisième, — c'est un de ses premiers essais, d'une inspiration encore à demi kantienne, mais où pourtant se révèle déjà l'originalité et la force de sa pensée. Il venait alors d'achever une remarquable traduction du *Manuel d'Épictète*[1], et ce fut pour lui l'occasion naturelle d'une étude sur le stoïcisme.

1. Librairie Delagrave. 1 vol. in-18.

PREMIER APPENDICE

LES MODIFICATIONS ARTIFICIELLES DU CARACTÈRE

DANS LE SOMNAMBULISME PROVOQUÉ

Lettre au Directeur de la *Revue philosophique*.

Février 1883.

Je vous adresse quelques réflexions — que m'a suggérées un important article de M. Richet — sur les modifications artificielles du caractère moral et des penchants
moraux dans le somnambulisme provoqué.

I

M. Richet traite deux questions : amnésie de la personnalité et mémoire inconsciente.

Pour bien démontrer l'« amnésie de la personnalité »
dans les cas de somnambulisme provoqué, il faudrait
démontrer mieux l'amnésie du *caractère moral*, qui est
la marque essentielle de la personnalité ; cette transformation du caractère s'est produite en partie dans le cas
célèbre cité par le Dᵣ Azam, mais nulle part je ne la constate d'une façon assez formelle dans les expériences de
M. Richet. J'aurais voulu, par exemple, que, transformant
Mme A.... en un général, il la plaçât dans quelque alternative morale et lui donnât le choix entre deux postes
honorables, mais dont l'un offrît une mort à peu près certaine ; on aurait vu si la timidité de la femme reprenait le
dessus. Il me paraît très probable que plusieurs somnambules, jouant tour à tour un même rôle, agiraient *différemment* dans la *même* situation, suivant leur sexe, leur
éducation, leurs habitudes, etc. Il est probable que la
femme mariée dont nous parle M. Richet ne s'acquittera
pas du rôle de « marin » avec la même crudité d'expression que la seconde patiente ; elle se montrerait peut-être
hésitante devant certaines situations trop grossières. En

d'autres termes, la personnalité ancienne ne doit pas disparaître totalement pour laisser place à une personnalité
tombée des nues ; les nouvelles tendances éveillées ne
sont sans doute qu'une *composition* des forces antérieure-
ment données dans l'organisme avec l'impulsion nouvelle
imprimée par la volonté du magnétiseur.

M. Richet serait peut-être aussi porté à trop distinguer la
« comédie vécue » des somnambules d'avec la comédie composée par les auteurs dramatiques ou jouée par les acteurs.
Les poètes ou les musiciens d'une organisation nerveuse
très impressionnable ont positivement vécu les rôles qu'ils
composaient ; Weber crut voir le diable après l'avoir
évoqué dans sa musique ; Shelley avait aussi des hallucinations ; Flaubert (d'après M. Taine) avait à la bouche le
goût de l'arsenic lorsqu'il décrivit l'empoisonnement de
Mᵐᵉ Bovary ; la Malibran devait se confondre elle-même
par instants avec Desdémone. Chacun de nous, dans le
rêve, s'est également transformé en une autre personne
humaine, ou même en un cheval, en un oiseau, etc.
Jusque dans la vie éveillée, il y a toujours en nous,
comme dans Maître Jacques de Molière, plusieurs personnages qu'un changement d'habit suffit à susciter successivement. Le timbre même de la voix, qui touche de si
près à la personnalité, change souvent d'une façon notable lorsqu'on passe d'un rôle à l'autre, et telle personne
n'a plus le même accent dans un salon qu'en famille. Si
le proverbe « qu'on ne connaît quelqu'un qu'après avoir
mangé un boisseau de sel avec lui » est éternellement
vrai, c'est que, pour connaître quelqu'un, il faut l'avoir
vu successivement jouer tous les rôles de la comédie humaine. Il n'en est pas moins certain que, dans les personnages les plus divers, chacun garde l'ensemble des instincts héréditaires et des tendances acquises qui lui sont
propres et qui constituent son individualité, son caractère.
Que ces instincts passent à l'état latent et tout à fait inconscient (comme dans le rêve et le somnambulisme), ou
restent vaguement conscients (comme parfois dans la
veille), la chose est secondaire, pourvu qu'ils existent et
qu'ils agissent. Maître Jacques restera toujours Maître
Jacques, dans son rôle de cocher comme dans celui de
cuisinier ; même s'il oubliait tout à fait le premier rôle en
jouant le second, il ne perdrait pas pour cela tous les traits

de son caractère moral, de son visage intérieur, pas plus
qu'il ne transformerait absolument ceux de sa figure. On
n'a jamais conscience de tout son être, et il est facile de
comprendre que, dans certains cas de délire, cette conscience toujours très limitée se délimite encore plus étroitement, pour embrasser seulement le personnage provisoire qui vous est confié. Mais l'ensemble du caractère et
de la personne subsiste encore dans la pénombre ; il demeure une cause constante de phénomènes intérieurs.
Lorsque, dans le brouillard qui couvre la mer, un petit
rayon de soleil, perçant un nuage, vient à tomber sur l'eau
mouvante, le coin circonscrit qu'il éclaire semble se mouvoir spontanément et constituer je ne sais quoi de distinct,
de séparé, d'indépendant ; mais en réalité ce coin même
emprunte le frisson de son eau à l'ondulation de tout
l'Océan. C'est ainsi que les tendances habituelles de notre
caractère moral et de notre personnalité doivent se retrouver jusque dans les perturbations les plus visibles qui
semblent les supprimer. M. Richet veut établir une distinction entre la personnalité et le moi pour ramener exclusivement la première à un phénomène de mémoire ; mais
n'admet-il pas lui-même, dans l'état de veille, une mémoire inconsciente ? Cette mémoire doit exister également
dans l'état de somnambulisme et lier étroitement entre
elles les diverses phases des transformations ; bien plus,
cette mémoire est en grande partie consciente ; n'existe-
t-il pas, dans tous les exemples cités, une mémoire des
mots, conséquemment des idées et des impressions, et
ces impressions ne porteront-elles pas toujours la marque
propre de l'individualité ? Il est probable qu'on peut
même retrouver dans chaque somnambule comme dans
chaque écrivain une sorte de *style* personnel, et « le style,
c'est l'homme ». L'ensemble de phénomènes mécaniques
qui sont la base de la personne au point de vue scientifique
ne peut pas s'évanouir brusquement ; il se produit des
combinaisons nouvelles, mais rien de ce qui pourrait
ressembler à une création.

II

Ce qu'il y a de plus remarquable dans les faits relatés par M. Richet, c'est certainement ces cas de mémoire inconsciente qu'il nous cite et qui rappellent les merveilleuses ou terribles légendes sur Cagliostro. Dans ces exemples, M. Richet semble avoir pu créer de toutes pièces, au moyen d'un ordre extérieur, une tendance intérieure, un penchant persistant dans l'ombre après le retour à l'état normal et s'imposant en quelque sorte à la volonté du patient. Dans ces curieux exemples, le rêve du somnambule semble encore le dominer et diriger sa vie après son réveil. L'inverse avait été depuis longtemps observé. On avait remarqué que chacun de nous peut régler en quelque façon son sommeil, diriger ses rêves dans une certaine mesure et fixer d'avance l'heure du réveil. Pour notre compte, nous avons souvent observé cette influence de la volonté sur les rêves, influence tout à fait inconsciente pendant le rêve même et pourtant facile à constater au réveil; bien souvent je me suis éveillé à demi au milieu de rêves tristes ; j'ai voulu en changer la direction, et, reprenant le même rêve, je l'ai vu redevenir gai.

Nous croyons qu'il y aurait ici une source féconde d'expériences très curieuses et très importantes pour l'étude des instincts [1]. En effet, les ordres donnés par le magnétiseur semblent susciter, au milieu de tous les instincts de l'être, une tendance nouvelle, un instinct artificiel à l'état naissant.

Le cas le plus curieux qu'ait observé peut-être M. Richet, se trouve relaté dans un article précédent d'octobre

1. Ces expériences ont été faites depuis.

1880. Il s'agit d'une femme qui mangeait fort peu d'habitude. Un jour, pendant son sommeil, M. Richet lui dit qu'il fallait manger beaucoup. Étant réveillée, elle avait complètement oublié la recommandation ; cependant, les jours suivants, la religieuse de l'hôpital prit M. Richet à part pour lui dire qu'elle ne comprenait rien au changement accompli chez la malade. Maintenant, dit-elle, elle me demande toujours plus que je ne lui donne. Si le fait a été exactement observé, il y a là non seulement exécution d'un ordre particulier, mais une impulsion inconsciente se rapprochant beaucoup de l'instinct naturel. En somme, tout instinct, naturel ou moral, dérive, selon la remarque de Cuvier, d'une sorte de somnambulisme, puisqu'il nous donne un ordre dont nous ignorons la raison. Nous entendons la « voix de la conscience » sans savoir d'où elle vient. Pour varier les expériences, il faudrait ordonner à la patiente non seulement de manger, mais par exemple de se lever matin tous les jours, de travailler assidûment. On pourrait en venir à modifier par degrés de cette manière le caractère moral des personnes, et le somnambulisme provoqué pourrait prendre une certaine importance, comme moyen d'action, dans l'hygiène morale de l'humanité[1]. Toutes ces hypothèses tentantes sont suspendues à la question de savoir si les observations de M. Richet ont été faites avec une suffisante rigueur scientifique.

Au cas où les expérimentations de ce genre se confirmeraient, on pourrait aller plus loin et voir s'il ne serait pas possible d'annuler, par une série d'ordres répétés, tel ou tel instinct naturel. On dit qu'on peut faire perdre à une somnambule la mémoire, par exemple la mémoire des noms ; on peut même, selon M. Richet, faire perdre toute la mémoire (*Rev. philos.*, novembre 1880) ; il ajoute : « Cette expérience ne doit être tentée qu'avec une grande prudence ; j'ai vu survenir dans ce cas une telle terreur et un tel désordre dans l'intelligence, désordre qui a persisté pendant un quart d'heure environ, que je ne voudrais pas recommencer souvent cette tentative dangereuse. » Si l'on identifie la mémoire, comme la plupart

---

1. Voir, dans *Éducation et Hérédité*, le chapitre premier, sur la suggestion et son rôle.

des psychologues, avec l'habitude et l'instinct, on pensera qu'il serait possible aussi d'anéantir provisoirement chez un somnambule tel instinct, même des plus fondamentaux, comme l'instinct maternel, etc. Et maintenant il faudrait savoir si cette suppression de l'instinct ne laisserait pas quelques traces après le réveil. On pourrait en tous cas tenter l'expérience pour les habitudes ou manies héréditaires ; on pourrait voir si une série d'ordres ou de conseils longtemps répétés pendant le sommeil pourrait atténuer par exemple la manie des grandeurs ou des persécutions, etc. En d'autres termes, on essayerait de contrebalancer une manie naturelle par une autre artificielle. On aurait ainsi dans le somnambulisme un sujet d'observations psychologiques et morales bien plus riche que dans la folie. L'un et l'autre sont des détraquements du mécanisme mental ; mais, dans le somnambulisme provoqué, ce détraquement peut être calculé et réglé par le magnétiseur.

On pourrait concevoir une action sur l'intelligence et le sens moral analogue à celle du chirurgien sur les yeux atteints de strabisme : on guérit en effet le strabisme, non en fortifiant les muscles trop faibles, mais en relâchant ceux qui n'ont parfois que la force normale. Quoi qu'il en soit, les faits observés par M. Richet, s'ils sont exacts, indiquent à coup sûr une nouvelle voie de recherches, et peut-être un nouveau moyen d'action sur la volonté humaine (au moins dans son état morbide).

Veuillez agréer, monsieur et cher Directeur, l'expression de mes sentiments bien dévoués.

M. Guyau.

DEUXIÈME APPENDICE

———

STOÏCISME ET CHRISTIANISME

ÉPICTÈTE, MARC-AURÈLE ET PASCAL

CHAPITRE PREMIER

LE STOÏCISME D'ÉPICTÈTE [1]

DEVOIRS DE L'HOMME ENVERS LUI-MÊME
THÉORIE DE LA LIBERTÉ

I

La liberté, se gouvernant elle-même et se donnant à

1. On peut dire d'Épictète ce que les Athéniens disaient de Zénon, que sa vie fut l'image fidèle de sa philosophie. - Né à Hiérapolis, en Phrygie, il fut envoyé à Rome, où il devint l'esclave d'Epaphrodite. De là ce nom, 'Επίκτητος, *esclave*, sous lequel nous le connaissons. A Rome, il se lia avec le philosophe Musonius Rufus, l'une des figures les plus originales de l'époque, et auprès de lui se prit d'amour pour la philosophie.

« Rufus, pour m'éprouver, avait coutume de me dire : — Il t'arrivera de « ton maître ceci ou cela. — Rien qui ne soit dans la condition de l'homme, « lui répondais-je. — Et lui alors : — Qu'irais-je lui demander pour toi, « quand je puis tirer de toi de telles choses? — C'est qu'en effet, ce qu'on « peut tirer de soi-même, il est bien inutile et bien sot de le recevoir d'un « autre. » Aussi, lorsqu'un jour Epaphrodite s'amusa à tordre la jambe de son esclave avec un instrument de torture : « Vous allez me la casser », dit Épictète. Le maître continua; la jambe se cassa; Épictète reprit tranquillement : « Je vous l'avais bien dit. »

On le voit, Épictète fut tout d'abord, par la force des choses, un pratiquant; il réalisa dans sa vie même la division de la philosophie qu'il donne dans le *Manuel* : — Apercevoir d'abord le bien par une sorte d'intuition spontanée, et l'accomplir; puis, plus tard, par le raisonnement, démontrer pourquoi c'est le bien. La philosophie, apprise par lui au sein même de l'esclavage et de la misère, est pour lui l'affranchissement moral, la délivrance. « Ne dis pas : Je fais de la philosophie; ce serait prétentieux; dis : Je m'affranchis. »

Libre moralement, Épictète le devint plus tard civilement. Une fois qu'il eut devant le préteur « fait ce tour sur soi-même » qui d'après les mœurs romaines transformait l'esclave en citoyen, il vécut à Rome dans une petite maison délabrée, sans porte, ayant pour tous meubles une table, une paillasse et une lampe de fer, qu'il remplaça, lorsqu'elle lui eut été volée, par une lampe de terre. Il resta seul jusqu'au moment où, ayant recueilli un enfant

elle-même sa loi, ἐλευθερία, αὐτεξούσιόν τι καὶ αὐτόνομον[1], telle est l'idée qui, après avoir été souvent négligée ou méconnue par la philosophie ancienne, devient dominante dans la doctrine d'Epictète.

Etre libre, c'est le bien suprême[2] ; que l'homme étudie donc avant tout l'essence de la liberté, et, pour la connaitre qu'il « se connaisse lui-même, » suivant l'ancien précepte non moins cher aux stoïciens qu'aux socratiques[3]. Tout d'abord, lui qui par sa nature aspire à être libre, il s'apercevra qu'il est esclave : esclave de son corps, des biens qu'il recherche, des dignités qu'il ambitionne, des hommes qu'il flatte ; esclave, « alors même que douze faisceaux « marcheraient devant lui[4]. » Cet esclavage moral constitue à la fois le vice et le malheur : car, « comme la « liberté n'est qu'un nom de la vertu, l'esclavage n'est « qu'un nom du vice[5]. »

Celui qui se sera reconnu ainsi « mauvais et esclave » aura fait le premier pas vers la vertu et la liberté[6]. Le

---

abandonné, il prit à son service une pauvre femme pour soigner l'enfant. Se donner à la philosophie, puis la donner, la communiquer aux autres, tel fut l'unique but de sa vie. Il se peint lui-même, dans les *Entretiens*, s'adressant aux premiers personnages de Rome, et leur montrant, à la façon de Socrate, leur ignorance des vrais biens et des vrais maux ; les Romains, plus grossiers que les contemporains de Socrate, reçurent ces vérités avec des injures et des coups. Épictète essaya de parler à la multitude ; il en fut maltraité. Enfin Domitien le chassa de Rome avec tous les philosophes.

Épictète alla sans doute en exil comme il veut qu'on y aille : en sachant que partout l'homme trouve « le même monde à admirer, le même Dieu « à louer ». Il se retira à Nicopolis, en Épire, et y ouvrit une école où la jeunesse romaine se rendit en foule. Ce fut là probablement qu'il mourut, vers l'an 117, entouré d'une vénération universelle, ayant ranimé pour un instant la grande doctrine stoïcienne qui, si tôt après lui et après son disciple indirect Marc-Aurèle, devait s'éteindre pour de longs siècles.

Épictète n'écrivit pas. Arrien, l'un de ses disciples, fit la rédaction de ses *Entretiens* et les publia en huit livres, dont les quatre premiers seulement nous restent ; il écrivit aussi un ouvrage en douze livres sur *La vie et la mort d'Épictète*, ouvrage perdu en entier. Dans son *Manuel*, œuvre populaire destinée à répandre chez tous la doctrine de son maître, il résume brièvement et fortement les pensées les plus pratiques d'Épictète. Voir notre traduction du *Manuel* (librairie Delagrave, 1 vol. in-18).

1. *Entretiens*, IV, I, 56.
2. *Ibid.*, IV, I, 1, *sqq.*
3. *Ibid.*, I, XVIII, 17 ; III, I, 18 ; III, XXII, 53.
4. *Ibid.*, IV, I, 57.
5. *Stob. Flor.*, I, 54.
6. *Ib.*, 48.

stoïcien n'a plus qu'à lui dire « Cherche et tu trouveras :
« ζήτει, καὶ εὑρήσεις [1]. » Mais l'homme ne doit pas chercher
la liberté dans les choses du dehors, dans son corps, dans
ses biens : car tout cela est esclave. — « N'as-tu donc rien
« dont tu sois le maître (οὐδὲν αὐτεξούσιον)? — Je ne sais
« pas. — Peut-on te forcer à approuver ce qui est faux?
« — Non. — Quelqu'un peut-il te forcer à vouloir ce que
« tu ne veux pas? — On le peut, car, en menaçant de
« la mort ou de la prison, on me force à vouloir. — Mais
« si tu méprisais la mort ou la prison, t'inquiéterais-tu
« encore de ses menaces? — Non. — Mépriser la mort
« est-il en ton pouvoir? — Oui. — Ta volonté est affran-
« chie [2]. » Ainsi il existe en nous, et en nous seuls, quelque chose d'indépendant : notre puissance de juger et de
vouloir. La liberté de l'âme est placée hors de toute
atteinte extérieure, ἡ προαίρεσις ἀνανάγκαστος [3]; elle échappe au
pouvoir des choses et des hommes ; car « qui pourrait
« triompher d'une de nos volontés, sinon notre volonté
« même? » Bien plus, elle échappe au pouvoir des dieux :
Jupiter, qui nous a donné la liberté, ne saurait nous l'ôter;
ce don divin ne peut, comme les dons matériels, se
reprendre. C'est donc là que l'homme trouve son point
d'appui, c'est de là qu'il doit se relever. « Si c'était une
« tromperie, s'écrie Épictète, de croire, sur la foi de ses
« maîtres, qu'en dehors de notre franc arbitre rien ne nous
« intéresse, je voudrais encore, moi, de cette illusion ».
Le seul obstacle pour l'homme, son seul ennemi, c'est
lui-même : lui-même, il se dresse, sans le savoir, les
embûches où il tombe [5]. C'est que chez l'homme, outre la
faculté de juger et de vouloir, se trouve l'imagination :
quoique les choses en elles-mêmes ne puissent rien sur
nous, cependant, par l'intermédiaire des images ou représentations (φαντασίαι) qu'elles nous envoient, elles n'ont
que trop de puissance. Ces représentations entraînent,
ravissent avec elles notre volonté (συναρπάζουσι). Là est le
mal, là est l'esclavage. Heureusement ce mal et cet esclavage sont tout intérieurs; ils portent leur remède avec

1. *Entretiens*, IV, I, 51.
2. *Entretiens*, IV, I, 68.
3. *Ib.*, I, XVII, 21; II, XV.
4. *Ib.*, I, IV, 27.
5. *Manuel*, I, 8; XLVIII, 3.

eux-mêmes. Ce qui fait la puissance des représentations
sensibles, c'est la valeur que nous leur accordons, le
consentement que nous leur donnons (συγκατάθεσις) ; reje-
tons-les, et elles ne pourront plus rien sur nous. A chaque
imagination, à chaque apparence qui se présente, disons
donc : « Tu es apparence, nullement l'objet que tu parais
« être[1]; aussitôt elle deviendra impuissante à émouvoir et
à nous entraver. « Ce qui trouble les hommes, ce ne
« sont point les choses, mais leurs jugements sur les
« choses[2]. »

Ici apparaît un des côtés les plus originaux de la doctrine stoïcienne : les objets extérieurs sont par eux-mêmes
complètement indifférents ; dans notre volonté réside
essentiellement le bien, dans notre volonté, le mal[3]. Notre
volonté seule pourra donc, par son consentement ou son
refus, donner aux choses leur prix, rendre les unes
dignes d'être préférées, les autres d'être évitées. Nous
recevons passivement des objets extérieurs nos représentations et nos idées ; mais, d'autre part, les objets reçoivent de nous leur qualité. Le plaisir sensible, par exemple,
si on le prend à part, est indifférent ; indifférente aussi
la douleur ; mais, que je fasse du plaisir un usage
conforme à ma liberté et à la raison, le plaisir devient un
bien. De même, que je fasse un bon usage de la douleur, la
douleur devient un bien. Ainsi la volonté « tire le bien
de tout.» Le fait des choses est de nous fournir nos représentations ; notre tâche, à nous, est d' « user de ces représentations[4]. » Les images du dehors sont la matière
indifférente sur laquelle nous imprimons la marque de
notre volonté bonne ou mauvaise, comme les souverains
impriment leur effigie sur la monnaie, et c'est cette
marque qui fait la valeur des choses[5].

La volonté porte donc en elle tout bien et tout mal :
« Regarde au dedans de toi, dira Marc-Aurèle ; c'est au
dedans de toi qu'est la source intarissable du bien, une source

---

1. *Manuel*, I, 5. — Gell., *noct. att.*, XIX, I.

2. *Ib.*, v.

3. Ποῦ τὸ ἀγαθόν ; ἐν προαιρέσει. Ποῦ τὸ κακόν; ἐν προαιρέσει. Ποῦ τὸ οὐδέτερον ;
ἐν τοῖς ἀπροαιρέτοις. *Entretiens*, II, 16.

4. Τί οὖν ἐστι σόν; χρῆσις φαντασιῶν. *Manuel*, VI.

5. *Entretiens*, IV, v.

intarissable pourvu que tu « fouilles toujours ». Marc-Aurèle
comparera encore la volonté humaine à une flamme qui peut
seule rendre flamme et lumière tous les objets tombés dans
son foyer. Comme les objets extérieurs sont indifférents, les
actions extérieures ne sont elles-mêmes ni bonnes ni mauvaises si on les sépare de la volonté raisonnable qui les
produit. « Quelqu'un se baigne de bonne heure : ne dis
« pas qu'il fait mal, mais qu'il se baigne de bonne heure :
« car, avant de connaître le jugement d'après lequel il
« agit, que sais-tu s'il fait mal[1] ? » « Serait-ce donc que
« tout est bien ? Non, mais ce qui est bien, c'est ce
« que l'on fait en pensant bien ; ce qui est mal, ce que
« l'on fait en pensant mal[2]. » — Ainsi, dans cette doctrine la raison et la volonté se distinguent et se dégagent
des choses sur lesquelles elles agissent ; nos actions ne
doivent pas être jugées d'après leurs conséquences agréables ou pénibles, mais d'après l'intention qui les a inspi-
rées ; l'homme ne peut trouver sa condamnation ou sa
justification dans les choses, mais seulement dans sa
conscience.

Le mal sensible, qui n'a point d'existence au dehors de
nous, se ramène en nous à deux formes de notre activité :
le *désir* et l'*aversion* (ὄρεξις, ἔκκλισις). Ce qui nous rend, par
exemple, la mort et la douleur pénibles, c'est, d'une part,
que nous les prenons en aversion, d'autre part que nous
désirons leurs contraires. Craignant la mort et la douleur,
nous en venons aussitôt à craindre les hommes qui
disposent de la douleur et de la mort : nous voilà esclaves, « nous attendons notre maître » : il arrivera tôt ou
tard ; car, dit Épictète, nous avons jeté entre les choses
extérieures et nous le « pont » par où il doit passer. —
Au contraire, si nous ne désirons et ne prenons en aversion que ce qu'il dépend de nous d'obtenir ou de fuir, nous
aurons par là même placé notre liberté au-dessus des maux
sensibles et hors d'atteinte. Supprimer en soi tout désir et
toute aversion pour les choses extérieures, « c'est donc là
« le point principal, le point qui presse le plus. » Celui qui

1. *Manuel*, XLV.
2. *Entretiens*, IV, VII.

veut devenir sage doit tout d'abord arrêter ces mouvements confus de désir ou de crainte qui l'agitaient ; il doit,
pour ainsi dire, revenir au repos. Mais se contentera-t-il
de ce repos intérieur, de cette apathie (ἀπάθεια) qu'il a réalisée en lui ? L'épicurien, quand il n'a plus ni désirs ni
craintes, croyant posséder dès lors le suprème bien, se
retire en lui-même, et, à jamais immobile, jouit de lui-
même ; le stoïcien, au contraire, ne considère cette apathie que comme le premier degré du progrès (προκοπή). S'il
a supprimé en lui-même la sensibilité, c'est pour laisser
toute place libre à sa volonté. « Car, dit Epictète, il ne
« faut pas rester insensible comme une statue, mais il faut
« remplir nos obligations naturelles et adventices, soit au
« nom de la piété, soit comme fils, comme frère, comme
« père, comme citoyen[1]. » C'est donc le sentiment du
devoir à accomplir, du « convenable » (καθῆκον) à réaliser,
qui seul appelle le stoïcien du repos à l'action. Ni désir ni
aversion ne le poussent ; il les a préablement « enlevés de
lui-même » et ne peut plus être entraîné par un mouvement venu du dehors : c'est lui-même qui s'imprime son
mouvement, et la volonté remplace en lui le désir[2].

---

1. *Entretiens*, III, ɪɪ.
2. Pour désigner cette complète spontanéité de l'action volontaire, les stoïciens ont un terme particulier : ὁρμή. L'ὁρμή ou l'ἀφορμή exprime un mouvement d'élan ou de recul par lequel la volonté s'approche ou se retire des objets
extérieurs, et qui n'a pas sa source en ces objets, mais dans la raison. Tandis
que le désir avait pour fin l'agréable ou l'utile, l'élan volontaire a pour fin
le convenable, τὸ καθῆκον. Celui qui a apaisé en lui les désirs et les aversions
s'est par là même arraché au trouble et au malheur; celui qui se sert selon
la raison de l'activité volontaire fait davantage : il remplit son devoir et sa
fonction d'homme. « La seconde partie de la philosophie, dit Épictète, con-
« cerne l'ὁρμή et l'ἀφορμή, ou en un seul mot le *convenable : elle a pour but
« de régler l'ὁρμή selon l'ordre et la raison, avec le secours de l'attention. »
(*Entretiens*, III, ɪɪ.)
Le sens précis de l'ὁρμή et le l'ἀφορμή stoïcienne, que Cicéron traduit par
consilia et agendi et non agendi, n'a pas toujours été compris. Les anciens
traducteurs d'Épictète rendent ὁρμή par le mot *penchant, inclination*. Ritter
(*Hist. de la phil. anc.*, t. IV) et M. Ravaisson (*Essai sur la mét. d'Arist.*,
t. II, p. 268) traduisent également ce terme par celui de *penchant*. C'est là,
semble-t-il, confondre l'ὁρμή ἄλογος, qui est le propre des animaux, avec
l'ὁρμή εὔλογος, qui est le propre de l'homme. L'idée de *penchant* et d'*inclination* implique l'idée de fatalité : or, Épictète place précisément l'ὁρμή au
nombre des choses qui dépendent uniquement de notre volonté; sans cesse
il répète qu'elle est absolument libre, et que rien ne peut triompher d'elle si
ce n'est elle-mème : (IV, ɪ). Enfin, il la confond si peu avec le penchant et

Tout spontané qu'est notre élan, il peut rencontrer au dehors des obstacles ; par quelle adresse le stoïcien tournera-t-il ces obstacles au profit de la liberté même ? — Ici se place la curieuse théorie de « l'exception, ὑπεξαίρεσις. » Lorsque nous nous portons vers quelque objet extérieur, disent Épictète et Sénèque, lorsque nous nous attendons à quelque événement, il faut d'avance retrancher, « excepter » de notre attente tout ce qui, dans l'événement attendu, pourra ne pas s'y trouver conforme. Je veux, par exemple, faire un voyage sur mer ; mais je prévois les empêchements qui pourront se présenter, et j'y consens. Je veux être préteur, mais je le veux sous réserves, si rien ne m'en empêche [1]. Par là, je m'efforce de faire entrer dans ma volonté même l'obstacle qui l'eût arrêtée ; je prévois l'imprévu, et je l'accepte. « Ainsi, dira Marc-Aurèle, ma pensée change, transforme en ce que j'avais dessein de faire cela même qui entrave mon action [2]. » Se porter avec trop de véhémence vers les choses, vouloir avec excès ou repousser avec trop de répugnance tel ou tel événement, autant de fautes qui, selon les stoïciens, proviennent d'une même erreur : nous avons une fausse idée de notre puissance ; nous espérons pouvoir changer, bouleverser la nature, la conformer à nos vouloirs [3]. C'est impossible. Nous pouvons tout en nous, rien au dehors. L'homme possède ce qu'il y a de meilleur dans la nature entière, la faculté d'user bien ou mal des représentations (ἡ χρηστικὴ δύναμις ταῖς φαντασίαις) [4] ; mais le pouvoir de façonner les choses mêmes et de détourner les événements ne nous appartient pas. En nous attribuant ce pouvoir et en

---

l'instinct, qu'il va jusqu'à l'attribuer à Dieu : τὰς ὁρμὰς τοῦ θεοῦ. (*Entret.*, IV, 1, 100).

Par un excès tout contraire à celui dont nous venons de parler, M. Fr. Thurot, dans sa savante traduction du *Manuel*, rend ὁρμή par *détermination*. N'est-ce point supprimer la distinction entre la προαίρεσις et l'ὁρμή, entre la décision ou choix de l'intelligence et l'élan de la volonté vers l'objet choisi ? — En réalité, l'ὁρμή n'est ni un penchant de la sensibilité ni une détermination de l'intelligence, c'est un acte de la volonté, c'est un *vouloir ;* ce vouloir a pour objet le *convenable*, comme l'ὄρεξις a pour objet l'*utile*, comme la συγκατάθεσις a pour objet le *vrai* ou le *rationnel* (*Entretiens*, III, II).

1. V. Sénèque, *de Benef.*, IV, c. 34 ; *de Tranquill.*, c. 13.
2. Marc-Aurèle, V, xx.
3. *Manuel*, vIII.
4. *Entretiens*, I, I ; II, vIII.

croyant par là nous élever, nous nous rabaissons réellement nous-mêmes. Restons libres au dedans de nous, et
laissons la nécessité gouverner le monde. Ou plutôt, faisons mieux encore : consentons librement à ce qui est
nécessaire, et par là changeons pour nous en liberté cette
nécessité même des choses.

Les préceptes du stoïcisme que nous avons exposés jusqu'ici peuvent se ramener à un seul : ne rien faire qu'avec la volonté la plus indépendante et la conscience la plus claire de ses actions ; mais les actions ont leurs sources dans les pensées ; il faudra donc, en toutes ses pensées non moins qu'en tous ses actes, conserver et agrandir sa liberté. Pour ce qui concerne la discipline intellectuelle, on peut résumer ainsi la morale stoïcienne : ne rien penser sans s'en rendre compte, sans suivre sa propre pensée dans toutes ses conséquences, sans accepter volontairement tout ce qu'elle contient et tout ce qui en pourra sortir. Nous avons vu que les idées sensibles ou représentations (φαντασίαι) nous viennent du dehors et sont fatales ; mais c'est nous-mêmes qui faisons par notre consentement volontaire l'enchaînement et la liaison des idées (συγκατάθεσις), et cet enchaînement constitue proprement la pensée. Penser au hasard, donner au hasard son « assentiment » à telles ou telles idées, n'est-ce pas perdre sa liberté et sa dignité pour devenir le jouet des choses ? Accepter une hypothèse en la croyant vraie, puis en voir sortir tout à coup des conséquences inadmissibles, n'est-ce pas rencontrer dans sa propre pensée une entrave imprévue [1] ? L'erreur est pour l'intelligence une ennemie et une maîtresse d'autant plus redoutable qu'elle se glisse en elle sans qu'elle s'en aperçoive. Que tout soit donc raisonné et conscient dans nos pensées comme dans nos actions, afin que notre puissance de penser et d'agir soit plus libre : « Il faut s'appliquer, dit Épictète, à ne jamais

1. Voir *Entretiens*, I, VII.

se tromper, à ne jamais juger au hasard, en un mot à bien
donner son assentiment [1] » « Pourquoi s'occuper de tout
cela? Pour que, là encore, notre conduite ne soit pas
contraire au devoir (μὴ παρὰ τὸ καθῆκον) [2]? »

Ainsi, selon les stoïciens, la logique se rattache par le
lien le plus étroit à la morale : «se tromper est une faute[3].»
C'est pour éviter toute faute de ce genre, que le stoïcien
s'appliquera à l'étude des syllogismes, à la résolution des
problèmes captieux, à la dialectique la plus subtile : dès
que les passions vaincues lui laissent un instant de repos, il
emploiera cet instant, non pas, comme le vulgaire, à s'amuser, à se rendre aux théâtres ou aux jeux, mais à « soigner
sa raison, » à l'élever au-dessus de toute erreur, consacrant
ainsi à son intelligence le temps que lui laissent ses sens [4].
Le sage idéal, en un mot, ne doit ni rien penser ni rien
faire au hasard, « pas même lever le doigt [5] » Arriver à cet
idéal n'est pas facile ; y tendre est toujours possible. Pour
cela, il n'est pas besoin d'une aide étrangère : « il faut
bander son âme vers ce but » ; « il faut vouloir, et la chose
est faite : nous sommes redressés [6] ». « En nous est notre
perte ou notre secours [7]. » Nous n'hésiterions pas à secourir quelqu'un qu'on violenterait, et nous tardons à nous
secourir nous-mêmes, nous que violentent sans cesse
imaginations et opinions fausses ! « Renouvelle-toi toi-
même (ἀνανέου σεαυτόν)), dit admirablement Marc-Aurèle[8].
D'un homme semblable à une bête féroce la volonté peut
faire un héros ou un dieu [9]. Comme Hercule s'en allait à
travers le monde redressant les injustices, domptant les
monstres, ainsi chaque homme peut, dans son propre
cœur, dompter les monstres qui y grondent, les craintes,
les désirs, l'envie, plus terrible que l'hydre de Lerne ou

---

1. *Entret.*, III, I, 2.
2. *Ib.*, I, VII.
3. *Ib.*, I, VII. « Le vulgaire, dit Épictète, ne voit pas quel rapport a avec le
devoir l'étude de la logique... ; mais ce que nous cherchons en toute matière,
c'est comment l'homme de bien trouvera à en user et à s'en servir conformément au devoir. » (I, VII, I.)
4. *Ib.*, III, IX.
5. Οὐδὲ τὸν δάκτυλον εἰκῇ ἐκτείνειν. *Stob. Flor.*, LIII, 58.
6. *Entretiens*, IV, IX.
7. *Ibid.*, IV, IX.
8. Marc-Aur., IV, III.
9. Plutarque, *Stoïc. paradox.*

le sanglier d'Érymanthe. Qu'il se donne tout entier à
cette tâche de délivrance : « Homme, dans un beau déses-
« poir, renonce à tout pour être heureux, pour être libre,
« pour avoir l'âme grande. Porte haut la tête : tu es déli-
« vré de la servitude[1]. »

Non seulement cette délivrance rend la vie heureuse,
mais, à vrai dire, elle constitue la vie même, la vie véritable. Il est, d'après Épictète, une mort de l'âme comme il
est une mort du corps[2] : celui-là, avait déjà dit Sénèque,
vit véritablement, qui se gouverne lui-même, qui se sert
de lui-même : *vivit, qui se utitur*. La liberté se confondant
avec la raison, c'est la partie maîtresse de l'homme (τὸ
ἡγεμονικόν)[3], c'est l'homme même : celui qui s'affranchit
fait ce qui est de l'homme ; celui qui perd sa liberté morale perd son titre d'homme pour devenir semblable à la
bête. En d'autres termes, l'un obéit à sa nature, l'autre lui
est infidèle : suivre sa nature, c'est donc garder sa liberté.
Nous touchons ici à un point important du système
d'Épictète. — Selon Zénon et les premiers stoïciens, c'est
dans la *nature* que la volonté humaine trouve la règle de
ses actions : τέλος τὸ ὁμολογουμένως τῇ φύσει ζῆν. L'homme doit
se borner à faire par réflexion ce qui est conforme à sa
nature, comme les animaux le font par instinct, comme
l'oiseau dont la nature est de voler, vole. Mais soumettre
ainsi la volonté humaine à la nature, c'était lui imposer
une loi du dehors, c'était établir, suivant l'expression de
Kant, son *hétéronomie*. A mesure que se développa le
système stoïcien, on vit s'élever, au-dessus de cette idée de
la nature comme règle du bien et du mal, l'idée supérieure
de la liberté se donnant à elle-même sa loi : ἐλευθερία
αὐτόνομος. Épictète, enfin, rapproche et confond ces deux
idées ; pour lui, liberté et nature s'identifient dans l'homme :
la nature de l'homme, c'est d'être libre. « Examine qui tu
« es. Avant tout un homme, c'est-à-dire un être chez qui
« rien ne prime le libre arbitre ; au libre arbitre tout le
« reste est soumis ; mais lui, il n'est esclave de personne,
« ni soumis à personne[4]. » Par là Épictète, sans se déga-

1. *Entretiens*, II, XVI.
2. *Ib.*, I, V.
3. *Ib.*, IV, 1, IV.
4. *Ib.*, II, 10.

ger encore entièrement des notions vagues et confuses de bien naturel, de loi imposée par la nécessité des choses à la volonté morale, devance pourtant le christianisme et la philosophie chrétienne. Le vieux précepte : *Sequere naturam*, par lequel s'ouvrait le livre de Zénon qui fonda le stoïcisme, est relégué à la seconde place dans le système d'Épictète ; les notions d'indépendance, de liberté, d' « autonomie », prennent désormais le premier rang.

CHAPITRE II

DEVOIRS DE L'HOMME ENVERS AUTRUI.
THÉORIES STOÏCIENNES DE LA DIGNITÉ ET DE L'AMITIÉ.

I

Nous avons vu le stoïcien se détacher et s'affranchir du monde extérieur, se retirer en lui-même, « pur en présence de sa propre pureté, καθαρὸς μετὰ καθαροῦ σαυτοῦ[1]. » Si telle est la conduite du sage à l'égard des nécessités extérieures, que sera-t-elle à l'égard des autres libertés semblables à la sienne ? Un des premiers devoirs du sage, dans ses rapports avec les autres hommes, sera de conserver sa *dignité*, ἀξίωμα : « Dis-moi, crois-tu que la « liberté soit une grande chose, une chose noble et « de prix ? — Comment non ? — Se peut-il donc qu'un « homme qui possède une chose de cette importance, de « cette valeur, de cette noblesse, ait le cœur bas ? — « Cela ne se peut. — Lors donc que tu verras quelqu'un « s'abaisser devant un autre, et le flatter contre sa convic- « tion, dis hardiment qu'il n'est pas libre[2]. » Le sentiment de la dignité, que possède chaque homme à un degré plus ou moins haut, fournit un moyen pratique de distinguer le bien du mal dans la conduite extérieure : on est fier du bien qu'on fait, on est humilié du mal[3]. Quand ce sentiment de généreuse fierté s'attache à une action, il faut accomplir cette action, fût-ce au prix de la mort ou de l'exil : ainsi fit Helvidius Priscus, à qui Vespasien disait de ne pas aller au Sénat : « Tant que j'en serai, répondit-

---

1. *Entretiens*, II, XVIII, 19.
2. *Ib.*, IV, I, 54.
3. *Ib.*, II, XI.

« il, il faut que j'y aille. — Vas-y donc; mais tais-toi. —
« Ne m'interroge pas, et je me tairai. — Mais il faut que
« je t'interroge. — Et moi il faut que je te dise ce qui me
« semble juste. — Si tu le dis, je te ferai mourir. — T'ai-
« je dit que je fusse immortel? » Le sentiment de la dignité porte le stoïcien à se tenir tête haute en présence
des autres hommes, à ne pas respecter les puissances, à
les insulter même s'il le faut[1]. Toutefois un autre sentiment, s'ajoutant au premier, le corrige et le tempère dans
nos rapports avec les autres hommes : c'est l'*amitié*.

Aimer n'appartient qu'au sage (τοῦ φρονίμου ἐστὶ μόνου τὸ
« φιλεῖν). Car, « quand on se trompe sur quelqu'un, crois-
« tu qu'on l'aime réellement[2]? » Or, celui qui ne sait où
est le bien se trompera toujours sur les hommes comme il
se trompe sur les choses, les appelant tour à tour bons ou
mauvais, les aimant et les haïssant tour à tour. Tel un
petit chien en caresse un autre, jusqu'à ce qu'un os vienne
se mettre entre eux. Combien d'amitiés humaines ressemblent à ces amitiés bestiales, combien de gens ne se
prennent que pour se quitter, εὐμεταπτώτως ἑλεῖν! Ni la com-
munauté d'origine, ni la parenté, ni le temps ne font
l'amitié. Ceux-là seuls sont amis qui sont libres et placent
le bien suprême dans leur commune liberté[3]. A vrai dire,
c'est l'absence de haine et d'envie qui constitue l'essence
même de la liberté : l'homme libre pourrait se reconnaître
à ce qu'il « n'a pas d'ennemi[4] ». Comme il a supprimé l'opposition et la contradiction intérieure de ses désirs, du même
coup se trouve supprimée l'opposition extérieure de ses
désirs avec ceux des autres hommes : l'harmonie qui règne
en lui s'étend au dehors de lui[5]. Rien ne peut le blesser, ni
« mépris, ni injures, ni coups : il est comme la source lim-
pide et douce » qui abreuve ceux mêmes qui l'injurient,
et dont les flots ont bientôt fait de dissiper toute souillure[6].

---

1. Sénèque, *de Clement.*, II, 5, 2, et *Epist.*, LXXIII : Sunt qui existimant
philosophiæ fideliter deditos contumaces esse, ac refractarios et contemptores
magistratuum ac regum. — On sait les dures vérités que les philosophes stoïciens dirent plus d'une fois aux empereurs.
2. *Entretiens*, II, XXII.
3. *Id.*, II, XXII.
4. *Manuel*, I.
5. *Entretiens*, II, XXII.
6. Marc-Aurèle, VIII, 51.

Nulle discorde, nulle querelle ne l'émeut ; bien plus, sa tâche est d'apaiser toute querelle autour de lui, d'accorder les hommes, comme le musicien accorde et fait raisonner ensemble les cordes d'une lyre. Tout en se riant de ceux qui voudraient le troubler et le blesser, il leur pardonne. Ce pardon, d'ailleurs, est plutôt un mouvement de pitié que d'amour. Le sage sait que le vice est esclavage, empêchement, fatalité imposée à l'âme ; que nul homme, selon la parole de Socrate, n'est mauvais volontairement ; que toute faute est une contradiction par laquelle, en voulant le bien, on fait le mal ; qu'enfin, comme l'a dit Platon, « c'est toujours malgré elle qu'une âme est sevrée de la vérité[1]. »

1. *Entretiens*, I, xxviii; II, xvi; II, xxii.

Outre l'absence de toute haine et de tout ressentiment.
le sage connaîtra-t-il encore l'amour véritable. qui consiste, non plus à se mettre à part et au-dessus des autres.
mais à se donner aux autres?

Il est deux aspects sous lesquels se présente l'amour
d'autrui : on peut le concevoir comme une union soit
des volontés, soit des intelligences. C'est sous cette
seconde forme que les stoïciens, avec les platoniciens, ont
conçu l'amour. S'aimer, selon eux, c'est être en conformité d'idées, c'est penser de la même manière (ὁμονοεῖν) :
amour rationnel plutôt que volontaire ; en m'attachant
ainsi à la raison des autres, à ce qu'ils conçoivent plutôt
qu'à ce qu'ils veulent et font, je m'attache précisément à ce
qui en eux est impersonnel, à ce qui proprement n'est pas
eux. De cette conception d'un amour impersonnel dé-
coulent les conséquences pratiques que les chrétiens ont
si souvent reprochées aux stoïciens, sans en pénétrer toujours le véritable principe : — Il ne faut point s'inquiéter
ni se troubler de ce qui arrive à ceux que nous aimons ;
il ne faut point s'affliger s'ils s'éloignent, les pleurer s'ils
meurent. En effet, cette raison même que nous aimons à
la fois en eux et en nous, nous commande d'être toujours libres, par conséquent d'être heureux, et, quoi qu'il
arrive, d'être sans peine et sans trouble. Comment donc
la maladie, la mort, que nous ne considérons pas comme
des maux lorsqu'elles nous frappent, pourraient-elles
devenir pour nous des maux lorsqu'elles frappent autrui ? Ce
serait irrationnel. Il ne faut pas que, placés nous-mêmes
hors de toute atteinte, nous puissions être atteints et frap-

pés en autrui. Le stoïcien, qui regarde de haut toutes les choses extérieures, ne demande pour les autres comme pour lui que la liberté, bien suprême qu'il suffit de vouloir pour l'obtenir, et d'obtenir pour le garder à jamais. — « Quel « cœur dur que ce vieillard ! dites-vous. Il m'a laissé « partir sans pleurer, sans me dire : A quels périls tu vas « t'exposer, ô mon fils ! Si tu y échappes, j'allumerai mes « flambeaux. — Comme ce serait là, en effet, un langage « d'un cœur aimant ! Ce serait un si grand bien pour toi « d'échapper au péril ! Voilà qui vaudrait tant la peine « d'allumer ses flambeaux[1] ! »

On n'a pas assez vu, dans la doctrine stoïque sur l'amour, ce côté par où elle s'efforce de rester rationnelle et logique. En fait, elle paraît irréfutable tant qu'on demeure au point de vue où se sont placés les stoïciens eux-mêmes, tant qu'on n'élève pas au-dessus de la logique des choses la volonté aimante de l'homme. Il est *illogique* de s'affliger lorsque arrive aux autres ce qui, vous arrivant à vous-mêmes, ne vous affligerait pas ; il y a là quelque chose qui dépasse le pur raisonnement, et que les stoïciens, s'en tenant à la raison abstraite, ne pouvaient comprendre. Le courage stoïque s'accorde d'ailleurs, sur ce point, avec la résignation chrétienne. Pascal distinguera, conformément à l'esprit du stoïcisme, entre l'*affection* et l'*attachement*, — l'attachement qui veut retenir ce à quoi il s'est pris une fois, l'affection qui, soit que son objet s'éloigne ou s'approche, reste impassible. — « Comment aimer mes amis ? » demandait-on à Épictète. « — Comme aime une âme élevée, répondit-il, « comme aime un homme heureux. Jamais la raison ne « nous commande de nous abaisser, de pleurer, de nous « mettre dans la dépendance des autres... Aime tes amis « en te gardant de tout cela... Et qui t'empêche de les « aimer comme on aime des gens qui doivent mourir, qui « doivent s'éloigner ? Est-ce que Socrate n'aimait pas ses « enfants ? Si ; mais il les aimait en homme libre... Nous, « tous les prétextes nous sont bons pour être lâches : à « l'un, c'est son enfant ; à l'autre, c'est sa mère ; à l'autre,

---

1. *Dissertations*, II, XVII. (Tr. Courdaveaux, p. 179). — A.-P. Thurot, dans sa traduction des *Entretiens*, ne semble pas avoir saisi l'ironie de ce passage.

« ce sont ses frères[1]. » Laissant aux « lâches » tous
ces prétextes, nous devons d'avance, selon les stoïciens, embrasser par la pensée la nature de l'être aimé, le
définir rationnellement, et s'il est mortel, l'aimer en tant
que mortel, imposer par la volonté à notre amour même
les bornes et les limitations que la nature impose à l'objet
de notre amour[2]. Vouloir qu'un être mortel soit immortel, c'est une contradiction que la raison repousse[3] ; il
faut consentir à la mort de ceux que nous aimons, l'accepter, la vouloir. La mort est rationnelle, en effet ; or, « tout
« ce qui est rationnel se peut supporter. » — « La nature a
« fait les hommes les uns pour les autres. Il faut tantôt
« qu'ils vivent ensemble, tantôt qu'ils se séparent ; mais,
« ensemble, il faut qu'ils soient heureux les uns par les
« autres ; et quand ils se séparent, il faut qu'ils n'en
« soient pas tristes[4]. » Ainsi l'amour stoïque s'incline
devant la nature et consent à ses lois nécessaires ; il est
impuissant sur elle, et s'y résigne ; il réserve toute son
action pour l'âme, pour la raison, à laquelle seule il
s'attache en autrui.

Cette raison, objet de notre amour, nous avons le devoir
de l'éclairer et de l'instruire ; de là un autre côté original
de la doctrine stoïcienne : l'amitié stoïque est ardente au
prosélytisme. « L'amitié, dit Épictète, se trouve là où
« sont la foi, la pudeur, le *don du beau et du bien*, ὅσις τοῦ
« καλοῦ [5] ». « Si tu veux vivre sans trouble et avec bonheur,
« tâche que tous ceux qui habitent avec toi soient bons ;
« et ils seront bons, si tu instruis ceux qui y consentent,
« si tu renvoies ceux qui n'y consentent pas[6]. » Quelqu'un dit à Épictète dans les *Entretiens:* « Ma mère pleure
« lorsque je la quitte. » Épictète lui répond : Pourquoi
« n'est-elle pas instruite dans nos principes ? » — « La
« seule chose, s'il y en a une, dira Marc-Aurèle, la seule
« chose qui pourrait nous faire revenir et retenir dans la
« vie, c'est s'il nous était accordé de vivre avec des hommes

---

1. *Entretiens*, III, XXIV.
2. *Manuel*, III.
3. *Ib.*, XIV.
4. *Entretiens*, III, XXIV.
5. *Ib.*, II, XXII.
6. *Stob. Flor.*, I, 57.

« attachés aux mêmes maximes que nous[1]. » Ailleurs
Marc-Aurèle, qui a déjà comparé l'âme humaine à la
flamme, la comparera encore à la lumière dont l'essence
même, selon lui, est de s'étendre (ἀκτῖνες, ἐκτείνεσθαι).
Comme le rayon de soleil dans l'obscurité, de même notre
âme doit pénétrer dans l'âme d'autrui, « s'y verser, s'y
épancher » ; mais si elle rencontre une intelligence qui lui
soit fermée, alors elle se résignera, s'arrêtera, comme le
rayon devant un corps opaque, « sans violence, sans abattement[2]. » C'est là en effet une déduction nécessaire de
la doctrine stoïcienne et platonicienne : si l'amour
s'adresse surtout à la raison, aimer sera avant tout enseigner, communiquer le bien et le vrai ; aimer, ce sera
convertir les intelligences.

Cette sorte d'amour intellectuel se personnifie dans le
philosophe idéal, dont Épictète a tracé le portrait.

Le philosophe, ce précepteur du genre humain (ὁ
παιδευτὴς ὁ κοινός), n'a ni patrie ni famille, ni femme ni
enfants : pour qu'il eût une femme, il faudrait qu'elle fût
« un autre lui-même, comme la femme de Cratès était un
autre Cratès. » « Sa famille est l'humanité ; les hommes
« sont ses fils, les femmes sont ses filles ; c'est comme tel
« qu'il va les trouver tous, comme tel qu'il veille sur tous...
« Il a été détaché vers les hommes comme un envoyé,
« pour leur montrer quels sont les biens et les maux...
« Il est l'espion de ce qui est favorable à l'humanité et de
« ce qui lui est contraire...Battu, il aime même ceux qui
« le battent, parce qu'il est le père et le frère de tous les
« hommes... Il est leur apôtre, leur surveillant... Il veille
« et *peine* pour l'humanité (ὑπερηγρύπνηκεν ὑπὲρ ἀνθρώπων
« καὶ πεπόνηκεν)... Car les affaires de l'humanité sont ses
« affaires. »

Autant les stoïciens ont peu compris en son véritable
sens l'amitié personnelle d'un homme pour un autre
homme (ἡ φιλία), autant ils devaient comprendre et développer l'idée de l'amitié d'un homme pour tous les hommes
(ἡ φιλανθρωπία). En effet, ce que le stoïcien aime dans l'individu même, c'est la raison humaine dont il participe,
c'est l'humanité : l'humanité est donc le véritable objet de

1. *Pensées*, IX, III.
2. VIII, LVII.

son amour ; c'est pour y atteindre qu'il dépassera tout
ce qui est borné, l'individu, la famille, la patrie. Le
grand rôle du stoïcisme, comme du christianisme, fut de
répandre, par opposition à l'esprit de cité et à l'esprit de
caste, l'amour du genre humain, *caritas generis humani :*
« Aime les hommes de tout ton cœur[1]. » L'humanité
même ne suffit pas au stoïcien. La raison n'embrasse-
t-elle pas et ne pénètre-t-elle pas le monde entier, ce dieu
dont nous sommes à la fois, selon la parole de Sénèque,
les « compagnons et les membres, *sociique membraque?* »
Les éléments sont pour nous des choses « amies et pa-
rentes, φίλα καὶ συγγενῆ[2]. » Il règne entre les êtres « un
rapport de famille », « une évidente et admirable parenté[3] » ; « un nœud sacré » rattache toutes les parties
de l'univers. « Le monde est une seule cité (μία πόλις), et
« l'essence dont il est formé est unique ; tout est peuplé
« d'amis : les dieux d'abord, puis les hommes : πάντα
« φίλων μεστά[4]. » Ainsi le même amour rationnel qui unit
les hommes entre eux relie l'humanité au monde et au
principe du monde. « Un personnage de théâtre dit : O
« bien aimée cité de Cécrops ; mais toi, ne peux-tu pas
« dire : O bien aimée cité de Jupiter[5] ! »

1. Marc-Aurèle, VII, XIII. Ἀπὸ καρδίας φίλει τοὺς ἀνθρώπους.
2. *Entretiens*, III, XIII.
3. Marc-Aurèle, IV, XLV.
4. *Entretiens*, III, XXIV, 10.
5. Marc-Aurèle, IV, XXIII.

CHAPITRE III

DEVOIRS DE L'HOMME ENVERS LA DIVINITÉ
THÉORIE DU MAL ET OPTIMISME STOÏCIEN

I

Comme le stoïcien, libre et n'attachant de prix qu'à ce qui dépend de sa liberté, devient ainsi l'ami de tous les hommes, du même coup il devient l'ami des dieux[1]. Selon Épictète, comme selon les chrétiens, si l'on attache le moindre prix aux choses extérieures, on est incapable de la vraie piété. Quiconque place son bien en dehors de lui-même, dans le monde, ne peut manquer d'y trouver souvent le mal ; il s'en prendra alors aux auteurs du monde, il se plaindra des dieux. Et en effet, si les choses extérieures ne sont pas indifférentes, combien d'entre elles seront mauvaises ! « Comment observer alors ce « que je dois à Jupiter ? Car, si l'on me fait du tort et « si je suis malheureux, c'est qu'il ne s'occupe pas de « moi. Et qu'ai-je affaire de lui, s'il ne peut pas me « secourir ? Qu'ai-je affaire encore de lui « si c'est par « sa volonté que je me trouve dans cette situation ? Je « me mets par suite à le haïr. Pourquoi donc alors lui « élevons-nous des temples, des statues ? Il est vrai qu'on « en élève aux mauvaises divinités, à la Fièvre ; mais « comment s'appellera-t-il encore le Dieu-Sauveur, le Dieu « qui répand la pluie, le Dieu qui distribue les fruits[2] ! » Épictète nous donne ainsi à choisir entre un pessimisme impie ou le stoïcisme. Si le seul bien ne réside pas

1. *Manuel*, XXXI.
2. *Entretiens*, I, XXIII.

dans la volonté de l'homme, le mal qui existe alors dans le monde est inexplicable et accuse Dieu[1].

Au contraire, nous avons vu que, d'après Épictète, il n'y a dans le monde extérieur ni bien ni mal, et c'est ce principe qui va maintenant absoudre la Providence. C'est nous en effet qui, à notre gré, transformons les choses en bien ou en mal. « Voilà la baguette de Mercure. « Touche ce que tu voudras, me dit-il, et ce sera de « l'or. — Non pas, mais apporte ce que tu veux, et j'en « ferai un bien. Apporte la maladie, apporte la mort, « apporte l'indigence : grâce à la baguette de Mercure « tout cela tournera à notre profit. » Épictète revient sans cesse sur cette idée essentielle ; il n'y a pas plus de mal hors de nous, répète-t-il, qu'il n'y a de mal dans cette proposition : *trois font quatre;* ce qui est mal, c'est d'approuver cette proposition. Si au contraire on la rejette, il y a un bien relatif à cette erreur même : c'est de savoir qu'elle est une erreur et d'en faire ainsi un usage rationnel ; de même il est un bien relatif à la maladie, à la mort, c'est d'en faire un bon usage[2].

Chaque chose qui se présente nous pose en quelque sorte une question[3] ; la mort nous dit : es-tu sans crainte ? la volupté nous dit : es-tu sans désir ? Le mal n'est pas dans ces questions, mais dans la réponse intérieure que nous leur faisons : il n'est pas dans les choses, mais dans nos actes. Les stoïciens conçoivent ainsi les rapports de l'homme et du monde comme une sorte de dialectique vivante, où les choses nous présentent des interrogations.

1. En outre, si le titre de Dieu à notre amour se fonde sur la distribution qu'il nous fait des biens et des maux extérieurs, quiconque pourra les distribuer comme lui, par exemple le prince, sera dieu. « De là vient que nous « honorons comme des dieux ceux qui ont en leur pouvoir les choses du « dehors : cet homme, disons-nous, a dans ses mains les choses les plus « utiles; donc il est un dieu. » — Explication profonde de la dégradation morale où était tombée Rome, et des honneurs divins rendus aux Néron ou aux Domitien. — Bossuet essayera de prouver, lui aussi, que les princes sont des dieux parce qu'ils ont comme Dieu le pouvoir de nous distribuer les biens ou les maux : « Il faut obéir aux princes comme à la justice même, dit Bos- « suet : ils sont des dieux... Comme en Dieu est réunie toute perfection, « ainsi toute la puissance des particuliers est réunie en la personne du « prince. »
2. *Entretiens*, III, xx.
3. *Ibid.*, xxix.

où notre volonté trouve les réponses ; par là nous sommes
sans cesse contraints d'avancer dans le bien et dans la
liberté, ou de retomber dans le mal et dans l'esclavage.
Se plaindre de cette alternative, c'est se plaindre qu'il
faille chercher le bien : comme si le disciple se plaignait
de ce que veut lui enseigner le maître. Loin de là, il faut
se réjouir des prétendus maux extérieurs : « les circonstances difficiles montrent les hommes [1]. » Comme les
athlètes et les gladiateurs attendent impatiemment le jour
de la lutte, ainsi le sage doit se réjouir de combattre dans
cette grande arène qui est le monde, en présence de Dieu.
Le type idéal du sage, c'est Hercule, le héros fort : comme
lui, appuyé sur un bâton d'olivier en guise de massue, son
manteau rejeté sur l'épaule gauche ainsi que la dépouille
du lion de Némée, le philosophe doit aller à travers le
monde, infatigable, invincible non par sa force physique,
mais par sa force morale [2] : non seulement il ne doit pas
craindre les épreuves, mais il doit courir au-devant et les
appeler. Qu'aurait été Hercule sans ses travaux, sans les
monstres domptés, sans toutes ces injustices et tous ces
maux dont était peuplé l'univers, et dont il a fait sa vertu
et sa gloire ? N'ayant rien à combattre, il n'aurait eu rien
à vaincre : « s'enveloppant dans son manteau, il se fût
« endormi. » L'homme, fils de Dieu comme Hercule, doit
devenir Dieu comme lui : le but de la souffrance est de le
réveiller ; le but du mal physique est d'être transformé
par l'homme en bien moral. Tout est donc pour le mieux
dans le monde si tout est pour le mieux dans l'homme :
de la conception de la liberté humaine parfaitement indépendante et heureuse naît un optimisme universel.
L'homme libre et sage devient ainsi une « preuve vivante »
de Dieu et de sa providence ; il est le « témoin » de Dieu
auprès des hommes : sa sagesse démontre la sagesse
divine, sa justice justifie Dieu.

---

1. *Ibid.*, XXIV.
2. *Entretiens.* I, 6, 33. *sqq.*; II, 16, 44; IV, 10, 10; III, 22, 24, 13 *sqq.*; III,
26, 31. — V. sur le costume du cynique, Gatak., *ad Marc. Antonin.* IV. 30;
M. Ravaisson, *Essai sur la Mét. d'Arist.*, II, 120.

II

C'est pourquoi, selon Épictète, la vertu seule peut fonder la religion, et elle la fonde tout naturellement : la sagesse est essentiellement piété. « Quiconque observe de ne « désirer et de n'éviter que ce qu'il convient, observe par « là même la piété[1] » «L'homme qui s'applique à la sagesse « s'applique à la science de Dieu[2]. » Alors, en effet, il conçoit Dieu comme un ami qui ne veut que son bien, qui ne lui impose la peine que pour l'exercer à la liberté : « Je « suis Épictète l'esclave, le boiteux, un autre Irus en pau- « vreté, et cependant aimé des dieux[3]. » Comme les voya- geurs, pour passer sans péril dans les routes les plus péril- leuses, se mettent à la suite d'un préteur ou de quelque haut personnage, ainsi le sage, pour traverser avec une âme tranquille les dangers de la vie, se met à la suite de Dieu, et les yeux levés vers lui, marche en sûreté dans le monde. Sans cesse il a présente à l'esprit l'image de la Divinité ou au moins de quelque homme divin, comme Socrate ou Zénon : ce sont là des modèles qu'il s'efforce de reproduire. Dans les circonstances difficiles, il invoque Dieu, pour qu'il le soutienne tout comme le chrétien. C'est que la Divinité stoïcienne n'a rien de commun avec les dieux païens, jaloux des hommes, et qui regrettent le bonheur dont les hommes jouissent. Mais elle n'a pas non plus d' « élus », pas de préférés, comme le Dieu du Christia- nisme,les hommes montent vers les dieux, et les dieux leur

1. *Manuel*, XXXI.
2. *Maxim.*, XVIII, p. 183. — Cette dernière pensée est d'une authenticité contestée ; mais elle est toute conforme à l'esprit du *Manuel* et des *Entretiens*.
3 Distique attribué à Épictète.

tendent la main : *non sunt dii fastidiosi*, a dit admirablement Sénèque, *non sunt invidi : admittunt et ascendentibus
manum porrigunt*[1]. Comme le sage comprend et aime
« l'intelligence très bonne » qui a disposé toutes choses,
il comprend et admire le monde même, œuvre visible de
cette intelligence invisible. Et puisque tout est lié dans ce
monde, puisque chaque chose « est dans un harmonieux
concert avec l'ensemble[2] », il approuve, il aime ce qui
arrive : *quæcumque fiunt*, avait déjà dit Sénèque, *debuisse
fieri putet, nec velit objurgare Naturam ; decernuntur ista,
non accidunt*. Le sage va au devant du destin, et s'offre à
lui : *præbet se fato*[3]. Il se dévoue au Tout. S'il pouvait, dit
Épictète, embrasser l'avenir, il « travaillerait lui-même à
« sa maladie, à sa mort, à sa mutilation, sachant que
« l'ordre du Tout le veut ainsi. » Bien plus il y travaillerait gaiement, car le monde est une grande fête dont il
ne faut pas troubler la joie[4]. « Je dis au monde : J'aime
« ce que tu aimes, donne-moi ce que tu veux, reprends-
« moi ce que tu veux... Tout ce qui t'accommode, ô
« monde, m'accommode moi-même. Rien n'est pour moi
« prématuré ou tardif qui est de saison pour toi. Tout ce
« que m'apportent les heures est pour moi un fruit savou-
« reux, ô Nature[5]. »

1. *Epist. ad Luc.*, 73.
2. Marc-Aurèle, III, 11.
3. Sénèque, *Epist.* 96, 107.
4. *Entretiens*, IV, 1.
5. Marc-Aurèle, X, 21, IV, 23.

CHAPITRE IV

MARC-AURÈLE
CONSÉQUENCES DERNIÈRES DU STOÏCISME
QUESTIONS DE L'IMMORTALITÉ POUR L'HOMME
ET DU PROGRÈS POUR LE MONDE

Consentement suprême aux choses, approbation entière donnée à la nature et à tout ce qu'elle produit ou anéantit : c'est là l'idée à laquelle vient aboutir le système stoïque et dont Marc-Aurèle développe les conséquences. Épictète n'a vu que ce qu'il y a de grand dans cet abandon libre de soi ; Marc-Aurèle y aperçoit ce qu'il y a de triste. Tout nourri de la physique d'Héraclite, il contemple avec une sorte de vertige le « torrent des choses, » sur la marche duquel sa liberté ne peut rien, et où elle ira elle-même, un jour, s'engloutir. Il se rassure parfois en admirant l'ordre universel, le « concert » de tous les êtres, la « parenté » qui règne entre toutes choses. Mais bientôt, par opposition même à la beauté de ce spectacle où il ne joue pas un rôle vraiment actif et où il est incapable de rien modifier, le sentiment de son impuissance personnelle lui revient. Il cherche en vain un refuge contre le « tourbillon des choses ». « Du corps, dit-il, tout est fleuve « qui coule : de l'âme tout est songe ou fumée[1] ». Il s'écrierait presque, devançant Pascal : « c'est chose « horrible de sentir s'écouler tout ce qu'on possède. » Il se demande avec inquiétude ce qui est au delà de la vie, cette « halte de voyageur. » A cette question, Épictète avait déjà répondu : « Que t'inquiètes-tu ? Tu seras ce « dont la nature a besoin... Dieu ouvre la porte, et me dit: « Viens. — Où cela ? — Vers rien qui soit à craindre :

---

1. *Pensées*, II, XVII.

« vers ce dont tu es sorti, vers des amis, vers des parents :
« vers les éléments. Tout ce qu'il y avait de feu en toi ira
« vers le feu : tout ce qu'il y avait de terre, vers la terre ;
« tout ce qu'il y avait d'air, vers l'air ; tout ce qu'il y avait
« d'eau, vers l'eau. Il n'y a pas de Pluton, pas d'Achéron,
« pas de Cocyte, pas de Phlégéton en feu : non : tout est
« peuplé de dieux et de génies[1]. » — Cette réponse ne
suffit plus à Marc-Aurèle : il sent que l'homme vertueux
dépasse la nature sensible, qu'il doit échapper à ses changements et à ses altérations, qu'il mérite l'immortalité.
« Comment se fait-il que les dieux, qui ont ordonné si bien
« toutes choses et avec tant de bonté pour les hommes,
« aient négligé un seul point, à savoir que les gens de
« bien, d'une vertu véritable, qui ont eu pendant leur
« vie une sorte de commerce avec la Divinité, qui se sont
« fait aimer d'elle par leur piété, ne revivent pas après
« leur mort et soient éteints pour jamais ? » Plainte qui
est déjà un reproche, et où commence à se montrer la
protestation de la conscience humaine contre la nécessité
des choses.

Selon les stoïciens, le monde, pas plus que l'homme
même, n'a d'avenir : « Telle fut la nature du monde,
« dit Épictète, telle elle est, telle elle sera ; il est
« impossible que les choses arrivent autrement qu'elles
« n'arrivent maintenant[2]. » Les choses divines elles-
mêmes (καὶ τὰ θεῖα) participent aux vicissitudes éternelles
et éternellement semblables de l'univers. La figure qui
représente le mieux la marche du monde est un cercle
fermé, dont la pensée, pas plus que la nature, ne peut sortir. « Il faut, dit Épictète, il faut que les choses tournent
« dans un cercle : que les unes y cèdent la place aux
« autres ; que celles-ci se décomposent, et que celles-là
« naissent[3]. » — « Quoi ! toujours, toujours la même
« chose ! » disaient déjà ces Romains que Sénèque nous
montre dégoûtés de la vie, s'efforçant en vain de briser le
cercle où elle tourne à jamais[4]. Marc-Aurèle répète à son
tour : « Les mouvements du monde en haut, en bas, sont
« des cercles toujours les mêmes, recommençant de siècle

1. *Entretiens*, III, XIII.
2. *Stob. Flor.*, CVIII, 60.
3. *Entretiens*, III, XXIX.
4. *De tranquill. an.*, I, II.

« en siècle… Bientôt la terre nous couvrira tous, puis elle-
« même changera, et les objets de cette transformation
« changeront eux-mêmes à l'infini ; et ces autres objets à
« l'infini encore. Si l'on réfléchit à ces flots de change-
« ments, de vicissitudes, et à leur rapidité, on méprisera
« tout ce qui est mortel[1]. » Mais alors, pourrait-on demander, qu'y aura-t-il dans le monde des stoïciens qui ne soit
méprisable ? Ailleurs Marc-Aurèle s'écrie en se parlant à
lui-même : « Pourquoi te troubles-tu ? qu'y a-t-il de nou-
« veau dans les choses[2] ? » Et c'est précisément, à vrai
dire, parce qu'il n'y a rien de nouveau et surtout rien de
mieux dans le monde que Marc-Aurèle se trouble. Après
le trouble vient le doute. La nécessité absolue est si près
du hasard absolu ! Une loi aveugle qui gouvernerait les
choses ressemblerait à l'absence même de loi. Marc-
Aurèle hésite entre l'incompréhensibilité du destin et l'incompréhensibilité du hasard : il flotte entre Zénon et
Épicure[3].

Le doute sincère touche au désespoir. « S'il n'y a pas
« de dieux, ou s'ils ne prennent nul souci des choses hu-
« maines, que m'importe de vivre dans un monde vide de
« dieux ou vide de providence, (τί μοι ζῆν ἐν κόσμῳ κενῷ θεῶν ἢ
προνοίας κενῷ)[4] ? » Marc-Aurèle finit par comparer l'univers
à ces spectacles de l'amphithéâtre, toujours les mêmes,
qui dégoûtent (προσκορῆ τὴν θέαν ποιεῖ). Ainsi la liberté stoïque,
qui essayait de s'accorder avec la nécessité des choses, qui
voulait même l'admirer et l'aimer, se sent bientôt, en la
contemplant de plus près, rassasiée et prise de dégoût
« C'est là, s'écrie Marc-Aurèle, le supplice de toute la vie.
« Jusques à quand donc ? » « Viens au plus vite, ô mort,
de peur qu'à la fin je ne m'oublie moi-même[5] ! » Mourir,
se délasser de cette « tension », de cet effort sans but et
sans fin qui constitue la vie même, tel est le dernier mot
du stoïcisme. Les stoïciens ont un trop grand sentiment de
l'idéal pour se reposer dans la réalité qui leur répugne, et
ils n'ont pas encore un assez vif sentiment de leur pouvoir

1. *Pensées*, IX, XXVIII.
2. *Ibid.*, IX, XXXVII.
3. *Pensées*, VI, 24 ; VII, 32, 50 ; IX, 28, 39 ; X, 7, 18 ; XI, 3.
4. *Pensées*, IX, 3.
5. II, 11.

personnel pour travailler de tout ce pouvoir à la réalisation de l'idéal. De là vient cette conception du suicide
volontaire, qui exerça tant d'attrait sur les Romains. S'il
est beau de suivre la nécessité, il est encore plus beau de
la devancer, comme on le fait à cet instant où on devance
la mort, où on se retire de la vie comme d'un spectacle
qu'on ne peut point changer et qu'on ne veut pas troubler.
Sénèque prêche le suicide. Plus tard, quand les suicides
se multiplient, Épictète les blâme, du moins ceux qui sont
sans motif. Pourtant Epictète, même en blâmant le suicide, l'admire ; il aspire lui aussi à se débarrasser du « fardeau » de la vie, ὡς βάρη τινά. Dans les *Entretiens*, il suppose
ses disciples venant lui demander de mourir : « Vous vien-
« driez à moi me disant : — Épictète, nous en avons
« assez d'être enchaînés à ce misérable corps, de lui donner
« à manger, à boire, de le faire reposer... N'est-il pas vrai
« qu'il n'y a là que des choses indifférentes et sans rapport
« réel avec nous ? N'est-il pas vrai que la mort n'est pas
« un mal, que nous sommes les parents de Dieu, et que
« c'est de lui que nous venons ? Laisse-nous retourner
« d'où nous venons ; laisse-nous nous dégager enfin de ces
« liens qui nous attachent et qui nous chargent... —
« Alors, moi, j'aurais à vous dire : — O hommes, atten-
« dez Dieu [1]. » — Faible réponse, qui ne pouvait satisfaire,
qui d'ailleurs réduit la vie à une simple attente de la mort,
cette délivrance finale.

Ainsi le stoïcisme, dans Épictète lui-même et surtout
dans Marc-Aurèle, aboutit à des pensées de découragement. Nous voici bien loin d'Hercule tel que nous le pei-
gnait Épictète, tel qu'il nous le proposait sans cesse pour
modèle, d'Hercule prenant sa massue et courant lutter
contre l'injustice et le mal, ce n'est plus le dieu vraiment
fort et conscient de sa force : c'est Hercule impuissant à
arracher la tunique fatale ; sa volonté s'affaisse sous ce
vêtement de matière qui lui pèse ; désespéré, s'abandonnant à la douleur, il veut s'anéantir, monte sur le bûcher
que ses propres mains ont amoncelé, et là se brûle au feu
éternel qui embrase toutes choses [2]. Comment cette phi-

---

1. *Entretiens*, I, IX.
2. On sait comment Pérégrinus, le fameux cynique, après avoir convié
toute la Grèce à Olympie pour le voir mourir, les jeux finis, au lever de la

losophie stoïcienne, qui semblait au premier abord si pleine d'énergie, redescend-elle ainsi dans l'inertie et le relâchement, semblable à l'épicurisme même qu'elle combat? Comment, après avoir voulu soulever le monde antique, retombe-t-elle et meurt-elle avec lui, tandis que le christianisme s'élèvera sur ses ruines?

lune, au milieu des parfums de l'encens et des acclamations d'un peuple, s'élança dans le bûcher allumé par les mains de ses disciples, et « disparut dans l'immense flamme qui s'éleva. » (Lucien, *Mort de Peregr.*, 33). — V. M. Ravaisson, *Essai sur la Métaphysique d'Aristote*, II, 285.

CHAPITRE V

CRITIQUE DU STOÏCISME

I

L'idée fondamentale de la philosophie stoïcienne, surtout de la philosophie d'Epictète et de Marc-Aurèle, nous l'avons vu, fut l'idée de la liberté ; et cette liberté, les stoïciens la conçurent comme absolument indépendante de toutes les choses extérieures, comme trouvant au dedans d'elle seule sa règle et son bien. C'était beaucoup, ce n'était pas encore assez : car il restait toujours à savoir ce qu'est en elle-même cette liberté, ainsi posée à part du monde. Or, quand il s'agit de pénétrer dans le for intérieur de l'homme pour chercher l'essence même de sa liberté, les stoïciens hésitent : ils conçoivent la liberté comme raison et intelligence plutôt que comme volonté active. Être libre, pour eux, c'est surtout comprendre, c'est ne pas trouver d'obstacle devant son intelligence et se rendre raison de toutes choses, c'est accepter plutôt que faire : liberté contemplative qui, lorsqu'elle est enfin parvenue à soumettre l'imagination et à dompter la sensibilité, se repose désormais en elle-même, isolée, indifférente, satisfaite et de soi et des choses : comprends d'abord, puis supporte et abstiens-toi (ἀνέχου καὶ ἀπέχου) [1]. Le stoïcien se dérobe à l'action des choses plus qu'il n'agit lui-même, comme l'anneau d'une chaîne qui se croirait moralement libre parce qu'il s'est détaché des autres. Être à l'écart, sans trouble et dans la paix, tel est donc le vœu qu'émettent les stoïciens, et que répètent avec eux la plupart des sectes antiques, en dissension sur tous les autres

1. Gell., *Noct. Att.*, XVII, 19.

points, d'accord sur celui-là. Les stoïciens empruntent
toujours aux choses matérielles leur représentation de la
liberté et de l'ataraxie. Épictète se figure l'âme du sage
comme une onde pure et tranquille que nul souffle ne
viendrait troubler[1] : image sensible, ἀταραξία, comme
disaient les stoïciens mêmes, impuissante à nous faire
pénétrer le vrai caractère de notre énergie intime[2]. Par
cela même que la liberté stoïcienne était conçue sur le
modèle des choses extérieures, comment eût-elle pu vraiment les dépasser ? Il ne faut pas seulement se modeler
sur l'adversaire qu'on veut vaincre : il faut chercher à
s'élever au-dessus de lui. Loin de là, les stoïciens finissent
par abaisser la volonté vers les choses en la rendant
passive comme les choses mêmes : — Abandonne-toi aux
événements, disent-ils à l'homme : résigne-toi. S'abandonner à la nécessité éternelle, se dévouer à la nature,
c'est sans doute une grande et belle chose ; mais il manque
à ce dévouement suprême ce qui fait, en définitive, la
valeur de tout dévouement : il est sans but, il n'avance à
rien. Nous ne pouvons rien au dehors de nous, incapables
d'aider l'œuvre de la nature qui se serait accomplie forcément avec ou sans notre volonté :

Volentem fata ducunt, nolentem trahunt.

Dans les deux cas, que l'homme soit conduit ou entraîné,
il ne fait point un pas de plus ; il se perd et s'anéantit
également dans la nature. Les stoïciens ne voient pas que
se résigner ainsi, c'est en définitive céder, c'est se soumettre et déclarer soi-même son impuissance : ils sem-

---

1. *Stob. Flor.*, I, 47. — V. les *Entretiens.*

2. Les anciens étaient toujours tentés de se représenter l'âme sous la forme
d'une chose passive plutôt que comme une volonté active : de même qu'ils
voulaient au dedans la rasseoir et l'apaiser, ils voulaient au dehors « la polir »,
l' « arrondir » en quelque sorte : le sage, suivant la comparaison d'Empédocle
reprise par Horace, doit se façonner lui-même en une sphère toute ronde et
polie sur laquelle nulle aspérité ne peut donner prise :

	..... *et in seipso totus teres atque rotundus*
	Externi ne quid valeat per læve morari.

Sat., II, 7. Cf. Marc-Aurèle, XII, III; VIII, XLVIII; XI, XII. — L'âme vraiment libre ressemble-t-elle donc à cette sphère solitaire roulant dans le vide ?

blent croire que, lorsque l'homme aura dans sa lutte avec
les choses reconnu sa défaite, il aura remporté la victoire.
Les stoïciens n'ont pas admis la puissance infinie de la
volonté, qui, loin de chercher à se détacher des choses,
les rattache toutes à elle en étendant sur elles son action ;
qui, loin de s'abstenir veut et agit dans toutes les directions possibles ; qui ne redoute pas les obstacles, parce
qu'elle a conscience, en elle-même, d'une force capable de
les surmonter ; qui n'a pas peur d'être déçue en se donnant, en se prodiguant, parce qu'une déception ne peut
l'abattre et que nul don de soi ne peut l'épuiser. En
général, on l'a dit, l'idée de l'*infini* manqua aux anciens :
mais ce qui leur manqua surtout, c'est l'idée de la volonté
infinie, puisant sans cesse en soi de nouvelles forces et
s'accroissant ainsi elle-même, ayant conscience de sa
propre infinité, et par cela même sentant que, quoi qu'il
arrive, elle aura toujours le dernier triomphe. Cette
volonté, dont l'essence et la vraie liberté consistent précisément à dépasser toutes bornes et à se répandre en toutes
choses, les stoïciens veulent la « ramasser en soi », suivant l'expression de Marc-Aurèle, par conséquent la rendre
finie et limitée. « Simplifie-toi toi-même (ἁπλῶσον σεαυτόν), »
dit Marc-Aurèle. N'aurait-il pas mieux valu dire : « Mul-
tiplie-toi toi-même, agrandis-toi. » Le bien ne consiste pas
seulement, comme le croit Épictète, dans ce qui dépend
présentement de nous ; il consiste à faire sans cesse dépen-
dre de nous plus de choses, à élargir sans cesse le domaine
de notre volonté. Au lieu de nous mettre à part de la
nature, il faut nous la soumettre. Ainsi les stoïciens,
n'ayant pas conçu le vrai idéal de la liberté humaine,
n'ont pas compris le vrai rôle de l'homme dans le monde ;
ils ont cru que l'homme devait accepter le monde tel qu'il
est, s'incliner devant tout ce qui arrive, ne pas désirer ni
vouloir mieux : l'homme, au contraire, autant qu'il est en
lui, ne doit-il pas aspirer et travailler au progrès du monde ?
C'est à l'être supérieur de la nature, c'est à l'homme
d'empêcher que les choses ne tournent dans un « cercle
éternel ».

II

De même, le vrai rôle de l'homme dans l'humanité
a échappé aux stoïciens. De leur conception incomplète
de la volonté humaine naît leur incomplète conception de
l'amour d'autrui. En prescrivant à l'homme de communiquer sa science et sa raison, mais de ne pas donner
tout entière son affection, de « la retenir », et ainsi de
la limiter, ils lui ont, en dernière analyse, prescrit
l'égoïsme. Au fond, nous l'avons vu, rien de plus logique
dans leur doctrine ; tout système qui ramène et subor-
donne la volonté morale à l'intelligence aboutira nécessairement à cette conclusion où aboutirent les stoïciens : —
Aimez en autrui la raison, et, comme la raison est universelle, ne vous attachez pas aux individus, dépassez-les,
oubliez-les.

Il est un égoïsme de la raison comme il est un égoïsme
des sens : le stoïcien craint de perdre sa paix intellectuelle
comme l'épicurien peut craindre de perdre ses jouissances
sensibles. « L'être animé est fait pour agir toujours en vue
« de lui-même, dit Épictète. C'est pour lui-même que
« le soleil fait tout, et Jupiter aussi [1]. » L'âme sage, nous
a dit Marc-Aurèle, doit rayonner comme le soleil et éclairer
tout le reste, répandant le plus de lumière possible, car
c'est là sa nature ; mais elle ne doit pas s'inquiéter de ceux
qui la reçoivent ou la refusent, car cela ne dépend pas
d'elle. Lumière froide et immobile, pourrait-on répondre,
qui n'est point la vraie lumière ! Le rayon de soleil lui-
même n'est-il donc pas en mouvement et comme en effort
pour pénétrer à travers tout obstacle ? Si, d'après les

1. *Entretiens*, I, XIX.

stoïciens. faire pénétrer la vérité en autrui. se faire
« apôtre et précepteur des hommes ». c'est essentiellement aimer, ce sera aussi. par essence. s'oublier. renoncer
s'il le faut à sa paix intérieure. être prêt à partager le
trouble et l'inquiétude d'autrui. — « Aime. dit Épictète.
comme doit aimer un homme heureux. » — Est-ce bien
là l'amour? Doit-on garder pour soi le bonheur. et donner
le reste. comme un surplus, comme un accessoire : ou plutôt, ne faut-il pas se donner tout entier. mettre tout en
commun. jusqu'à son bonheur? On n'aime pas les hommes
par plaisir, on les aime par volonté. quelquefois par
dévouement et sacrifice. Qu'est-ce que cette amitié pres-
crite par Épictète, amitié finie, temporaire. prête à s'éloigner si l'être aimé s'éloigne; prête à périr s'il périt?
Qu'est-ce, en un mot. qu'aimer sans *s'attacher*? S'attacher
à autrui. c'est simplement persister dans son amour quoi
qu'il arrive, malgré tous les obstacles naturels et toutes les
nécessités physiques; il est impossible de concevoir l'amour
autrement que comme une union indissoluble, comme
un attachement éternel. Les stoïciens . dans l'amour
qui s'attache à autrui, ont cru apercevoir un risque. un
danger. le danger de perdre l'être aimé : en quoi d'ailleurs
ils ne se sont pas trompés ; il y a là, en effet, un risque à
courir, un péril à affronter : καλὸς κίνδυνος ! dirait Platon :
mais n'est-ce point ce péril qui fait le prix de l'amour?
Avec l'idée qu'ils avaient de la volonté humaine, les stoïciens ne pouvaient admettre comme possible une immortalité personnelle. Comment l'homme, réduit par Épictète
au rôle de simple spectateur du monde. pourrait-il survivre.
une fois le spectacle fini ? Comment, la lumière disparue.
l'œil ne s'éteindrait-il pas ? Tout autre apparaîtra la destinée de l'homme, au chrétien qui se représente l'esprit.
non comme l'œil recevant passivement les clartés du
dehors, mais comme un œil lumineux lui-même qui tire-
rait de soi son propre éclat. pour le répandre ensuite sur
les choses. Concevoir, avec les stoïciens. la liberté comme
une faculté d'abstention passive, c'était vraiment la rendre
mortelle ; la concevoir, avec les chrétiens, comme essentiellement active et expansive, c'était la croire par essence
immortelle. Celui qui veut et peut le plus est celui sur
lequel les choses pourront le moins.

On a souvent, depuis Pascal, reproché aux stoïciens, et en

particulier à Épictète, d'avoir trop cru en soi, d'avoir trop
espéré de l'homme : « J'ose dire que ce grand esprit mérite-
« rait d'être adoré s'il avait aussi bien connu l'impuissance
« de l'homme que ses devoirs. » Ainsi parle Pascal à propos
d'Épictète. Non moins sévère pour Épictète que les jansé-
nistes du XVIIᵉ siècle, un critique contemporain, l'auteur de
la plus complète exposition qui ait été faite des doctrines
stoïciennes a dit en se résumant : « L'orgueil était le fond
du stoïcisme [1]. » Pourtant, semble-t-il, s'il est un reproche
à faire aux stoïciens, c'est plutôt de n'avoir pas assez cru
dans la puissance humaine, c'est d'avoir douté de soi et d'autrui. Nous avons examiné l'une après l'autre leurs doctrines ;
toutes nous ont paru se ramener et comme se suspendre à
une seule : la volonté réduite à la raison. De là ils con-
cluent que la volonté est faite pour comprendre et s'abstenir, non pour agir ; pour contempler le monde extérieur,
non pour le changer ; pour pénétrer la raison d'autrui,
sans s'attacher à l'individualité même d'autrui ; enfin,
pour mourir et disparaître, comme meurt et disparaît
autour d'elle tout ce qui n'a pas de vie et de volonté propre.
Par cette conception, les stoïciens ont, en définitive, plié
devant la nécessité et la nature cette volonté qu'ils voulaient voir indépendante et sans loi imposée du dehors.
Pour l'homme qui réclame contre quelque injustice de la
nature et s'en indigne, ils n'ont qu'une réponse : « Cela
est naturel. » C'est répondre par la question même.
L'homme n'a-t-il pas le droit de s'élever au-dessus de la
nature et de la juger ? Sous ce rapport l'optimisme stoïcien est, jusqu'à un certain point, un abaissement de la
dignité et de la moralité humaine. « Tout ce qui arrive,
« arrive justement [2] », dit Marc-Aurèle. « Ils tuent, ils
« massacrent, ils maudissent. Qu'y a-t-il là qui empêche
« ton âme de rester pure, sage, modérée, juste [3] ? » Il faut,
d'après lui, se résigner à l'injustice des hommes comme à
la pesanteur de la pierre ou à la légèreté de la flamme.
De même, selon le maître de Marc-Aurèle, se plaindre de
ce qui arrive naturellement, c'est une folie ; bien plus,
c'est une faute. Nous ne devons pas, dit-il, nous opposer

1. V. M. Ravaisson, *Essai sur la métaphysique d'Aristote*, II, 279.
2. Marc-Aurèle, IV, X.
3.   Id.,   VIII, 51.

au torrent des choses, essayer de retenir ce qui y tombe,
vouloir empêcher de mourir ceux que nous aimons, vouloir retarder notre propre mort : « Va-t'en...., dit-il dure-
« ment à l'homme ; fais place à d'autres : il faut que
« d'autres naissent... Que leur resterait-il si on ne te
« mettait dehors ?... Pourquoi rends-tu par ta présence
« le monde trop étroit (τί στενοχωρεῖς τὸν κόσμον)[1]? » Non,
pourrait-on répondre, l'homme ne veut pas resserrer le
monde, mais l'élargir : sa pensée est plus grande que la
nature ; elle veut égaler la nature à soi, elle souffre quand
elle ne le peut ; c'est là sa vraie dignité. Pour tout ce que
la nature renferme d'imparfait, pour tout ce qu'elle nous
apporte de mauvais et d'injuste, les stoïciens n'ont eu
qu'un seul remède : la « patience ». Il en est un autre,
plus efficace peut-être, et qu'ils n'ont pas connu : l'espérance ; l'espérance qui ne nous vient pas d'ailleurs, mais
que nous pouvons tirer du plus profond de nous-mêmes ;
l'espérance qui naît de la juste confiance en soi, c'est-à-dire
de la croyance que nous portons au dedans de nous,
avec la volonté, la force suprème.

1. *Entretiens*, IV, 1, 106.

CHAPITRE VI

STOÏCISME ET CHRISTIANISME

La critique moderne s'est peut-être trop bornée à apercevoir les ressemblances de la philosophie stoïcienne ou platonicienne et du christianisme ; elle n'a pas assez vu leurs différences, elle n'a pas pu expliquer leur lutte. Au premier abord, par exemple, que d'analogies entre la morale chrétienne et la morale stoïque ? Amour et pratique austère de la vertu, dédain du plaisir, mépris de la souffrance et de la mort, croyance à la fraternité universelle des hommes : autant de traits par où la philosophie stoïque et le christianisme semblent se confondre à nos yeux. Mais ne nous arrêtons pas à ces traits extérieurs de ressemblance ; pénétrons plus avant dans les deux doctrines, et nous verrons comment, sous l'identité apparente des préceptes pratiques, se cache la réelle diversité des principes théoriques. Chrétiens et stoïciens s'accordaient, disons-nous, à aimer, à pratiquer la vertu : mais chez les uns, c'était une antique doctrine que la vertu devait être absolument gratuite, qu'elle devait tirer d'elle-même son prix et sa sainteté : *officii fructus est ipsum officium ; virtutis sanctitate suâ se tuentur*, dit Cicéron (*De finibus*, 11, 72, 73), et Sénèque répète à son tour : *gratuita est virtus, virtutes præmium ipsa virtus*. Selon les chrétiens, le moindre prix de la vertu, c'est celui qu'elle tire d'elle-même et de la loi humaine ; elle emprunte son plus grand prix à la loi divine et à sa sanction.

« Les vertus que l'âme pense avoir, dit saint Augustin, « si elles ne se rapportent à Dieu... si elles se rapportent à

« elles-mêmes et n'ont qu'elles-mêmes pour fin.... ne sont
« pas des vertus, mais des vices. » (*Cité de Dieu*, XIX, 25.)
Lactance va plus loin : dans l'hypothèse où la vertu ne serait
pas récompensée après la mort et n'aurait pas en perspective
une jouissance plus considérable que celle dont elle nous
prive, ce serait une absurdité, une folie, un mal contraire à la
nature : « Si la vertu, dit-il, nous frustre de la jouissance
« des sens que nous recherchons naturellement, et qu'elle
« nous porte à souffrir les maux pour lesquels nous avons
« nous-mêmes de l'aversion, la vertu est un mal con-
« traire à la nature, et il faut avouer que c'est une folie
« que de la suivre, puisqu'en la suivant on se prive des
« biens présents, et qu'on endure les maux sans espérer
« aucune compensation. En effet, n'est-ce pas avoir perdu
« tout sentiment que de renoncer aux plus charmantes
« voluptés, pour vivre dans la bassesse, dans la pauvreté,
« dans le mépris et dans la honte, ou plutôt pour ne pas
« vivre, mais pour gémir, pour être tourmenté et pour
« mourir ! N'est-ce pas être stupide et aveugle que de se
« jeter dans des maux dont on ne tire aucun bien qui
« puisse compenser la perte du plaisir dont on se prive !
« Que si la vertu n'est pas un mal, si elle agit convenable-
« ment quand elle méprise les voluptés criminelles et
« infâmes, quand, pour s'acquitter de son devoir, elle
« n'appréhende ni la douleur ni la mort, il faut donc
« nécessairement qu'elle obtienne quelque bien plus con-
« sidérable que ceux qu'elle rejette. » (*Institut. div.*, l. VII,
ch. XI, XII). « La vertu est pour nous une nécessité, dit
enfin Tertullien. Oui, une nécessité ! La vertu est une
chose que nous tenons de Dieu même... Qu'est-ce que la
sagesse de l'homme pour faire connaître le vrai bien ?
Qu'est-ce que son autorité pour le faire pratiquer?... Pour
nous qui devons être jugés par un Dieu qui voit tout, et
qui savons que ses châtiments sont éternels, nous sommes
les seuls qui puissions véritablement aimer et embrasser
la vertu... Je veux que nos dogmes ne soient que faussetés et préjugés, ils n'en sont pas moins nécessaires... :
ceux qui les croient se trouvent forcés de devenir meilleurs, tant par la crainte d'un supplice que par l'espérance
d'une félicité éternelle. » (*Apologétique*, ch. XLV et
XLIX). Ainsi, selon le stoïcisme, la vertu avait en elle-
même son principe et sa fin : elle était commandée par la

conscience, elle était sanctionnée par la conscience. Selon
le christianisme, la vertu a au dehors d'elle-même son
principe et sa fin : elle nous est commandée par Dieu, elle
est sanctionnée par Dieu. De là, en morale, une première
opposition entre les philosophes stoïciens et les chrétiens :
ceux-ci rejetaient cette vertu stoïque qui ne veut reposer
que sur elle-même, ceux-là cette vertu religieuse qui
repose sur l'amour de Dieu, l'espérance de sa possession
et la crainte de ses châtiments : au fond de la première, on
prétendait trouver l'orgueil : au fond de la seconde, l'intérêt.

Selon les philosophes anciens qui admettaient l'immortalité, l'âme seule était immortelle et se dégageait de son
corps comme d'un fardeau; selon les chrétiens, le corps aussi
devait ressusciter et participer à la vie éternelle; immortalité
de la chair que les philosophes ne voulaient point admettre.
De plus, les philosophes rejetaient l'éternité des peines. La
durée des peines donnait lieu à de nombreuses controverses
entre les chrétiens et les païens. « Le châtiment ne peut pas
être éternel, dit le néo-platonicien Olympiodore, corrigeant Platon dans son commentaire de *Gorgias :* « Mieux
« vaudrait dire en effet que l'âme est périssable. Un châ-
« timent éternel suppose une éternelle méchanceté : alors
« quel en est le but ? il n'en a point : il est inutile, et Dieu
« et la nature ne font rien en vain. » D'autre part, les
platoniciens et les stoïciens croyaient impossible que la
méchanceté même fût éternelle : — Si tu ne peux corriger
les méchants, dit quelque part Épictète, ne les accuse pas,
car toute méchanceté est corrigible : mais plutôt accuse-
toi, toi qui ne trouves pas en toi-même assez d'éloquence
et de persévérance pour les amener au bien. — Toutes ces
doctrines, pénétrant jusque dans le christianisme même,
donnèrent lieu aux grandes hérésies telles que celle
d'Origène.

Outre ces divergences au sujet de l'homme et de sa
destinée, l'historien en remarquera de plus considérables encore dans la conception générale du monde et
de la providence régulatrice. Les stoïciens n'admettaient
pas moins que les chrétiens l'action de la Divinité sur le
monde, leur panthéisme tendait même à identifier Dieu
et la nature : mais, selon eux, cette action s'exerçait
d'après des lois inflexibles et nécessaires : les phénomènes

s'enchaînaient les uns les autres : *pendet causa ab causa;* et nul brusque changement ne venait interrompre l'harmonie nécessaire du grand Tout. Selon les chrétiens, au contraire, la Divinité ou les esprits rebelles se manifestent aux hommes par des modifications soudaines apportées dans le cours des phénomènes, par des dérangements inattendus dans l'ordre de la nature. Quant aux philosophies qui, comme celle d'Épicure, reposaient sur la négation même du merveilleux, elles ne pouvaient pas ne pas entrer en lutte ouverte avec le christianisme. Les chrétiens et les philosophes recommandaient également la piété et l'amour de Dieu ; mais il faut se garder de confondre la piété stoïque, par exemple, et la piété chrétienne : même en présence de la Divinité, la « superbe » stoïque, comme dit Pascal, accordait à l'homme une valeur propre, et son adoration de Dieu ne tendait jamais à devenir un anéantissement de soi : « Sache, dit Sénèque, que si tu dois à Dieu le vivre, tu ne dois qu'à toi seul le bien vivre. » Le chrétien, quand il s'élevait vers Dieu par la prière, emporté dans un élan d'amour, effaçait presque la personnalité humaine devant la Divinité, et, ne croyant plus se devoir rien à lui-même, attribuant tout à Dieu, s'efforçait d'anéantir sa volonté propre afin de faire mieux descendre en lui la grâce d'en haut. D'autres fois, par un mouvement contraire, après avoir ainsi attribué à Dieu tout ce qu'il y avait de bon en lui, ne trouvant plus en soi-même rien que de mauvais et de haïssable, il se prenait à éprouver une sorte d'horreur de soi et une grande crainte de Dieu : celui qui lui était d'abord apparu comme la bonté suprême d'où il tenait tout ce qu'il y avait en lui de bien, lui apparaissait comme la justice inexorable qui devait le châtier éternellement pour les souillures dont il était chargé. Le stoïcien, qui gardait dans sa piété même une attitude d'indépendance à l'égard de la Divinité, refusait de s'humilier en face d'elle au point de la craindre : à entendre le stoïcien, celui qui devait le punir, ce n'était pas Dieu, c'était lui-même, c'était sa propre conscience ; la crainte qui, selon les uns, était le commencement de la sagesse, était, à en croire les autres, une sorte de violation de l'amour : « *violat eos quos timet.* » dit Sénèque.

On voit par ce rapide tableau combien la philosophie

antique et le christianisme, malgré leurs ressemblances
extérieures, s'opposaient au fond : qu'on compare les
préceptes pratiques des philosophes et des chrétiens, on
les verra souvent se confondre ; qu'on compare les principes dont ces préceptes sont déduits, on verra ces principes mêmes s'exclure mutuellement ; chaque point de
contact était aussi, pour ainsi dire, un point de répulsion.
On croit souvent que les philosophes, — qu'ils fussent empereurs comme Marc-Aurèle, simples sujets ou même
esclaves comme Épictète — ignoraient absolument les
doctrines chrétiennes ; cependant le christianisme était
déjà trop répandu pour qu'une telle ignorance fût possible ;
ils ne les connaissaient que vaguement sans doute, mais
ils ne se croyaient pas moins en droit de les rejeter. Saint
Augustin lui-même nous dit que son esprit « s'est choqué
longtemps aux apparentes absurdités de l'Écriture »,
avant de s'incliner devant ses mystères. (Confessions,
VI, v). Comment les philosophes d'alors, pour qui la raison était la partie maîtresse de l'homme, τὸ ἡγεμονικόν,
eussent-ils pu comprendre le mot de Tertullien : « Credi-
bile est, quia ineptum est... Certum, quia impossibile. »
(De carne chr., 5). Ceux mêmes d'entre eux qui adoptèrent
le christianisme firent leurs réserves. Saint Justin porta
jusqu'à son martyre le manteau de philosophe. On trouve
dans les lettres d'un Père de l'Église grecque, Synésius,
des documents curieux, qui peuvent nous faire voir comment l'esprit philosophique d'alors, même lorsqu'il accep-
tait certains dogmes, manifestait ses répugnances à
l'égard de certains autres. « Je ne me réduirai jamais à
croire, » écrit Synésius à son frère au moment où on le
presse d'accepter l'épiscopat, « que l'âme est créée après
le corps ; je ne dirai jamais que le monde et toutes ses
parties doivent être anéantis. Je crois cette résurrection
dont il est tant parlé quelque chose de mystérieux et d'inef-
fable ; et il s'en faut de beaucoup que je partage sur ce
point les imaginations vulgaires. » (Synes. Episcop.
Oper., p. 246). A cause de ces opinions dissidentes inspi-
rées par l'esprit philosophique, Synésius ne veut pas faire
comme tant d'autres : enseigner les dogmes qu'il rejette.
« Sans doute, ajoute-t-il, une âme philosophique qui voit
la vérité peut accorder au besoin quelque chose à l'erreur.
Il y a un rapport à saisir entre le degré de lumière que

reçoit la vérité et l'œil de la foule ; car l'œil ne jouirait pas sans dommage d'une lumière excessive. Si les lois de l'épiscopat m'accordent cette liberté, je puis être évêque, en continuant à philosopher, n'enseignant pas les opinions que je n'ai point... Mais, si on dit que l'évêque doit être peuple par les opinions, je n'hésiterai pas à m'expliquer... La vérité est amie de Dieu, devant qui je veux être sans reproche... Ma pensée ne sera pas en désaccord avec ma langue. »

On le voit, c'était chose difficile, même chez les chrétiens convaincus, que de concilier le vieil esprit philosophique avec l'esprit nouveau. Disons plus, une telle conciliation se produisit rarement : « Il n'y a point d'hérésie qui ne doive son origine à la philosophie, » s'écrie Tertullien. « Les philosophes sont les patriarches des hérétiques.» « La philosophie est l'œuvre des démons.» « Ce sont les démons qui l'ont enseignée, ce sont les démons qui l'ont préconisée. » (V. *Apol.*, 46, 47, sqq.; *De anima*, 1, 3; *De præscr. hær.*, 7; *Adv. Marc.*, V. 19). L'esprit pénétrant de Tertullien sentait l'opposition de la philosophie et du christianisme qui devait se révéler à travers l'histoire. Tandis que le christianisme envahissait le monde, et, selon l'énergique expression de Tertullien, dépeuplait le monde païen, ceux qui restèrent les derniers à soutenir la lutte, soit ouvertement, comme Porphyre, soit en se glissant dans son sein même pour y susciter l'hérésie, ce furent les philosophes. Pour longtemps, l'avènement du christianisme devait marquer la chute de la philosophie proprement dite. Peut-on donc s'étonner que les empereurs philosophes n'aient pas eux-mêmes hâté cette chute ? Il eût peut-être été plus facile de convertir au christianisme un empereur simplement païen qu'un empereur philosophe. Les Antonins ont fait tout ce qui était compatible avec leurs convictions philosophiques en s'efforçant d'empêcher les persécutions, en donnant au culte chrétien la liberté de se développer, et en laissant le monde païen, — incapable de s'arracher lui-même des erreurs qu'ils ne partageaient pas pour leur compte, — céder la place à un monde nouveau.

Il est remarquable en effet que les véritables ennemis du pouvoir impérial aient toujours été les païens, non les chrétiens. Après avoir rendu les honneurs divins aux empereurs, on ne se gênait point pour se révolter contre eux,

et on les massacrait après les avoir adorés. Mais les chrétiens, qui refusaient d'admettre la divinité de l'empereur,
s'inclinaient du moins devant son pouvoir ; jamais leur
soumission ne se démentit. Grande était sur ce point,
comme sur tous les autres, la différence entre les philosophes et les chrétiens. « Combien de philosophes, dit
ailleurs Tertullien, aboient contre les princes sans que
vous y trouviez à redire ! » Dès le temps de Sénèque, on
accusait les philosophes de rébellion contre le pouvoir
impérial ; plus tard, Vespasien exila de Rome tous les
philosophes, sauf Musonius Rufus. Sans doute les philosophes, comme les chrétiens, recommandaient la résignation en face du pouvoir impérial ; mais les uns avaient un
profond mépris pour ce pouvoir conféré, dit Épictète, au
« premier imbécile venu » ; les autres voyaient dans l'empereur le représentant de Dieu sur la terre, revêtu à ce
titre d'une sorte de caractère sacré qui, sans le rendre
digne d'adoration, le rendait cependant l'objet du respect :
aussi l'esprit républicain, après s'être conservé chez les
philosophes, surtout chez les stoïciens, s'éteint avec le
christianisme. « Il faut obéir aux puissances », dit saint
Paul ; « car toute puissance vient de Dieu. » — « Soyez
soumis à vos maîtres, » s'écrie saint Pierre, « lors même
qu'ils sont fâcheux et malfaisants. » — « Le chrétien n'est
l'ennemi de personne, dit Tertullien (*ad. Scapul.*) comment le serait-il de l'empereur, qui a été établi par Dieu ?
il doit l'aimer, le révérer, l'honorer, faire des vœux pour son
salut. Nous honorons donc l'empereur comme le premier
après Dieu, comme celui qui n'a que Dieu au-dessus de lui. »
— « Si l'empereur désire nos champs, dit saint Ambroise,
(*Orat. de basilicis tradendis*, 38, t. III, p. 872), il a le pouvoir
de les prendre, personne de nous ne résistera... nous
payons à César ce qui est à César. » — « L'Eglise, répète à
son tour saint Augustin (*de catech. rudib.*, 11) composée
des citoyens de la Jérusalem céleste, doit servir sous les
rois de la terre. Car la doctrine apostolique dit : « Que toute
mon âme soit soumise aux puissances. » — « Il faut obéir
« aux princes comme à la justice même, dira Bossuet :
« ils sont des dieux. »

Tertullien dit des païens : « Negant accusati, ne torti
quidem facilè aut semper confitentur, certè damnati
mœrent : dinumerant in semetipsos : mentis malæ impetus

vel fato vel astris imputant ; nolunt enim suum esse, quod malum agnoscunt. » Et il dit des chrétiens : « Christianus verò quid simile ? neminem pudet, neminem pœnitet, nisi planè retrò non fuisse ; si denotatur, gloriatur; si accusatur, non defendit : interrogatus, vel ultrò confitetur ; damnatus, gratias agit, Quid hoc mali est, quod naturalia mali non habet, timorem, pudorem, tergiversationem, pœnitentiam, deplorationem ? Qui hoc mali est, cujus reus gaudet? cujus accusatio votum est, et pœna felicitas ! »

Quoique la pensée semble finie ici, Tertullien ajoute dans le texte : «*Non potes dementiam dicere quod revinceris ignorare.* » Par là il répond à un reproche souvent formulé contre les chrétiens. On voyait dans l'enthousiasme avec lequel ils couraient à la mort non l'effet d'un courage véritable, mais celui d'un égarement fanatique, semblable à celui que déployaient certaines sectes de l'Orient : aussi s'en étonnait-on sans l'admirer ; on assistait à leurs supplices comme les Grecs assistèrent à la mort du gymnosophiste Calamus qui, volontairement, et pour se débarrasser des misères de la vie, se brûla sur un bûcher en présence de l'armée d'Alexandre. On comparait même très réellement les chrétiens aux Brahmanes, car, dans l'*Apologétique*, Tertullien repousse ce parallèle : *Neque bachmanæ aut indorum gymnosophistæ sumus* (XLII). Les philosophes de l'époque recommandaient sans doute un mépris de la mort et de la souffrance analogue à celui que pratiquaient les chrétiens ; bien plus, on vient de le voir, le stoïcien idéal d'Épictète ressemble par bien des traits au chrétien ; mais, selon Épictète, les « Galiléens agissent par coutume (ἤθει) et par entraînement ; le philosophe doit agir par raison et réflexion (λόγῳ). » (*Entretiens* I. IV, vii). Marc-Aurèle met aussi en contraste la conduite du philosophe, toujours prêt à mourir « par son jugement propre », et celle des chrétiens, dont la mort est, selon lui, l'effet d'une « obstination » irrationnelle ; ils y courent, dit-il, avec la précipitation des troupes légères, tandis que le courage réfléchi du vrai sage l'attend sans reculer. Ainsi se maintenait l'opposition des chrétiens et des philosophes : en ôtant aux « Galiléens » la « réflexion », on prétendait leur ôter le mérite, on leur enlevait le droit à l'admiration; et leur martyre, au lieu de paraître un dévouement, semblait être une « démence » produite par le fanatisme.

Le chapitre de Tertullien auquel nous avons emprunté les citations précédentes a une assez grande importance au point de vue historique : il justifie pleinement Marc-Aurèle des reproches qui ne lui ont pas été épargnés par les historiens. On a généralement admis, sans preuves positives, que Marc-Aurèle avait persécuté les chrétiens. Le passage de Tertullien démontre le contraire : « *nos e contrario edimus protectorem.* » Il eût été impossible à Tertullien, peu d'années après la mort de Marc-Aurèle, d'invoquer ainsi comme le protecteur des chrétiens celui qui en aurait été le persécuteur avéré. Du reste un texte de Lactance, non moins positif, confirme à ce sujet le texte de Tertullien : « *Secutis temporibus* (il s'agit des temps qui ont suivi le règne de Domitien), *quibus multi ac boni principes Romani imperii clavum regimenque tenuerunt,* NULLOS INIMICORUM IMPETUS *passa* (*Ecclesia*), *manus tuas in orientem occidentemque porrexit.* » (Lactance, *De persecutione*, ch. III). — On peut donc considérer comme certain que Marc-Aurèle, après avoir, dans une lettre que nous possédons encore, ordonné non seulement de ne pas poursuivre les chrétiens, mais même de poursuivre et de condamner leurs accusateurs, ne changea pas brusquement de règle de conduite. « Dans nos spéculations sur les temps antiques, dit Villemain (*Tableau de l'éloq. chrét.*, p. 71-74), serait-ce une recherche oisive de nous demander quelle aurait pu être l'influence du christianisme sur la durée de l'empire, s'il fût entré dans les institutions romaines cent ans plus tôt, et sous un prince aussi vertueux que Constantin fut violent et cruel ?... La loi chrétienne, accessible aux esprits les plus humbles, la loi chrétienne dans sa pureté primitive, espèce de stoïcisme populaire et tempéré, eût établi une liaison entre les hommes les plus obscurs et l'âme élevée de l'empereur ; elle eût perpétué des bienfaits qui passèrent avec Marc-Aurèle ; elle eût transformé la puissance, pendant que l'empire avait encore de la grandeur et de l'unité. »

CHAPITRE VII

ÉPICTÈTE ET PASCAL

L'antithèse du stoïcisme et du christianisme a eu pour interprète éloquent Pascal. Il ne faut pas s'attendre de sa part à une exposition suivie et raisonnée de la philosophie stoïcienne. Sans doute il possède bien Épictète, mais beaucoup moins bien que Montaigne; je n'en voudrais pour preuve que ceci : il traduit et cite mot pour mot le philosophe, comme font les interprètes ordinaires, tandis que nous le voyons repenser la pensée de Montaigne, taillant à plaisir dans les phrases tortueuses de son auteur et reproduisant d'autant mieux l'esprit qu'il corrige davantage la lettre. Épictète, vu à travers Pascal, perd autant que gagne Montaigne. De toute cette théorie si originale de la volonté, qu'Épictète concevait comme « autonome » et trouvant en soi sa règle et son bien, Pascal ne dit mot. Il semble qu'en ouvrant le *Manuel* ou les *Dissertations* il ait eu hâte de laisser les passages essentiels, pour courir et s'attarder à ceux où il croyait apercevoir quelque lointaine ressemblance avec la Bible. Il nous représente presque Épictète comme un autre Job prosterné sous la droite de Jéhovah, et il répète avec admiration ces paroles qu'il prend sans doute en un sens tout biblique : « Ne dites jamais : j'ai perdu cela; dites plutôt : je l'ai rendu. Mon fils est mort, je l'ai rendu. Ma femme est morte, je l'ai rendue. » Puis vient la comparaison de la vie avec une pièce de théâtre, où le Maître nous distribue d'avance nos rôles, et où il faut, sans y rien changer, jouer le personnage qu'il nous donne. Résignation humble à Dieu, voilà ce que Pascal a cru apercevoir et ce qui le frappe tout d'abord dans le stoïcisme d'Épictète.

19

Mais Épictète, s'il a bien compris notre devoir (et, selon Pascal, notre principal devoir, c'est résignation, humilité), a trop présumé de notre pouvoir : c'est là la marque qu'il était homme, et comme tel faillible, comme tel « terre et cendre ». Par un brusque changement après nous avoir montré dans Épictète le Job biblique, Pascal élève devant nous l'inspiré de l'esprit des ténèbres, qui, méprisant la mort et les maux envoyés par la Providence, espère avec ses seules forces « se rendre saint et compagnon de Dieu ». « Superbe diabolique ! » s'écrie Pascal avec une sorte d'horreur, mêlée peut-être d'une secrète admiration.

Pascal, voyant la philosophie stoïcienne à travers sa foi, n'en a pas toujours saisi le vrai sens et l'originalité. Il donne tout d'abord une idée inexacte de la méthode d'Épictète, telle qu'elle ressort surtout du *Manuel*, ce *vade mecum* du stoïcien. « Épictète, dit-il, veut avant toutes choses que l'homme regarde Dieu comme son principal objet. » Mais, d'après les stoïciens, le *principal objet* de la philosophie n'est point Dieu, comme le croit Pascal, c'est l'homme, c'est la morale pratique (*Manuel*, LII). Ni le *Manuel* ni les *Entretiens* ne commencent par des considérations sur la Divinité : ils commencent par des considérations sur l'homme. Épictète établit la morale avant d'en déduire la religion.

Selon les stoïciens, nous l'avons vu, ce qu'il faut « regarder avant toutes choses », ce n'est aucun être extérieur à nous, c'est nous-mêmes. « Tourne-toi vers toi-même », dit Épictète. C'est en se tournant ainsi vers soi que l'homme aperçoit en lui une faculté absolument indépendante de tous les événements du dehors, absolument libre et maîtresse d'elle-même : la volonté raisonnable (*Manuel*, I, II ; *Entretiens*, III, 22). C'est sur cette volonté qu'il doit tout d'abord, d'après Épictète, prendre appui ; c'est de là, comme répétera Pascal lui-même, qu'il doit se relever. Jugeant indifférent tout ce qui arrive au dehors de lui, indifférents les maux et les biens sensibles, indifférentes la douleur et la mort, le stoïcien dédaigne ce qu'il souffre, pour ne faire attention qu'à ce qu'il pense et veut. Ainsi, au sein de toutes les nécessités extérieures, il conservera sa liberté. Selon Épictète et surtout selon Marc-Aurèle, cette liberté de l'homme subsiste également, soit qu'on considère le monde comme gouverné par une pro-

vidence, soit qu'on le considère avec les épicuriens comme
livré au hasard. Dans toutes les hypothèses métaphysiques, la liberté morale et la règle de conduite qui en
dérive restent les mêmes. « De ces opinions, quelle que
« soit la vraie, disait aussi Sénèque, et le fussent-elles toutes,
« il faut philosopher : soit que sous son inexorable loi
« la nécessité nous enserre, soit qu'un Dieu, arbitre de
« l'univers, ait disposé toutes choses, soit que le hasard
« pousse et jette sans ordre les affaires humaines, la phi-
« losophie doit nous protéger. Elle nous exhortera à obéir
« de bon gré à Dieu, à résister opiniâtrément à la fortune :
« elle nous apprendra à suivre Dieu, à supporter le hasard
« (*Deum sequi, ferre casum*). » (SÉNÈQUE, *Lettres à Luci-
lius*, XVI.) Nos devoirs sont donc, pour les stoïciens, indépendants de nos croyances religieuses : dans tous les cas
la morale est sauve ; fais ce que dois, advienne que pourra.
C'est seulement après avoir ainsi pris son point d'appui
dans l'homme même que le stoïcisme s'élève vers Dieu.
Lorsqu'en effet le stoïcien s'est accoutumé à placer en soi
seul le bien et le mal ; lorsqu'il a compris que nul événement extérieur ne peut l'atteindre, alors il ne voit plus au
dehors de lui aucun mal véritable. Le mal qu'il croyait
apercevoir dans le monde est seulement dans ses opinions ; quant à la douleur, ce n'est pas un mal, c'est chose
indifférente : mal penser, mal agir, voilà le seul mal, qui
ne réside pas dans le monde, mais en nous ; nous seuls en
sommes responsables et nous seuls pouvons, quand nous
voudrons, le faire évanouir[1]. Le Tout est donc pour le
mieux. Ce qui arrive, naît ou meurt, monte ou descend
sur le flot éternel des choses, tout cela est beau et bon,
car lui, le sage, il en peut tirer par sa volonté le bien et
le beau : tout ne lui est-il pas matière à bonnes actions?
(*Entretiens*, III, 22.) Arrivé à ce point du « progrès »
dans la philosophie (προκοπή), le stoïcien s'explique le
monde : c'est alors que sa raison y aperçoit la trace d'une
raison organisant et travaillant sans cesse la matière ; il
s'attache à cette raison divine (I, XII), il la suit, non par
une soumission aveugle, mais par un libre consentement,
et il accepte tout événement (*Manuel*, VII), parce que
d'une part rien de ce qui arrive n'est un mal pour lui, et

1. Voir plus haut.

que d'autre part tout ce qui arrive, étant rationnel, est en soi-même un bien.

Loin donc que, comme le voudrait Pascal, l'homme puisse aller tout d'un coup vers Dieu, les stoïciens croient qu'il doit d'abord rentrer en soi pour y contempler et y honorer la divinité qui y habite : ἐν σαυτῷ φέρεις Θεόν (II, VIII). C'est seulement après ce retour sur soi que l'homme pourra lever ses regards vers le grand Dieu. Sinon, plaçant le mal dans les choses extérieures, à chaque douleur, à chaque opinion fâcheuse qui se présenterait, il accuserait Dieu. « Comment observer alors ce que je lui dois ? Car, si l'on me fait du tort, et si je suis malheureux, c'est qu'il ne s'occupe pas de moi. Et qu'ai-je affaire de lui, s'il ne peut pas me secourir? » (ÉPICTÈTE, *Entretiens*, I, XXIII.) Pour Épictète, en un mot, la connaissance de l'homme et de ses devoirs précède la connaissance de Dieu et de ses attributs : la morale soutient la religion. Selon le philosophe stoïcien, la morale pourrait à la rigueur se passer de la religion; la religion ne peut se passer de la morale : il faut d'abord être philosophe avant d'être pieux : seul l'homme de bien, dit Marc-Aurèle, est le prêtre et le ministre de la Divinité.

On le voit, Pascal, comme M. de Saci va le lui dire, tourne en son sens et accommode trop à sa pensée les auteurs qu'il commente.

Lorsque d'Épictète Pascal passe à Montaigne, il semble qu'il se retrouve bien plus à l'aise. Le stoïcisme, en effet, cause une certaine gêne à Pascal : cet esprit « si élevé de lui-même », comme l'appelle Fontaine, devait craindre plus qu'aucun autre de se laisser aller à la « superbe » stoïque. Aussi coule-t-il légèrement sur Épictète, de peur sans doute, comme il dirait, « d'y enfoncer en appuyant. » Mais une fois arrivé à Montaigne, comme il insiste! Tout ce qui était gracieusement mêlé et brouillé dans son auteur prend du relief sous sa main; tout devient distinct et saillant. C'est d'abord ce doute de Montaigne, dont Montaigne lui-même voudrait bien faire seulement une « forme naïve », un trait passager de ses « conditions et humeurs », mais qui, dans Pascal, éclate et nous apparaît comme si universel et si général qu'il s'emporte soi-même, c'est-à-dire s'il doute : — « Sur ce principe, dit Pascal,

roulent tous ses discours et tous ses Essais, » et c'est la
« seule chose » qu'il prétende bien établir. C'est dans ce
but qu'il détruit « insensiblement » tout ce qui passe pour
le plus certain parmi les hommes et qu'il va se moquant
de toutes les assurances. Où veut-il donc en venir avec
son pyrrhonisme? — Pascal ne s'attarde guère à le suivre
dans les circuits de sa pensée « ondoyante et diverse »: il
ne le suit pas même un instant : à vrai dire il le mène ; il
le mène où il veut qu'il aille, à travers ce chemin si
détourné, mais selon lui si sûr, qui part de l'incertitude
absolue pour aboutir à la foi entière.

Aussi, à peine Pascal l'a-t-il établi et s'est-il établi avec
lui dans cette « assiette toute flottante et chancelante » du
doute, que, par une antithèse violente où se résume tout
son système, il nous le montre combattant avec une « fermeté invincible » et foudroyant l'impiété. Plus la certitude
de la raison a été ébranlée, plus la certitude de la foi va
être raffermie. C'est alors que Pascal s'enthousiasme :
avec Montaigne il « entreprend » ces hommes « dépouillés
volontairement de toute révélation »; il les « interroge »,
il les « presse ». Est-ce que l'âme, sans parler de connaître
autre chose, se connaît elle-même en son essence? Non.
Se connaît-elle dans son principe et dans sa fin? Non. Et
sa propre pensée, la connaît-elle assez pour savoir si elle
n'erre ni ne se trompe? Et les objets de sa pensée? Temps,
espace, mouvement, autant de mystères pour elle. Elle
ignore le bien, elle ignore le vrai. Enfin, l'idée la plus fondamentale de toutes et qui se retrouve sous toutes les
autres, l'idée d'être, peut-elle même la concevoir et la
définir? Non. On ne peut rien définir sans cette idée, et on
ne peut définir cette idée. De quelque côté qu'il se tourne,
l'esprit humain se retrouve donc en face de son propre
néant. De cette impuissance de la pensée naît l'incertitude
de toutes les sciences, objets de la pensée : géométrie, physique, médecine, histoire, politique, morale, jurisprudence
et « le reste ». Enfin, à quoi ressemble cette universelle
incertitude, si ce n'est à celle d'un rêve perpétuel? Nous
ne pensons donc pas, nous rêvons. Et pourquoi ce rêve
serait-il le propre de l'homme? pourquoi ne nous serait-il
pas commun avec l'animal? La raison humaine, « si cruel-
lement gourmandée » et venue à ce point de douter si elle
est raisonnable, se voit donc de degré en degré retomber

jusqu'au rang des animaux : c'est avec les bêtes que Pascal et Montaigne la mettent « par grâce » en parallèle, « menaçant, si elle gronde, de la mettre au-dessous de tout. »

En entendant Pascal. M. de Saci « se croyait vivre dans « un nouveau pays et entendre une nouvelle langue. Il « plaignait ce philosophe qui se piquait et se déchirait de « toutes parts des épines qu'il se formait ».

Pendant que M. de Saci parle à son tour et laisse errer au hasard ses longues périodes à travers les textes chéris de saint Augustin, Pascal semble l'écouter avec une respectueuse impatience. A peine M. de Saci a-t-il fini. qu' « il ne peut se retenir ». Comme si, continuant intérieurement sa pensée propre, il n'avait point cessé d'assister au dedans de lui-même à cette grande et victorieuse lutte qu'il nous faisait contempler tout à l'heure. il éclate en paroles de triomphe : « Je vous avoue. monsieur, que je ne puis voir sans joie dans cet auteur la superbe raison si invinciblement froissée par ses propres armes, et cette révolte si sanglante de l'homme contre l'homme...; j'aurais aimé de tout mon cœur le ministre d'une si grande vengeance. »

On peut déjà juger par ces paroles de quelle hauteur Pascal domine Montaigne. L'homme, chez l'un. se relève et triomphe en sa défaite même ; chez l'autre, il « s'abat ». Pascal, en effet, va nous montrer bientôt comment Montaigne, par degrés, descend des doutes de l'intelligence au relâchement de la volonté. C'est là le côté dangereux du scepticisme. Pascal l'a bien senti. et comme il nous le fait sentir! Avec lui nous sommes allés d'Épictète à Montaigne; de Montaigne, nous glissons peu à peu vers Épicure. Déjà nous avons rejeté bien loin « cette vertu stoïque..., avec une mine sévère..., le front ridé et en sueur..., dans une posture pénible et tendue ». Au lieu de cela, nous voici en présence de la vertu comme l'entend Montaigne : « familière, enjouée, folâtre », qui n'a sans doute de la vertu que le nom, mais qui n'a pas non plus l'aspect trop évident du vice. Pour nous la mieux faire goûter, le style de Pascal se remplit en quelque sorte de cette mollesse qu'il veut peindre ; il nous attire vers cette « oisiveté tranquille », au sein de laquelle aime à se coucher Montaigne. la tête appuyée sur ces « deux doux oreillers : l'ignorance et l'incuriosité ». C'est une

vraie tentation à laquelle Pascal semble vouloir nous faire
céder, comme il y a parfois peut-être failli céder lui-
même.

Mais, à ce moment, Pascal ramène devant nous le stoïcisme que nous avions presque oublié, et, mettant en
présence Épictète et Montaigne, les fait lutter l'un contre
l'autre. Nous avons vu tout à l'heure les contradictions où
vient s'épuiser la raison humaine; nous allons maintenant connaître la contradiction dans laquelle, abandonné
à ses seules forces, le cœur humain se briserait.

Selon Pascal, il y a une opposition absolue entre notre
pouvoir et notre devoir. C'est l'idée du devoir, invincible
à tout pyrrhonisme, qui sans cesse nous élève et relie
l'homme à Dieu. Tant que nous ne considérons que notre
devoir et notre fin, nous ne voyons que notre grandeur.
Mais ce n'est pas assez de connaître ce que nous devons
faire, il faut connaître ce que nous pouvons faire. Or,
tandis que notre devoir nous appelle en haut, notre
impuissance nous retient en bas. De là deux mouvements
contraires qui, tour à tour, soulèvent et répriment le
cœur humain. Quand nous ne regardons que nos devoirs
et notre fin, la présomption nous saisit : c'est dans cette
présomption qu' « Épictète se perd »; lorsque d'autre
part, nous repliant sur nous-mêmes, nous prenons pleine
conscience de l'impuissance inhérente à notre nature,
alors, avec Montaigne, « nous nous abattons dans la
lâcheté. » Mais ni cette présomption ne peut longtemps
se soutenir, ni cette lâcheté ne peut longtemps nous suffire. En voyant notre faiblesse, nous sommes contraints
de mettre bas l'orgueil; en sentant notre grandeur, nous
sommes portés à rejeter notre lâcheté : de là une lutte
intestine, qui se produit cette fois non plus seulement
dans l'intelligence, mais dans le cœur, et qui est sans fin,
parce que l'impuissance de l'homme est sans remède.

Ainsi Pascal, croyant qu'il existe une contradiction
entre le devoir infini et le pouvoir limité de l'homme, croit,
en les lui faisant connaître à la fois tous les deux, les
détruire tous les deux; de telle sorte que l'homme, apprenant des moralistes ce qu'il doit faire, et des sceptiques ce
qu'il ne peut faire, verrait « se briser et s'anéantir » l'un
par l'autre les deux grands systèmes qu'avait conçus sa
pensée, et, dans une éternelle alternative, demeurerait

suspendu entre « le comble de la superbe » et « l'extrême de la lâcheté ».

A ce moment donc, où il ne semble plus rester dans l'esprit humain « qu'une guerre et qu'une destruction générale », où « les vérités aussi bien que les faussetés » paraissent être « ruinées » les unes par les autres, c'est alors que Pascal nous fait entrevoir, dans l'obscurcissement de toutes les lumières humaines, la vérité surnaturelle. Après que, en se plaçant au point de vue de la nature, il a détruit l'une par l'autre les thèses contradictoires des moralistes et des sceptiques, il va, en se plaçant au point de vue de la grâce, chercher à les concilier par un « art tout divin ». Selon Pascal, Épictète a raison quand il montre à l'homme ses devoirs, sa fin, sa grandeur : cette grandeur, c'est celle dont il est déchu ; mais l'homme ne peut seul la reconquérir ; et ici Montaigne a raison à son tour. La fin de l'homme lui est donc à la fois montrée et cachée : une puissance invincible l'y porte et l'en éloigne tout ensemble. Il faut que les obstacles, maintenus par Dieu même et que l'homme ne peut surmonter, s'écartent par une grâce divine. Ainsi, selon Pascal, la vérité surnaturelle, « unissant tout ce qui est de vrai » dans les systèmes moralistes et sceptiques, « et chassant tout ce qui « est de faux, en fait une sagesse véritablement céleste, « où s'accordent ces opposés, qui étaient incompatibles « dans ces doctrines humaines ».

L'*Entretien avec de Saci* peut être considéré comme un des plus grands efforts qu'on ait jamais tentés pour résumer dans son développement et en même temps pour arrêter l'histoire de la pensée humaine. Tous les systèmes philosophiques, comme le remarque Pascal, se ramènent à ces deux doctrines morales : l'une qui affirme le devoir de l'homme et qui, de la conscience même du devoir, tire la certitude du pouvoir ; l'autre qui affirme l'impuissance de l'esprit humain et qui, de la connaissance de cette impuissance, tire l'incertitude du devoir ; l'une qui affirme la moralité, l'autre qui affirme l'absence de moralité. Non seulement donc Épictète et Montaigne peuvent représenter dans son passé le travail de l'esprit humain, mais ils pourraient même, selon Pascal, le représenter dans son avenir ; il semble que toutes les voies possibles dans lesquelles puisse s'engager la pensée métaphysique, convergent nécessairement vers ces deux systèmes. Or, s'il est vrai que ces systèmes se brisent et s'anéantissent l'un l'autre, l'espoir même de la pensée humaine est avec eux anéanti : elle est forcée de s'arrêter; et s'arrêter, pour la pensée, n'est-ce pas cesser d'être?

Mais, tout d'abord, Pascal a-t-il, comme il le croit, comme il l'espère, « anéanti » Montaigne? Après l'avoir élevé si haut et tant fortifié, a-t-il réussi à l'abattre? Ou plutôt, sans le vouloir, quand il voulait travailler pour le christianisme, n'est-ce pas pour Montaigne qu'il a travaillé?

Dans cette perte et cette destruction des systèmes, qui est-ce qui gagne? Montaigne. Pascal veut contrebalancer l'un par l'autre Épictète et Montaigne, le dogmatisme et le scepticisme; mais, par cet équilibre artificiel qu'il établit entre les doctrines, il ne s'aperçoit pas qu'il revient encore au scepticisme, que son système n'est qu'un perfectionnement du système même de Montaigne, et qu'il tiendrait tout entier, sans en déranger le perpétuel équilibre, dans cette balance où Montaigne, en répétant son « Que sais-je ? » pesait les contradictoires. Pascal, en nous peignant le « génie tout libre » de son auteur favori, ne nous a-t-il pas dit lui-même : « Il lui est entièrement égal de « l'emporter ou non dans la dispute, ayant toujours par « l'un ou l'autre exemple un moyen de faire voir la faiblesse « des opinions; étant porté avec tant d'avantage dans ce « doute universel, qu'il s'y fortifie également par son « triomphe et par sa défaite. » Ainsi il sera « entièrement égal » à Montaigne qu'on lui oppose un autre système quel qu'il soit. Pascal veut produire dans l'esprit humain la suspension, dans le cœur humain la lutte et la guerre ; n'est-ce pas là aussi l'objet même du pyrrhonisme? Pascal et Montaigne sont donc d'accord; Pascal ne peut plus échapper à Montaigne : il est impuissant à sortir du pyrrhonisme. « On deviendra bien vite Pyrrhonien, et peut-être trop », a-t-il dit dans les *Pensées*. Ici se vérifie cette parole. Si réellement, dans l'*Entretien avec de Saci*, Pascal avait réussi à opposer et à contrebalancer complètement Épictète et Montaigne, c'est ce dernier qui, par cela même, aurait eu l'avantage, et le scepticisme, sur lequel Pascal comptait pour secouer en quelque sorte l'esprit humain, l'aurait à jamais engourdi.

Mais, en fait, Épictète n'est nullement détruit par Montaigne; et c'est sur les principes mêmes d'Épictète, demeurés intacts, que Pascal va s'appuyer à son insu pour élever son christianisme au-dessus du scepticisme.

En effet, après avoir affirmé l'équivalence logique des deux systèmes, il s'efforce de prouver leur insuffisance morale, il les juge moralement. D'une part il condamne la présomption des stoïciens, de l'autre la lâcheté de Montaigne : c'est en se plaçant ainsi au point de vue moral qu'il arrive à dominer ces deux systèmes, selon lui logiquement égaux. — Mais Pascal a-t-il le droit de parler de moralité, alors qu'il vient d'établir avec Montaigne que « nul ne peut savoir ce que c'est que bien, mal, justice,[1] péché[1]? » Ne fait-il donc pas appel, sans le vouloir, à cette morale « humaine » sur laquelle était fondé le système stoïque d'Épictète et qu'il avait voulu détruire par le doute de Montaigne? Ainsi, pour juger de haut les systèmes qu'il vient de poser l'un en face de l'autre, Pascal se voit forcé d'emprunter à l'un de ces systèmes l'idée essentielle qu'il renfermait, l'idée de la moralité. Pascal n'avait abandonné Épictète que pour retomber dans Montaigne; il n'échappe à Montaigne que pour revenir à Épictète. Au moment où il vient d'affirmer l'impuissance absolue de l'homme, il se voit forcé de reconnaître implicitement dans l'homme l'existence du plus grand des pouvoirs, celui de juger par lui-même le bien et le mal. L'homme de Pascal, comme celui d'Épictète, sent qu'il possède en soi, avec la conscience de sa dignité intérieure, la règle morale d'après laquelle il peut apprécier les doctrines et les pensées comme les actions.

Tandis que, dans toutes les autres sciences, l'esprit juge la valeur des divers systèmes d'après la manière dont ils reproduisent l'ordre extérieur des choses, il n'en est plus de même dans les sciences morales. Là, la vérité ne réside pas en dehors de nous, mais en nous. Nous ne pouvons pas apprécier les systèmes moraux d'après la fidélité avec laquelle ils nous rendent compte de la nature extérieure, mais d'après la fidélité plus ou moins grande avec laquelle ils nous rendent compte de nous à nous-mêmes;

---

1. Cf. *Pensées*, XXV, 116 : « *Eritis sicut dii, scientes bonum et malum.* Tout le monde fait le dieu en jugeant : cela est bon ou mauvais. »

ils sont vrais selon qu'ils reproduisent plus ou moins bien le type de moralité essentielle que nous apercevons en nous ; leur vérité ne se reconnaît donc plus par l'expérience et la science physique, mais par la réflexion intérieure et la conscience morale ; c'est au sentiment de notre valeur morale et de notre dignité propre qu'il faut s'en référer pour fixer à chaque système sa valeur et sa dignité.

A quoi ont donc abouti ces longs efforts d'apologétique chrétienne tentés par Pascal pour rabaisser l'homme et lui enlever le sentiment de sa puissance véritable et de sa véritable grandeur, puisque c'est en s'appuyant sur ce sentiment même que Pascal évite enfin de tomber, comme il le dit, dans la « lâcheté » ?

En définitive, il ne faut pas se rabaisser soi-même dans sa propre pensée, de peur de se rabaisser aussi dans ses actions. Il faut s'estimer soi-même pour agir bien, et l'acte moral ne fait qu'exprimer ce respect de soi.

On peut, sur ce point, au scepticisme de Pascal et de Montaigne opposer encore le stoïcisme d'Épictète. — Chaque homme, disait ce dernier, se fixe à soi-même son prix ; chacun ne vaut que ce qu'il croit et veut valoir. — Et Pascal lui-même, alors qu'il s'efforce d'abaisser et de « ruiner » la pensée humaine, ne la sent-il pas sans cesse en lui se relever et reprendre conscience de sa dignité ? C'est cette dignité humaine qu'il affirme souvent avec tant de force dans les *Pensées*. Il se demande quelque part pourquoi Dieu a donné, a commandé à l'homme la prière ; et il répond avec profondeur : « Pour lui laisser la dignité de la causalité. » Mais si celui qui demande des biens par la prière possède déjà la dignité de la causalité, que sera-ce de celui qui, par la volonté morale, les tire de soi ? et si causer ainsi soi-même ses propres biens, c'est l'essence de la prière, ce qui rapproche l'homme de Dieu, ce qui l'élève à lui, ne pourra-t-on dire que la plus désintéressée et la plus sainte, la plus humaine et la plus divine des prières, c'est l'acte moral ?

Selon Pascal, il est vrai, l'acte moral supposerait deux termes : — le devoir, le pouvoir, — et l'homme ne peut pas toujours ce qu'il doit. Pourtant, l'homme n'eût-il aucun pouvoir pour réaliser le bien objectivement, il serait toujours capable de le réaliser en sa volonté ; lors même

qu'il rencontrerait de toutes parts des obstacles insur-
montables, il pourrait encore lutter contre ces obstacles,
et si tout autre pouvoir lui était enlevé, il pourrait encore
vouloir.

Dans le for intérieur s'unissent donc d'un lien indissoluble la croyance au devoir et la croyance du pouvoir.
Ce qui fonde le devoir, en effet, c'est le sentiment de la
liberté respectable et aimable que nous portons en nous ;
or, ce qui constitue précisément cette liberté, c'est le pouvoir d'agir par soi-même, sans emprunter son mérite à
rien d'extérieur. Pascal conçoit trop la fin morale comme
une sorte de but physique et extérieur à nous, qu'on
serait capable de voir sans être capable de l'atteindre.
« On dirige sa vue en haut, dit-il dans ses *Pensées*, mais
on s'appuie sur le sable, et la terre fondra, et on tombera
en regardant le ciel. » Mais, pourrait-on répondre, le ciel
dont veut ici parler Pascal, le ciel que nous portons en
notre âme, n'est-il pas tout différent de celui que nous
apercevons sur nos têtes? Ne faut-il pas dire ici que voir,
c'est toucher et posséder; que la vue du but moral rend
possible et commence la marche vers ce but; que le point
d'appui qu'on trouve dans la bonne volonté ne peut fondre; qu'on ne peut tomber en allant au bien, et qu'en
ce sens, regarder le ciel, c'est déjà y monter?

FIN

TABLE DES MATIÈRES

PREMIÈRE PARTIE

L'ÉDUCATION MORALE, RÔLE DE L'HÉRÉDITÉ ET DE LA SUGGESTION

Paris. — Imp. E. Capiomont et Cie, rue des Poitevins, 6.

BIBLIOTHÈQUE
NATIONALE

CHÂTEAU
de
SABLÉ
1991

www.ingramcontent.com/pod-product-compliance
Lightning Source LLC
Chambersburg PA
CBHW050504270326
41927CB00009B/1899